BZL

„Friedhofszene" aus Mozarts Oper „Don Giovanni" (2. Aufzug, 12. Auftritt): Komtur zu Pferd, Leporello, Don Giovanni. Titelblatt des Klavierauszugs von August Eberhard Müller, Wien 1810. Kupferstich (Aquatinta)

GESCHICHTEN UM MOZART

Erinnerungen und Fiktionen

Herausgegeben mit Einführung, Zeittafel und Kommentar von
Jost Perfahl

BIBLIOTHEK ZEITGENÖSSISCHER LITERATUR

Umschlaggestaltung von Ulrich Eichberger unter Verwendung
des Mozart-Porträts von John Chapman, Kupferstich, London
1817 (Historisches Museum der Stadt Wien)

© 1987 by Bibliothek zeitgenössischer Literatur
München. Alle Rechte, insbesondere das der Vervielfältigung,
auch auszugsweise, und der Übersetzung, vorbehalten.
Satz: Fotosatz Völkl, Germering
Druck: Wiener Verlag, Himberg
ISBN 3-923364-81-4

INHALT

5

EINFÜHRUNG

„Wenn ich ihn ganz kennte, würde ich ihn erst recht nicht kennen", sagt
der Philosoph Søren Kierkegaard in seinem Hauptwerk „Entweder-Oder"
als Antwort auf die Frage, die so viele Menschen gestellt haben und die immer wieder gestellt werden wird: „Wer war Mozart?"
Zwischen dem Betrachter und Mozart steht immer die Fiktion: Jeder stellt
sich seinen eigenen Mozart vor; jeder kann nur einen Ausschnitt, und zwar
den, der in ihm selbst vorgegeben ist, erkennen. Daher kann ihn keiner ganz
kennen. Ja sogar, wenn einer ein Mozart wäre, könnte er es nicht, weil Mozart selbst sich nicht ganz kennen konnte. Wohl aber ist es möglich, durch
eine Summe von verschiedensten Betrachtungsweisen ein Mozart-Bild vorzustellen, das der Wahrheit, der ganzen Wahrheit, näherkommt. Kierke-
gaards Paradoxon schließt in sich ein, daß eine Erkenntnis nur durch einen
Akt der Phantasie möglich, und gleichzeitig, daß Mozart so anders gewesen
sei, daß man ihn sich nicht ganz vorstellen könne.
Den hier vereinigten Texten ist gemeinsam, daß bei der Zeichnung Mozarts
die Phantasie mitgearbeitet hat, und zwar als eine Erkenntnisquelle, die dort
zu sprechen beginnt, wo die „Akten" verstummen müssen. Nicht immer
sind es die Intuition und die erzählerische Pointe des Dichters, die die
Handlung ausformen, oft ist es einfach das „Dichten der Zeit": Es ist das
Einfließen von neuen Nachrichten, Gerüchten, Reflexionen, Mystifikationen, die das Erinnerungsbild – in den Bereichen des Unterbewußten – lau-
fend verändern, ehe es, manchmal erst nach Jahrzehnten, niedergeschrieben
wird. Vor allem wird das Erinnerungsbild durch das später hineingetragene
Erlebnis der Mozartschen Musik, deren Wirkung immer mehr um sich
greift, gewandelt, überhöht, verklärt.
Die Texte sind hier nach der *zeitlichen Folge ihrer Entstehung* gereiht (wo
diese nicht bekannt ist, nach der ihrer ersten Veröffentlichung). Daraus er-
gibt sich eine aus drei Gruppen bestehende Gliederung, die weitaus interes-
santer, weil für die Optik des Mozartverständnisses in den verschiedenen
Epochen aufschlußreicher ist, als es etwa die Anordnung der Geschichten
nach Themen oder nach der Chronologie der Ereignisse in Mozarts Leben
wäre. Und indem eine solche Chronologie – die ohnehin in einer Zeittafel
im Anhang aufgezeigt wird – aufgehoben ist, bietet sich außerdem durch
den ständigen Wechsel von Zeit und Szene eine anregendere Lektüre.

In der ersten Gruppe erzählen Verwandte, Freunde und Zeitgenossen, die Mozarts Alltag oder seine historische Umwelt selbst erlebt haben. Zwar sind meist viele Jahre seit den Begebenheiten, die sie beschreiben, vergangen, doch spricht aus ihnen noch überall die Nähe zu Mozart, die wunderbare Selbstverständlichkeit derer, die ihn leibhaftig gesehen und umgeben haben. Wir hören seine Frau Constanze sprechen, freilich erst über die beiden Novellos, die sie 38 Jahre nach Mozarts Tod besucht haben; wir hören den Dichter und Hoftrompeter Andreas Schachtner über die Geniestreiche des vierjährigen Mozart erzählen, und wir vernehmen, wie die Schwägerin Mozarts Sophie Haibel in einer seltsamen Dichte und ergreifenden Einfachheit über Mozarts Tod berichtet. Auch in E. T. A. Hoffmanns Erzählung „Don Juan", vielleicht die durch ihre Vielfalt an Interpretationsmöglichkeiten differenzierteste Mozart-Dichtung überhaupt, die von einer Aufführung des „Don Giovanni" handelt, ist noch die Zeitgenossenschaft herauszuspüren, desgleichen aus den Memoiren Michael O'Kellys und Lorenzo Da Pontes, des Textdichters mehrerer Opern Mozarts.

Ein zweiter Abschnitt (1830 – Ende 19. Jahrhundert) umfaßt Darstellungen von Personen, von denen einige noch flüchtig Mozart begegnet waren, die aber doch schon über etwas sehr weit Zurückliegendes erzählen; im übrigen schöpfen die Autoren allein aus Mozarts Musik und der Literatur über ihn. Die dichterische Inspiration gewinnt an Spielraum, und es werden auch künstlerische Gebilde höchsten Ranges möglich wie Mörikes Erzählung „Mozart auf der Reise nach Prag", die berühmteste und in unzähligen Auflagen und Übersetzungen verbreitete Mozart-Geschichte, die in diesem Band in ihrem Kernstück wiedergegeben ist. Weltliteratur ist gleichfalls Alexander Puschkins Einakter „Mozart und Salieri", der das unmittelbar nach Mozarts Tod entstandene Gerücht aufgreift, daß Mozart vergiftet worden sei. Dichtung und Wahrheit ist vermengt in der Geschichte „Die Entführung aus dem ‚Auge Gottes'" von Johann Peter Lyser, der als der Schöpfer der Kunstnovelle dieses Genres bezeichnet wird; seine angeblich authentischen Details zieht man allerdings zum Teil in Zweifel. Von geheimnisvoller Wirkung ist die Schilderung Joseph Deiners, des Hausmeisters vom Wirtshaus „Zur silbernen Schlange", wo Mozart verkehrte: Der Leser glaubt, Mozart leibhaftig vor sich am Tisch sitzen zu sehen und sprechen zu hören und erkennt erst nachträglich, daß das Berichtete in den Einzelheiten nicht ohne Erfindung und nicht zur Gänze selbsterlebt sein kann.

Ein nicht mehr so ungebrochenes Verhältnis zu Mozart haben Erzähler der zu einer dritten Gruppe vereinigten Texte, die aus dem 20. Jahrhundert stammen. Es ist diesen Autoren nicht mehr möglich, aus einer „Einheit mit Mozart", wie die früheren, zu schreiben. Fast alle benützen zwar die inzwischen immer zahlreicher ans Licht gekommenen Belege über Mozarts Leben als Ausgangspunkt für ihre Vorstellungen, doch verfügen diese als Erfindungen – im Sinne auch von Findungen einer neuen Wahrheit – nicht mehr über jene einfache, selbstverständliche Überzeugungskraft, die zum Beispiel aus der Darstellung Mörikes spricht. Es ist offensichtlich schwieriger geworden, über Mozart zu schreiben, obgleich die Wirkung seiner Musik komplizierter und die Hellhörigkeit für sie schärfer geworden sind. Wenn auch bereits Mörike „bei der willkürlichen Bearbeitung des Historischen von jeher ein diffiziles Gewissen im Wege" war, so gelang ihm doch seine Absicht, „ein kleines Charaktergemälde Mozarts ... aufzustellen" (an Cotta am 5. Mai 1855). Im 20. Jahrhundert indessen hat ein sehr anderes Lebens- und Stilgefühl gerade eine solche Unternehmung erschwert. Daher verlagern manche Autoren wie Hermann Hesse, Jean Giono, Saint-Exupéry die Handlung aus der historischen Szenerie gänzlich heraus in die eigene, subjektive Dichtungswelt: Hesse läßt Mozart in moderner Kleidung in seinem „Magischen Theater" auftreten und als Mensch des 20. Jahrhunderts sprechen; bei Giono und Saint-Exupéry erscheint Mozart nur mehr als ein unvermittelt in den modernen Alltag hineingestelltes Symbol; Matthießen läßt ihn in einer Märchenwelt des Jenseits durch sein Requiem hindurch Gestalt werden.

Bemerkenswert ist die Tatsache, daß auch Mozart-Wissenschaftler, von denen man meinen möchte, daß für sie allein die dokumentarisch belegten Fakten in Mozarts Leben Gültigkeit haben, selbst im Bereich der erzählerischen Fiktion Reizvolles geschaffen haben: Bernhard Paumgartner, Dirigent und Verfasser einer großen Mozart-Biographie, mit seinem Hörspiel „Aus Mozarts letzten Tagen", Arthur Schurig, gleichfalls Mozart-Biograph, mit der Geschichte „Eine Künstlerhochzeit". In deren Mozart-Geschichten wird der Rahmen der historischen Gegebenheiten nur geringfügig überschritten, immerhin aber ist ein großer Phantasie-Spielraum gegeben durch die eigenwillige Auswahl und Reihung der Zitate aus den Dokumenten, durch die Erweiterung und Ergänzung dieser und durch das Ausfüllen der Leerstellen zwischen den überlieferten Fakten durch Erfundenes, Wahrscheinliches.

Streng innerhalb der Grenzen der Wahrscheinlichkeit, unter genauester Auswertung der Fakten, bewegt sich Wolfgang Hildesheimers Rede „Warum weinte Mozart?", die jedoch im Hereinholen des Möglichen und in der Kühnheit des Kombinationsvorgangs eine ungeahnte epische Tiefe erreicht.

Eine weitere Gattung von Mozart-Geschichten ist hier vertreten durch die Texte von Rudolf Hans Bartsch und Peter Shaffer, in denen eine effektvolle, auf Breitenwirkung hin gerichtete Verbindung von expressiven Elementen mit solchen der Trivialliteratur gelingt. Dabei ist die oft überraschende, einfallsreiche Handlungsführung nicht nur nicht immer belegbar, sondern sogar gegen die Wahrscheinlichkeit, so daß das Ergebnis ein verfremdetes Mozart-Bild ist. So, wenn Peter Shaffer den „Grauen Boten" als Antonio Salieri identifiziert.

Aufschlußreich ist es, Querverbindungen zu ziehen zwischen den Texten, die dasselbe Thema haben, jedoch aus verschiedenen Epochen stammen: von Hoffmanns „Don Juan" zu dem Mörikes und Bartschs oder von Puschkins „Mozart und Salieri" zu Shaffers Szenen aus „Amadeus". Denn daraus wird ablesbar, wie sich auch in den Einzelheiten die Betrachtungsweise geändert hat, die mit zunehmender zeitlicher Distanz zu Mozart immer kühlere Konturen und eine gewisse Konstruktionshaftigkeit erkennen läßt. Eben ob solcher Aufschlüsse ist gelegentlich ein und dieselbe Begebenheit in Mozarts Leben als Variante wiederholt, aber von Autoren verschiedener Zeiten gestaltet. In jeder Fassung wird – wie in allen hier aufgenommenen Geschichten überhaupt – aus der subjektiven Schau des Autors und durch eine andere belletristische Nuance ein weiteres Mozart-Bild enthüllt. Ein Bild, das der oft nur scheinbaren Bündigkeit und Zuverlässigkeit des Dokuments ergänzend und bereichernd entgegengesetzt werden soll.

Mozart aus der Nähe

Verwandte, Freunde und Zeitgenossen
erzählen

1792–1830

JOHANN ANDREAS SCHACHTNER

Ein Konzert fürs Klavier – Die zweite Violine

Der Dichter und Trompeter in der Salzburger Hofkapelle Schachtner (1731–1795) gehörte zum engen Freundeskreis der Familie Mozart; er ist u. a. der Autor der deutschen Fassung des Textbuches von Mozarts Oper „Idomeneo". In seinem berühmten, hier auszugsweise wiedergegebenen Brief vom 24.4.1792 an Mozarts Schwester Maria Anna (Nannerl) von Berchtold zu Sonnenburg in St. Gilgen beantwortet er eine Liste von Fragen, die Nannerl an ihn geschickt hatte im Hinblick auf Friedrich von Schlichtegrolls Mozart-Nekrolog, der 1793 erschien. Schachtner über Mozart:

Einige sonderbare Wunderwürdigkeiten
von seinem 4- bis 5jährigen Alter, auf deren
Wahrhaftigkeit ich schwören könnte

Einsmals ging ich mit Herrn Papa nach dem Donnerstag-Amte zu ihnen nach Hause; wir trafen den vierjährigen Wolfgängerl in der Beschäftigung mit der Feder an.
Papa: Was machst du?
Wolfgang: Ein Konzert fürs Klavier, der erste Teil ist bald fertig.
Papa: Laß sehen!
Wolfgang: Ist noch nicht fertig.
Papa: Laß sehen, das muß was Saubers sein.
Der Papa nahm ihm's weg und zeigte mir ein Geschmiere von Noten, die meistenteils über ausgewischte Dintendolken geschrieben waren (NB: der kleine Wolfgangerl tauchte die Feder aus Unverstand allemal bis auf den Grund des Dintenfasses ein, daher mußte ihm, sobald er damit aufs Papier kam, ein Dintendolken entfallen; aber er war gleich entschlossen, fuhr mit

11

der flachen Hand drüberhin und wischte es auseinander und schrieb wieder drauf fort). Wir lachten anfänglich über dieses scheinbare Galimathias, aber der Papa fing hernach seine Betrachtungen über die Hauptsache, über die Noten, über die Komposition an; er hing lange Zeit steif mit seiner Betrachtung an dem Blatte, endlich fielen zwei Tränen, Tränen der Bewunderung und Freude, aus seinen Augen. Sehen Sie, Herr Schachtner, sagte [er], wie alles richtig und regelmäßig gesetzt ist, nur ist's nicht zu brauchen, weil es so außerordentlich schwer ist, daß es kein Mensch zu spielen imstande wäre. Der Wolfgangerl fiel ein: „Drum ist's ein Konzert, man muß so lang exerzieren, bis man es treffen kann; sehen Sie, so muß es gehn." Er spielte, konnte aber auch just so viel herauswirgen, daß wir kennen konnten, wo er aus wollte. Er hatte damals den Begriff, daß Konzert spielen und Mirakel wirken einerlei sein müsse.

Noch eins:

Gnädige Frau! Sie wissen sich zu erinnern, daß ich eine sehr gute Geige habe, die weiland Wolfgangerl wegen seinem sanften und vollen Ton immer Buttergeige nannte. Einsmals, bald nachdem sie von Wien zurückkamen, geigte er darauf und konnte meine Geige nicht genug loben; nach ein oder zween Tagen kam ich wieder, ihn zu besuchen, und traf ihn, als er sich eben mit seiner eigenen Geige unterhielt, an; sogleich sprach er: „Was macht Ihre Buttergeige?", geigte dann wieder in seiner Phantasie fort; endlich dacht' er ein bißchen nach und sagte zu mir: „Herr Schachtner, Ihre Geige ist um einen halben Viertelton tiefer gestimmt als meine da, wenn Sie sie noch so gestimmt ließen, wie sie war, als ich das letztemal darauf spielte." Ich lachte darüber, aber Papa, der das außerordentliche Tönegefühl und Gedächtnis dieses Kinds kannte, bat mich, meine Geige zu holen und zu sehen, ob er recht hätte; ich tat's, und richtig war's.

Einige Zeit vor diesem, die nächsten Tage, als sie von Wien zurückkamen und Wolfgang eine kleine Geige, die er als Geschenk zu Wien kriegte, mitbrachte, kam unser ehemaliger sehr gute Geiger Herr Wentzl selig, der ein Anfänger in der Komposition war; er brachte 6 Trio mit, die er in Abwesenheit des Herrn Papa verfertigt hatte, und bat Herrn Papa um seine Erinnerung hierüber; wir spielten diese Trio, der Papa spielte mit der Viola den Baß, der Wentzl das erste Violin, und ich sollte das zweite spielen; Wolfgangerl bat, daß er das zweite Violin spielen dörfte, der Papa aber verwies ihm seine närrische Bitte, weil er noch nicht die geringste Anweisung in der Violin hatte und Papa glaubte, daß er nicht [das] mindeste zu leisten imstand wäre. Wolfgang sagte: „Um ein zweites Violin zu spielen, braucht es ja wohl nicht, erst gelernt zu haben", und als Papa darauf bestand, daß er gleich

fortgehen und uns nicht weiter beunruhigen sollte, fing Wolfgang an bitter-
lich zu weinen und trollte sich mit seinem Geigerl weg. Ich bat, daß man ihn
mit mir möchte spielen lassen; endlich sagte Papa: „Geig mit Herrn
Schachtner, aber so still, daß man dich nicht hört, sonst mußt du fort." Das
geschah. Wolfgang geigte mit mir; bald bemerkte ich mit Erstaunen, daß ich
da ganz überflüssig sei; er legte still meine Geige weg und sah Ihren Herrn
Papa an, dem bei dieser Szene die Tränen der Bewunderung und des Trostes
über die Wangen rollten, und so spielte er alle 6 Trio. Als wir fertig waren,
wurde Wolfgang durch unsern Beifall so kühn, daß er behauptete, auch das
erste Violin spielen zu können. Wir machten zum Spaße einen Versuch, und
wir mußten uns fast zu Tode lachen, als er auch dies, wiewohl mit lauter un-
rechten und unregelmäßigen Applikaturen, doch so spielte, daß [er] doch
nie ganz steckenblieb.

Zum Beschluß. Von Zärtlichkeit und Feinheit seines Gehöres.

Fast bis in sein zehntes Jahr hatte er eine unbezwingliche Furcht vor der
Trompete, wenn sie allein, ohne andere Musik, geblasen wurde; wie man
ihm eine Trompete nur vorhielt, war es ebensoviel, als wenn man ihm eine
geladene Pistole aufs Herz setzte. Papa wollte ihm diese kindische Furcht
benehmen und befahl mir einmal, trotz seines Weigerns ihm entgegenzubla-
sen; aber mein Gott! hätte ich mich nicht dazu verleiten lassen, Wolfgangerl
hörte kaum den schmetternden Ton, ward er bleich und begann zur Erde zu
sinken, und hätte ich länger angehalten, er hätte sicher das Fraise bekommen.

FRANZ XAVER NIEMETSCHEK

Bei einem Konzert Haydns

*Niemetschek (1766—1849), Hochschulprofessor in Prag und Musikkritiker,
war der einzige Mozart-Biograph, der Mozart persönlich kannte. 1798 erschien sein „Leben des K. K. Kapellmeisters Wolfgang Gottlieb Mozart", aus
der die folgende Stelle stammt.*

Übrigens hatte Mozart für die Freuden der Geselligkeit und Freundschaft
einen offenen Sinn. Unter guten Freunden war er vertraulich wie ein Kind,
voll munterer Laune; diese ergoß sich dann meistenteils in den drolligsten
Einfällen. Mit Vergnügen denken seine Freunde in Prag an die schönen
Stunden, die sie in seiner Gesellschaft verlebten; sie können sein gutes arglo-

13

ses Herz nie genug rühren; man vergaß in seiner Gesellschaft ganz, daß man Mozart, den bewunderten Künstler, vor sich habe.

Nie verriet er einen gewissen Kunst-Pedantismus, der an manchen Jüngern Apollos so widerlich ist. Er sprach selten und wenig von seiner Kunst, und immer mit einer liebenswürdigen Bescheidenheit. Hochschätzung des wahren Verdienstes und Achtung für die Person leiteten seine Urteile in Kunstsachen. Es war gewiß rührend, wenn er von den beiden Haydn oder andern großen Meistern sprach: Man glaubte nicht den allgewaltigen Mozart, sondern einen ihrer begeisterten Schüler zu hören.

Ich kann hier eine Anekdote nicht übergehen, die ebensosehr seinen geraden Sinn und den Unwillen gegen lieblose Tadelsucht als die große Achtung für Joseph Haydn beweiset. Sie sei zugleich ein Beispiel seiner guten Einfälle.

In einer Privatgesellschaft wurde einst ein neues Werk von Joseph Haydn gemacht. Nebst Mozart waren mehrere Tonkünstler gegenwärtig, unter andern einer, der noch nie jemanden gelobt hatte als sich selbst. Er stellte sich zum Mozart und tadelte bald dieses, bald jenes. Mit Geduld hörte ihn dieser eine Zeit an; als es ihm aber zu lang dauerte und der Tadler endlich wieder bei einer Stelle mit Selbstgenügsamkeit ausrief: „Das hätt ich nicht getan", erwiderte Mozart: „Ich auch nicht; wissen Sie aber warum? Weil wir beide es nicht so getroffen hätten!" – Durch diesen Einfall machte er sich einen unversöhnlichen Feind mehr.

Mit einer solchen Bescheidenheit verband Mozart dennoch ein edles Bewußtsein seiner Künstlerwürde. Wie wäre es auch möglich gewesen, nicht zu wissen, wie groß er sei! Aber er jagte nie nach dem Beifalle der Menge; selbst als Kind rührte ihn nur das Lob des Kenners. Daher war ihm alles gleichgültig, was bloß aus Neugierde ihn anzugaffen gekommen war. Oft ging dieses Betragen vielleicht zu weit. Er war daher bisweilen auch in der Gegenwart großer Herren vom höchsten Range zum Spielen nicht zu bewegen; oder er spielte nichts als Tändeleien, wenn er merkte, daß sie keine Kenner oder wahre Liebhaber sind. Aber Mozart war der gefälligste Mann von der Welt, wenn er sah, daß man Sinn für seine Kunst besitze; er spielte stundenlang dem geringsten, oft unbekannten Menschen. Mit aufmunternder Achtsamkeit hörte er die Versuche junger Künstler an und weckte durch eine liebevolle Beifallsäußerung das schlummernde Selbstbewußtsein.

FRIEDRICH ROCHLITZ
Das Ideale und die dunklen Ideen

Rochlitz (1769–1842) war Musikschriftsteller und der Begründer der „Allgemeinen Musikalischen Zeitung" in Leipzig, die er von 1798–1818 redigierte. In dieser ließ er 1798 und 1801 Geschichten unter dem Titel erscheinen: „Verbürgte Anekdoten aus Wolfgang Gottlieb Mozarts Leben", aus denen die folgenden entnommen sind. Den Anekdoten liegen Mitteilungen von Mozarts Witwe und Schwester zugrunde; auch will Rochlitz Mozart persönlich begegnet sein.

In demselben Hause [des Kantors an der Thomasschule in Leipzig Johann Friedrich Doles] stritt man sich, nach Mozarts Zurückkunft, eines Abends über das Verdienst mancher noch lebender Komponisten, besonders über einen Mann, der für die komische Oper offenbares Talent hat, aber – als Kirchencompositeur angestellt ist. Vater Doles, der überhaupt etwas mehr, als recht und billig war, an dem Opernwesen in der Kirche hing, nahm sehr lebhaft jenes Komponisten Partei gegen Mozarts stetes „Ist ja all' nichts." – „Und ich wette, Sie haben noch nicht vieles von ihm gehört", fiel Doles ebenfalls lebhaft ein. „Sie gewinnen", antwortete Mozart; „aber das ist auch nicht nötig: So einer *kann* nichts Rechts dieser Art machen! Er hat keine Idee davon in sich. Herr, wenn der liebe Gott mich so in die Kirche und vor ein solches Orchester gesetzt hätte!" Usw. – „Nun, Sie sollen heute noch eine Missa von ihm sehen, die Sie mit ihm aussöhnen wird." Mozart nahm sie mit, brachte sie den folgenden Abend wieder.
„Nun, was sagen Sie zu der Missa von – –?"
„Läßt sich all gut hören, nur nicht in der Kirche! Sie werden's nicht übel nehmen, ich hab bis zum Credo andern Text untergelegt, so wird sich's noch besser machen. Nein, es muß ihn keiner vorher lesen! Wollen's gleich aufführen!" Er setzte sich an das Fortepiano, teilte die vier Singstimmen aus; wir mußten ihm schon zu Willen sein, sangen, und er akkompagnierte.
Eine possierlichere Aufführung der Missa hat es wohl nie gegeben. Die Hauptpersonen – Vater Doles mit der Altstimme, die er unter stetem ernsthaftem Kopfschütteln über das Skandal doch so trefflich absang; Mozart, immer die zehn Finger voll in den trompeten- und paukenreichen Sätzen, unter ausgelassener Freude, ewig wiederholend: „Na, geht's nicht so besser z'sammen?" Und nun der arge und doch herrlich angepaßte Text – z. B. das brillante Allegro zu „Kyrie Eleison": „Hol's der Geier, das geht flink!" Und zum Schluß die Fuge „Cum sancto spiritu in gloria Dei patris": „Das ist gestohlen Gut, ihr Herren nehmt's nicht übel!"

15

Es lag in seiner Reizbarkeit, launig zu sein und in der Stimmung seines Gemüts nicht selten unmittelbar von einem Extrem zum andern überzugehen. Nachdem er in jener ausgelassenen Lustigkeit noch eine Weile verblieben war und, wie öfters, in sogenannten Knittelversen* gesprochen hatte, trat er ans Fenster, spielte wie gewöhnlich Klavier auf dem Fensterpolster und schwärmte, ohne auf die an ihn gerichteten Reden etwas zu geben als gleichgültige Antworten, fast ohne Bewußtsein. Das Gespräch über Kirchenmusik war allgemeiner und ernsthafter geworden. „Unersetzlicher Schade", sagte einer, „daß es so vielen großen Musikern, besonders der vorigen Zeit, ergangen ist wie den alten Malern; daß sie nämlich ihre ungeheuren Kräfte auf meistens nicht nur unfruchtbare, sondern auch geisttötende Sujets der Kirche wenden mußten – –" Ganz umgestimmt und trübe wendete sich Mozart hier zu den andern und sagte – dem Sinne nach, obschon nicht auf diese Weise: „Das ist mir auch einmal wieder so ein Kunstgeschwätz! Bei euch *aufgeklärten* Protestanten, wie ihr euch nennt, wenn ihr eure Religion im Kopfe habt – kann etwas Wahres darin sein; das weiß ich nicht. Aber bei uns ist das anders. Ihr fühlt gar nicht, was das will: ‚Agnus Dei, qui tollis peccata mundi, dona nobis pacem', und dergleichen. Aber wenn man von frühester Kindheit, wie ich, in das mystische Heiligtum unserer Religion eingeführt ist, wenn man da, als man noch nicht wußte, wo man mit seinen dunklen, aber drängenden Gefühlen hinsolle, in voller Inbrunst des Herzens seinen Gottesdienst abwartete, ohne eigentlich zu wissen, was man wollte, und leichter und erhoben daraus wegging, ohne eigentlich zu wissen, was man gehabt habe; wenn man die glücklich pries, die unter dem rührenden Agnus Dei hinknieeten und das Abendmahl empfingen und beim Empfang die Musik in sanfter Freude aus dem Herzen der Knieenden sprach: ‚Benedictus qui venit' etc., dann ist's anders. Nun ja, das gehet freilich dann durch das Leben in der Welt verloren: Aber – wenigstens ist's mir so – wenn man nun die tausendmal gehörten Worte nochmals vornimmt, sie in Musik zu setzen, so kommt das alles wieder und steht vor einem und bewegt einem die Seele –"

---

* Es war dies eine von den Possierlichkeiten, die er mit ganz außerordentlicher Leichtigkeit und recht gern, im Sprechen und Schreiben, handhabte. Wie der für alle Rhetorik Ungebildete in der Lebhaftigkeit des Gesprächs alle sogenannten Figuren der Redekunst, ohne zu wissen, was er tut, anwendet: so ging es dabei ihm mit den Künsten des Versbaues, von denen er kein Wort wußte. Sein Metrum wechselte z. B. immer mit dem Auszudrückenden usw. Seine Fertigkeit darin ging so weit, daß er ganze Briefe *mit einem Echo* schrieb. Es befindet sich ein solcher Brief unter den nach seinem Tode zusammengebrachten Papieren von ihm, der drei Quartseiten lang ist. Ich würde ihn mitteilen, wenn er nicht ebenso unartig als witzig wäre.   Der Verf.

Er schilderte nun einige Szenen jener Art aus seinen frühesten Kinderjahren in Salzburg, dann auf der ersten Reise nach Italien, und verweilte mit besonderem Interesse bei der Anekdote, wie ihm die Kaiserin Maria Theresia als vierzehnjährigem Knaben aufgetragen habe, das Te Deum zur Einweihung – ich erinnere mich nicht, eines großen Krankenhauses oder einer andern ähnlichen Stiftung – zu komponieren und an der Spitze der ganzen kaiserlichen Kapelle selbst aufzuführen. „Wie mir da war –! wie mir da war –!" rief er einmal über das andere. „Das kommt doch all nicht wieder! Man treibt sich umher in dem leeren Alltagsleben" – sagte er dann, ward bitter, trank viel starken Wein und sprach kein vernünftiges Wort mehr.

Ich erwähnte auch dies letzte, in dem Vertrauen, man werde es nicht gegen den werten Menschen mißbrauchen, sondern daraus einen tiefern Blick in das Ganze seines Charakters tun lernen und besonders über den Grund seiner Lebensweise in den männlichen Jahren, wodurch er freilich sich selbst aufreiben half. In seiner Brust lebte mit mächtiger Kraft und Wärme das Ideale und erregte bei ihm jenes erhabene, ewige, *ihn* ängstigende Sehnen und Streben; aber auch jenes Verzweifeln, man werde nie finden, weil man nie gefunden hat, jenes – sich gewaltsam Betäuben, weil man dennoch das – Finden-müssen, nicht in sich ertöten kann. Sein nicht geleiteter Sinn glaubte den Gegenstand seines Sehnens erreichen, und *außer* sich erreichen zu können; sein sich selbst überlassener Geist vermochte nie sich von den dunklen Ideen loszuwinden, die ihn als Künstler großmachten, aber als Menschen verwirreten. Wie alle Menschen von Übergewicht der Phantasie und Sinnlichkeit träumte er sich seinen Himmel (wenn es hier einen gäbe) in die Vergangenheit der Kinderjahre, ohne sich zum Festhalten des Gedankens an einen neuen reinern Himmel in der Zukunft erheben zu können; aber viel zu kräftig, um wie viele bei genußreichen Klagen und sentimentaler Ermattung in Betrachtung des Verlorenen stehenzubleiben, wollte er auf und höher, ohne zu wissen was, geriet auf Abwege, fühlte sich getäuscht, zurückgeworfen –: wodurch er denn so unglücklich wurde, sich selbst vergessen zu wollen, wenn anders nicht gerade in solchen Stunden seine Kunst ihn unter die schirmenden und kühlenden Fittiche nahm. Daß er dabei fast überall verkannt werden mußte, liegt am Tage. Wie wenige haben für so etwas Sinn; und die andern – wer von ihnen nahm sich Zeit und Mühe über den Zusammenhang des oft so Gemeinen, Wirrigen und (warum nicht geradeaus?) Läppischen in seinem Betragen und des Tiefen, Großen und Erhabnen in seiner Kunst nachzusinnen?

Übrigens glaube ich nicht nötig zu haben auseinanderzusetzen, daß auch in jenen Äußerungen Mozarts über Kirchenmusik usw., die ich zusammengezogen habe und die man in einem ziemlich langen Gespräch aus ihm herausholen mußte, viel Wahres und Feines liegt, das zu gründlichen Bemerkungen von vielerlei Art Anlaß geben kann, und wie sehr auch dadurch bestätigt wird: Mozart war eigentlich nie an seinem Platze, und gerade als er *allenfalls* dahin gelangt war, zerriß das strenge Schicksal den Faden seines Lebens.

E.T.A. Hoffmann

Don Juan

Eine fabelhafte Begebenheit, die sich mit einem reisenden Enthusiasten zugetragen

E. T. A. Hoffmann (1776–1822) ließ seine Novelle „Don Juan" erstmals anonym 1813 in der „Allgemeinen Musikalischen Zeitung" erscheinen und nahm sie später in sein Werk „Fantasiestücke in Callots Manier" auf. Handlungsträger ist eine Aufführung von Mozarts „Don Giovanni", wobei Hoffmann, damals am Bamberger Theater tätig, bei seiner Darstellung eine Aufführung unter der Leitung des Direktors Franz von Holbein (1810/11) vor Augen hatte. Hoffmanns Verehrung dieser „Oper der Opern" „überstieg oft alle Grenzen ... und selbst manchmal den Kulminationspunkt jeder Phantasie". (Carl Friedrich Kunz, 1835)

Ein durchdringendes Läuten, der gellende Ruf: „Das Theater fängt an!" weckte mich aus dem sanften Schlaf, in den ich versunken war; Bässe brummen durcheinander – ein Paukenschlag – Trompetenstöße – ein klares A, von der Hoboe ausgehalten – Violinen stimmen ein: ich reibe mir die Augen. Sollte der allzeit geschäftige Satan mich im Rausche –? Nein! Ich befinde mich in dem Zimmer des Hotels, wo ich gestern abend halb gerädert abgestiegen. Gerade über meiner Nase hängt die stattliche Troddel der Klingelschnur; ich ziehe sie heftig an, der Kellner erscheint.
„Aber was ums Himmels willen soll die konfuse Musik da neben mir bedeuten? gibt es denn ein Konzert hier im Hause?"
„Ew. Exzellenz" – (Ich hatte mittags an der Wirtstafel Champagner getrunken!) „Ew. Exzellenz wissen vielleicht noch nicht, daß dieses Hotel mit dem Theater verbunden ist. Diese Tapetentür führt auf einen kleinen Korridor, von dem Sie unmittelbar in Nr. 23 treten: das ist die Fremdenloge."
„Was? – Theater? – Fremdenloge?"
„Ja, die kleine Fremdenloge zu zwei, höchstens drei Personen – nur so für vornehme Herren, ganz grün tapeziert, mit Gitterfenstern, dicht beim Theater! Wenn's Ew. Exzellenz gefällig ist – wir führen heute den Don Juan

18

von dem berühmten Herrn Mozart aus Wien auf. Das Legegeld, einen Taler acht Groschen, stellen wir in Rechnung. "

Das letzte sagte er schon die Logentür aufdrückend, so rasch war ich bei dem Worte Don Juan durch die Tapetentür in den Korridor geschritten. Das Haus war für den mittelmäßigen Ort geräumig, geschmackvoll verziert und glänzend erleuchtet. Logen und Parterre waren gedrängt voll. Die ersten Akkorde der Ouvertüre überzeugten mich, daß ein ganz vortreffliches Orchester, sollten die Sänger auch nur im mindesten etwas leisten, mir den herrlichsten Genuß des Meisterwerks verschaffen würde. – In dem Andante ergriffen mich die Schauer des furchtbaren unterirdischen Regno all pianto; grausenerregende Ahnungen des Entsetzlichen erfüllten mein Gemüt. Wie ein jauchzender Frevel klang mir die jubelnde Fanfare im siebenten Takte des Allegro; ich sah aus tiefer Nacht feurige Dämonen ihre glühenden Krallen ausstrecken – nach dem Leben froher Menschen, die auf des bodenlosen Abgrunds dünner Decke lustig tanzten. Der Konflikt der menschlichen Natur mit den unbekannten, gräßlichen Mächten, die ihn, sein Verderben erlauernd, umfangen, trat klar vor meines Geistes Augen. Endlich beruhigt sich der Sturm; der Vorhang fliegt auf. Frostig und unmutsvoll in seinen Mantel gehüllt, schreitet Leporello in finstrer Nacht vor dem Pavillon einher: „Notte e giorno faticar. " – Also italienisch? – Hier am deutschen Orte italienisch? Ah che piacere! Ich werde alle Rezitative, alles so hören, wie es der große Meister in seinem Gemüt empfing und dachte! Da stürzt Don Juan heraus; hinter ihm Donna Anna, bei dem Mantel den Frevler festhaltend. Welches Ansehn! Sie könnte höher, schlanker gewachsen, majestätischer im Gange sein: aber welch ein Kopf! – Augen, aus denen Liebe, Zorn, Haß, Verzweiflung wie aus einem Brennpunkt eine Strahlenpyramide blitzender Funken werfen, die wie griechisches Feuer unauslöschlich das Innerste durchbrennen! Des dunklen Haares aufgelöste Flechten wallen in Wellenringeln den Nacken hinab. Das weiße Nachtkleid enthüllt verräterisch nie gefahrlos belauschte Reize. Von der entsetzlichen Tat umkrallt, zuckt das Herz in gewaltsamen Schlägen. – – Und nun – welche Stimme! „Non sperar se non m'uccidi. " – Durch den Sturm der Instrumente leuchten wie glühende Blitze die aus ätherischem Metall gegossenen Töne! – Vergebens sucht sich Don Juan loszureißen. – Will er es denn? Warum stößt er nicht mit kräftiger Faust das Weib zurück und entflieht? Macht ihn die böse Tat kraftlos, oder ist es der Kampf von Haß und Liebe im Innern, der ihm Mut und Stärke raubt? – Der alte Papa hat seine Torheit, im Finstern den kräftigen Gegner anzufallen, mit dem Leben gebüßt; Don Juan und Leporello treten im rezitierenden Gespräch weiter vor ins Proszenium. Don Juan wickelt sich aus dem Mantel und steht da in rotem, gerissenem Sammet mit

silberner Stickerei, prächtig gekleidet. Eine kräftige, herrliche Gestalt: das Gesicht ist männlich schön; eine erhabene Nase, durchbohrende Augen, weich geformte Lippen; das sonderbare Spiel eines Stirnmuskels über den Augenbrauen bringt sekundenlang etwas vom Mephistopheles in die Physiognomie, das, ohne dem Gesicht die Schönheit zu rauben, einen unwillkürlichen Schauer erregt. Es ist, als könne er die magische Kunst der Klapperschlange üben; es ist, als könnten die Weiber, von ihm angeblickt, nicht mehr von ihm lassen und müßten, von der unheimlichen Gewalt gepackt, selbst ihr Verderben vollenden. – Lang und dürr, in rot- und weißgestreifter Weste, kleinem roten Mantel, weißem Hut mit roter Feder, trippelt Leporello um ihn her. Die Züge seines Gesichts mischen sich seltsam zu dem Ausdruck von Gutherzigkeit, Schelmerei, Lüsternheit und ironisierender Frechheit; gegen das grauliche Kopf- und Barthaar stechen seltsam die schwarzen Augenbrauen ab. Man merkt es, der alte Bursche verdient Don Juans helfender Diener zu sein. – Glücklich sind sie über die Mauer geflüchtet. – Fackeln – Donna Anna und Don Ottavio erscheinen: ein zierliches, geputztes, gelecktes Männlein von einundzwanzig Jahren höchstens. Als Annas Bräutigam wohnte er, da man ihn so schnell herbeirufen konnte, wahrscheinlich im Hause; auf den ersten Lärm, den er gewiß hörte, hätte er herbeieilen und vielleicht den Vater retten können: Er mußte sich aber erst putzen und mochte überhaupt nachts nicht gern sich herauswagen. – „Ma qual mai s'offre, o dei, spettacolo funesto agli occhi miei!" Mehr als Verzweiflung über den grausamsten Frevel liegt in den entsetzlichen, herzzerschneidenden Tönen dieses Rezitativs und Duetts. Don Juans gewaltsames Attentat, das ihm Verderben nur drohte, dem Vater aber den Tod gab, ist es nicht allein, was diese Töne der beängsteten Brust entreißt: nur ein verderblicher, tötender Kampf im Innern kann sie hervorbringen. –
Eben schalt die lange, hagere Donna Elvira, mit sichtlichen Spuren großer, aber verblühter Schönheit, den Verräter, Don Juan: „Tu nido d'inganni", und der mitleidige Leporello bemerkte ganz klug: „parla come un libro stampato", als ich jemand neben oder hinter mir zu bemerken glaubte. Leicht konnte man die Logentür hinter mir geöffnet haben und hineingeschlüpft sein – das fuhr mir wie ein Stich durchs Herz. Ich war so glücklich, mich allein in der Loge zu befinden, um ganz ungestört das so vollkommen dargestellte Meisterwerk mit allen Empfindungsfasern, wie mit Polypenarmen zu umklammern und in mein Selbst hineinzuziehen! Ein einziges Wort, das obendrein albern sein konnte, hätte mich auf eine schmerzhafte Weise herausgerissen aus dem herrlichen Moment der poetisch-musikalischen Begeisterung! Ich beschloß, von meinem Nachbar gar keine Notiz zu nehmen, sondern, ganz in die Darstellung vertieft, jedes Wort, jeden Blick

zu vermeiden. Den Kopf in die Hand gestützt, dem Nachbar den Rücken wendend, schaute ich hinaus. – Der Gang der Darstellung entsprach dem vortrefflichen Anfange. Die kleine lüsterne, verliebte Zerlina tröstete mit gar lieblichen Tönen und Weisen den gutmütigen Tölpel Masetto. Don Juan sprach sein inneres, zerrissenes Wesen, den Hohn über die Menschlein um ihn her, nur aufgestellt zu seiner Lust, in ihr mattliches Tun und Treiben verderbend einzugreifen, in der wilden Arie: „Fin ch'han dal vino" – ganz unverhohlen aus. – Gewaltiger als bisher zuckte hier der Stirnmuskel. – Die Masken erscheinen. Ihr Terzett ist ein Gebet, das in rein glänzenden Strahlen zum Himmel steigt. – Nun fliegt der Mittelvorhang auf. Da geht es lustig her; Becher erklingen, in fröhlichem Gewühl wälzen sich die Bauern und allerlei Masken umher, die Don Juans Fest herbeigelockt hat. – Jetzt kommen die drei zur Rache Verschwornen. Alles wird feierlicher, bis der Tanz angeht. Zerlina wird gerettet, und in dem gewaltig donnernden Finale tritt mutig Don Juan mit gezogenem Schwert seinen Feinden entgegen. Er schlägt dem Bräutigam den stählernen Galanterie-Degen aus der Hand und bahnt sich durch das gemeine Gesindel, das er, wie der tapfere Roland die Armee des Tyrannen Cymork, durcheinander wirft, daß alles gar possierlich übereinander purzelt, den Weg ins Freie. –

Schon oft glaubte ich dicht hinter mir einen zarten, warmen Hauch gefühlt, das Knistern eines seidenen Gewandes gehört zu haben: Das ließ mich wohl die Gegenwart eines Frauenzimmers ahnen, aber ganz versunken in die poetische Welt, die mir die Oper aufschloß, achtete ich nicht darauf. Jetzt, da der Vorhang gefallen war, schaute ich nach meiner Nachbarin. – Nein – keine Worte drücken mein Erstaunen aus: Donna Anna, ganz in dem Kostüme, wie ich sie eben auf dem Theater gesehen, stand hinter mir und richtete auf mich den durchdringenden Blick ihres seelenvollen Auges. – Ganz sprachlos starrte ich sie an; ihr Mund (so schien es mir) verzog sich zu einem leisen, ironischen Lächeln, in dem ich mich spiegelte und meine alberne Figur erblickte. Ich fühlte die Notwendigkeit, sie anzureden, und konnte doch die durch das Erstaunen, ja ich möchte sagen, wie durch den Schreck gelähmte Zunge nicht bewegen. Endlich, endlich fuhren mir beinahe unwillkürlich die Worte heraus: „Wie ist es möglich, Sie hier zu sehen?", worauf sie sogleich in dem reinsten Toskanisch erwiderte, daß, verstände und spräche ich nicht Italienisch, sie das Vergnügen meiner Unterhaltung entbehren müsse, indem Sie keine andere als nur diese Sprache rede. –

Wie Gesang lauteten die süßen Worte. Im Sprechen erhöhte sich der Ausdruck des dunkelblauen Auges, und jeder daraus leuchtende Blitz goß einen Glutstrom in mein Inneres, von dem alle Pulse stärker schlugen und alle Fibern erzuckten. – Es war Donna Anna unbezweifelt. Die Möglichkeit abzuwägen, wie sie auf dem Theater und in meiner Loge habe zugleich sein können, fiel mir nicht ein. So wie der glückliche Traum das Seltsamste verbindet und dann ein frommer Glaube das Übersinnliche versteht und es den sogenannten natürlichen Erscheinungen des Lebens zwanglos anreiht: so geriet ich auch in der Nähe des wunderbaren Weibes in eine Art Somnambulism, in dem ich die geheimen Beziehungen erkannte, die mich so innig mit ihr verbanden, daß sie selbst bei ihrer Erscheinung auf dem Theater nicht hatte von mir weichen können. – Wie gern setzte ich Dir, mein Theodor, jedes Wort des merkwürdigen Gesprächs her, das nun zwischen der Signora und mir begann: Allein, indem ich das, was sie sagte, deutsch hinschreiben will, finde ich jedes Wort steif und matt, jede Phrase ungelenk, das auszudrükken, was sie leicht und mit Anmut toskanisch sagte.

Indem sie über den Don Juan, über ihre Rolle sprach, war es, als öffneten sich mir nun erst die Tiefen des Meisterwerks, und ich konnte hell hineinblicken und einer fremden Welt phantastische Erscheinungen deutlich erkennen. Sie sagte, ihr ganzes Leben sei Musik, und oft glaube sie manches im Innern geheimnisvoll Verschlossene, was keine Worte aussprächen, singend zu begreifen. „Ja, ich begreife es dann wohl", fuhr sie mit brennendem Auge und erhöheter Stimme fort: „aber es bleibt tot und kalt um mich, und indem man eine schwierige Roulade, eine gelungene Manier beklatscht, greifen eisige Hände in mein glühendes Herz! – Aber du – du verstehst mich: Denn ich weiß, daß auch *dir* das wunderbare, romantische Reich aufgegangen, wo die himmlischen Zauber der Töne wohnen!" –

„Wie, du herrliche, wunderbare Frau – – du – du solltest mich kennen?"

„Ging nicht der zauberische Wahnsinn ewig sehnender Liebe in der Rolle der *** in deiner neuesten Oper aus deinem Innern hervor? – Ich habe dich verstanden: Dein Gemüt hat sich im Gesange mir aufgeschlossen! – Ja (hier nannte sie meinen Vornamen), ich habe *dich* gesungen, so wie deine Melodien *ich* sind."

Die Theaterglocke läutete: Eine schnelle Blässe entfärbte Donna Annas ungeschminktes Gesicht; sie fuhr mit der Hand nach dem Herzen, als empfände sie einen plötzlichen Schmerz, und indem sie leise sagte: „Unglückliche Anna, jetzt kommen deine fürchterlichsten Momente" – war sie aus der Loge verschwunden. –

Der erste Akt hatte mich entzückt, aber nach dem wunderbaren Ereignis wirkte jetzt die Musik auf eine ganz andere, seltsame Weise. Es war, als ginge eine lang verheißene Erfüllung der schönsten Träume aus einer andern Welt wirklich das Leben ein; als würden die geheimsten Ahnungen der entzückten Seele in Tönen festgebannt und müßten sich zur wunderbarsten Erkenntnis seltsamlich gestalten. – In Donna Annas Szene fühlte ich mich von einem sanften, warmen Hauch, der über mich hinwegglitt, in trunkener Wollust erbeben; unwillkürlich schlossen sich meine Augen, und ein glühender Kuß schien auf meinen Lippen zu brennen: Aber der Kuß war ein wie von ewig dürstender Sehnsucht lang ausgehaltener Ton.

Das Finale war in frevelnder Lustigkeit angegangen: „Già la mensa è preparata!" – Don Juan saß kosend zwischen zwei Mädchen und lüftete einen Kork nach dem andern, um den brausenden Geistern, die hermetisch verschlossen, freie Herrschaft über sich zu verstatten. Es war ein kurzes Zimmer mit einem großen gotischen Fenster im Hintergrunde, durch das man in die Nacht hinaussah. Schon während Elvira den Ungetreuen an alle Schwüre erinnert, sah man es oft durch das Fenster blitzen und hörte das dumpfe Murmeln des herannahenden Gewitters. Endlich das gewaltige Pochen. Elvira, die Mädchen entfliehen, und unter den entsetzlichen Akkorden der unterirdischen Geisterwelt tritt der gewaltige Marmorkoloß, gegen den Don Juan pygmäisch dasteht, ein. Der Boden erbebt unter des Riesen donnerndem Fußtritt. – Don Juan ruft durch den Sturm, durch den Donner, durch das Geheul der Dämonen sein fürchterliches: „No!"; die Stunde des Untergangs ist da. Die Statue verschwindet, dicker Qualm erfüllt das Zimmer, aus ihm entwickeln sich fürchterliche Larven. In Qualen der Hölle windet sich Don Juan, den man dann und wann unter den Dämonen erblickt. Eine Explosion, wie wenn tausend Blitze einschlügen –: Don Juan, die Dämonen sind verschwunden, man weiß nicht wie! Leporello liegt ohnmächtig in der Ecke des Zimmers. – Wie wohltätig wirkt nun die Erscheinung der übrigen Personen, die den Juan, der von unterirdischen Mächten irdischer Rache entzogen, vergebens suchen. Es ist, als wäre man nun erst dem furchtbaren Kreise der höllischen Geister entronnen. – Donna Anna erschien ganz verändert: Eine Totenblässe überzog ihr Gesicht, das Auge war erloschen, die Stimme zitternd und ungleich: aber eben dadurch in dem kleinen Duett mit dem süßen Bräutigam, der nun, nachdem ihn der Himmel des gefährlichen Rächer-Amts glücklich überhoben hat, gleich Hochzeit machen will, von herzzerreißender Wirkung.

Der fugierte Chor hatte das Werk herrlich zu einem Ganzen gerundet, und ich eilte in der exaltiertesten Stimmung, in der ich mich je befunden, in mein Zimmer. Der Kellner rief mich zur Wirtstafel, und ich folgte ihm mechanisch. – Die Gesellschaft war der Messe wegen glänzend, und die heutige Darstellung des Don Juan der Gegenstand des Gesprächs. Man pries im allgemeinen die Italiener und das Eingreifende ihres Spiels: doch zeigten kleine Bemerkungen, die hier und da ganz schalkhaft hingeworfen wurden, daß wohl keiner die tiefere Bedeutung der Oper aller Opern auch nur ahnte. – Don Ottavio hatte sehr gefallen. Donna Anna war einem zu leidenschaftlich gewesen. Man müsse, meinte er, auf dem Theater sich hübsch mäßigen und das zu sehr Angreifende vermeiden. Die Erzählung des Überfalls habe ihn ordentlich konsterniert. Hier nahm er eine Prise Tabak und schaute ganz unbeschreiblich dummklug seinen Nachbar an, welcher behauptete: Die Italienerin sei aber übrigens eine recht schöne Frau, nur zu wenig besorgt um Kleidung und Putz; eben in jener Szene sei ihr eine Haarlocke aufgegangen und habe das Demi-Profil des Gesichts beschattet! Jetzt fing ein anderer ganz leise zu intonieren an: „Fin ch'han dal vino" – worauf eine Dame bemerkte: Am wenigsten sei sie mit dem Don Juan zufrieden: der Italiener sei viel zu finster, viel zu ernst gewesen und habe überhaupt den frivolen, lustigen Charakter nicht leicht genug genommen. – Die letzte Explosion wurde sehr gerühmt. – Des Gewäsches satt eilte ich in mein Zimmer.

In der Fremdenloge Nro. 23

Es war mir so eng, so schwül in dem dumpfen Gemach! – Um Mitternacht glaubte ich Deine Stimme zu hören, mein Theodor! Du sprachst deutlich meinen Namen aus, und es schien an der Tapetentür zu rauschen. Was hält mich ab, den Ort meines wunderbaren Abenteuers noch einmal zu betreten? – Vielleicht sehe ich Dich und sie, die mein ganzes Wesen erfüllt! Wie leicht ist es, den kleinen Tisch hineinzutragen – zwei Lichter – Schreibzeug! Der Kellner sucht mich mit dem bestellten Punsch; er findet das Zimmer leer; die Tapetentür offen: er folgt mir in die Loge und sieht mich mit zweifelndem Blick an. Auf meinen Wink setzt er das Getränk auf den Tisch und entfernt sich, mit einer Frage auf der Zunge noch einmal sich nach mir umschauend. Ich lehne mich, ihm den Rücken wendend, über der Loge Rand und sehe in das verödete Haus, dessen Architektur, von meinen beiden Lichtern magisch beleuchtet, in wunderlichen Reflexen fremd und feenhaft hervorspringt. Den Vorhang bewegt die das Haus durchschneidende Zugluft. – Wie wenn er hinaufwallte? wenn Donna Anna, geängstet von gräßlichen Larven, erschiene? – „Donna Anna!" rufe ich unwillkürlich: Der Ruf verhallt in dem öden Raum, aber die Geister der Instrumente im Orchester werden wach – ein wunderbarer Ton zittert herauf; es ist, als säusle in ihm der geliebte Name fort! – Nicht erwehren kann ich mich des heimlichen Schauers, aber wohltätig durchbebt er meine Nerven. –
Ich werde meiner Stimmung Herr und fühle mich aufgelegt, Dir, mein Theodor! wenigstens anzudeuten, wie ich jetzt erst das herrliche Werk des göttlichen Meisters in seiner tiefen Charakteristik richtig aufzufassen glaube. – Nur der Dichter versteht den Dichter; nur ein romantisches Gemüt kann eingehen in das Romantische; nur der poetisch exaltierte Geist, der mitten im Tempel die Weihe empfing, das verstehen, was der Geweihte in

der Begeisterung ausspricht. – Betrachtet man das Gedicht (den Don Juan), ohne ihm eine tiefere Bedeutung zu geben, so daß man nur das Geschichtliche in Anspruch nimmt: so ist es kaum zu begreifen, wie Mozart eine solche Musik dazu denken und dichten konnte. Ein Bonvivant, der Wein und Mädchen über die Maßen liebt, der mutwilligerweise den steinernen Mann als Repräsentanten des alten Vaters, den er bei Verteidigung seines eigenen Lebens niederstach, zu seiner lustigen Tafel bittet – wahrlich, hierin liegt nicht viel Poetisches; und ehrlich gestanden, ist ein solcher Mensch es wohl nicht wert, daß die unterirdischen Mächte ihn als ein ganz besonderes Kabinettstück der Hölle auszeichnen; daß der steinerne Mann, von dem verklärten Geiste beseelt, sich bemüht vom Pferde zu steigen, um den Sünder vor dem letzten Stündlein zur Buße zu ermahnen; daß endlich der Teufel seine besten Gesellen ausschickt, um den Transport in sein Reich auf die gräßlichste Weise zu veranstalten. – Du kannst es mir glauben, Theodor! den Juan stattete die Natur wie ihrer Schoßkinder liebstes mit alle dem aus, was den Menschen in näherer Verwandtschaft mit dem Göttlichen über den gemeinen Troß, über die Fabrikarbeiten, die als Nullen, vor die, wenn sie gelten sollen, sich erst ein Zähler stellen muß, aus der Werkstätte geschleudert werden, erhebt; was ihn bestimmt zu besiegen, zu herrschen. Ein kräftiger, herrlicher Körper, eine Bildung, woraus der Funke hervorstrahlt, der, die Ahnungen des Höchsten entzündend, in die Brust fiel; ein tiefes Gemüt, ein schnell ergreifender Verstand. – Aber das ist die entsetzliche Folge des Sündenfalls, daß der Feind die Macht behielt, dem Menschen aufzulauern und ihm selbst in dem Streben nach dem Höchsten, worin er seine göttliche Natur ausspricht, böse Fallstricke zu legen. Dieser Konflikt der göttlichen und der dämonischen Kräfte erzeugt den Begriff des irdischen, so wie der erfochtene Sieg den Begriff des überirdischen Lebens. – Den Juan begeisterten die Ansprüche auf das Leben, die seine körperliche und geistige Organisation herbeiführte, und ein ewiges brennendes Sehnen, von dem sein Blut siedend die Adern durchfloß, trieb ihn, daß er gierig und ohne Rast alle Erscheinungen der irdischen Welt aufgriff, in ihnen vergebens Befriedigung hoffend! – Es gibt hier auf Erden wohl nichts, was den Menschen in seiner innigsten Natur so hinaufsteigert als die Liebe; sie ist es, die so geheimnisvoll und so gewaltig wirkend, die innersten Elemente des Daseins zerstört und verklärt; was Wunder also, daß Don Juan in der Liebe die Sehnsucht, die seine Brust zerreißt, zu stillen hoffte und daß der Teufel hier ihm die Schlinge über den Hals warf? In Don Juans Gemüt kam durch des Erbfeindes List der Gedanke, daß durch die Liebe, durch den Genuß des Weibes, schon auf Erden das erfüllt werden könne, was bloß als himmlische Verheißung in unserer Brust wohnt und eben jene unendliche Sehnsucht ist, die

25

uns mit dem Überirdischen in unmittelbaren Rapport setzt. Vom schönen Weibe zum schönern rastlos fliehend; bis zum Überdruß, bis zur zerstörenden Trunkenheit ihrer Reize mit der glühendsten Inbrunst genießend; immer in der Wahl sich betrogen glaubend, immer hoffend, das Ideal endlicher Befriedigung zu finden, mußte doch Juan zuletzt alles irdische Leben matt und flach finden, und indem er überhaupt den Menschen verachtete, lehnte er sich auf gegen die Erscheinung, die, ihm als das Höchste im Leben geltend, so bitter ihn getäuscht hatte. Jeder Genuß des Weibes war nun nicht mehr Befriedigung seiner Sinnlichkeit, sondern frevelnder Hohn gegen die Natur und den Schöpfer. Tiefe Verachtung der gemeinen Ansichten des Lebens, über die er sich erhoben fühlte, und bitterer Spott über Menschen, die in der glücklichen Liebe, in der dadurch herbeigeführten bürgerlichen Vereinigung auch nur im mindesten die Erfüllung der höheren Wünsche, die die Natur feindselig in unsere Brust legte, erwarten konnten, trieben ihn an, *da* vorzüglich sich aufzulehnen und Verderben bereitend dem unbekannten, schicksallenkenden Wesen, das ihm wie ein schadenfrohes, mit den kläglichen Geschöpfen seiner spottenden Laune ein grausames Spiel treibendes Ungeheuer erschien, kühn entgegenzutreten, wo von einem solchen Verhältnis die Rede war. – Jede Verführung einer geliebten Braut, jedes durch einen gewaltigen, nie zu verschmerzendes Unheil bringenden Schlag gestörte Glück der Liebenden ist ein herrlicher Triumph über jene feindliche Macht, der ihn immer mehr hinaushebt aus dem beengenden Leben – über die Natur – über den Schöpfer! – Er will auch wirklich immer mehr aus dem Leben, aber nur um hinabzustürzen in den Orkus. Annas Verführung mit den dabei eingetretenen Umständen ist die höchste Spitze, zu der er sich erhebt. –

Donna Anna ist, rücksichtlich der höchsten Begünstigungen der Natur, dem Don Juan entgegengestellt. So wie Don Juan ursprünglich ein wunderbar kräftiger, herrlicher Mann war, so ist sie ein göttliches Weib, über deren reines Gemüt der Teufel nichts vermochte. Alle Kunst der Hölle konnte nur sie irdisch verderben. – Sowie der Satan dieses Verderben vollendet hat, durfte auch nach der Fügung des Himmels die Hölle die Vollstreckung des Rächeramts nicht länger verschieben. – Don Juan ladet den erstochenen Alten höhnend im Bilde ein zum lustigen Gastmahl, und der verklärte Geist, nun erst den gefallnen Menschen durchschauend und sich um ihn betrübend, verschmäht es nicht, in furchtbarer Gestalt ihn zur Buße zu ermahnen. Aber so verderbt, so zerrissen ist sein Gemüt, daß auch des Himmels Seligkeit keinen Strahl der Hoffnung in seine Seele wirft und ihn zum bessern Sein entzündet! –

Gewiß ist es Dir, mein Theodor, aufgefallen, daß ich von Annas Verfüh-

rung gesprochen; und so gut ich es in dieser Stunde, wo tief aus dem Gemüt hervorgehende Gedanken und Ideen die Worte überflügeln, vermag, sage ich Dir mit wenigen Worten, wie mir in der Musik, ohne alle Rücksicht auf den Text, das ganze Verhältnis der beiden im Kampf begriffenen Naturen (Don Juan und Donna Anna) erscheint. – Schon oben äußerte ich, daß Anna dem Juan gegenübergestellt ist. Wie, wenn Donna Anna vom Himmel dazu bestimmt gewesen wäre, den Juan in der Liebe, die ihn durch des Satans Künste verdarb, die ihm inwohnende göttliche Natur erkennen zu lassen und ihn der Verzweiflung seines nichtigen Strebens zu entreißen? – Zu spät, zur Zeit des höchsten Frevels, sah er sie, und da konnte ihn nur die teuflische Lust erfüllen, sie zu verderben. – Nicht gerettet wurde sie! Als er hinausfloh, war die Tat geschehen. Das Feuer einer übermenschlichen Sinnlichkeit, Glut aus der Hölle, durchströmte ihr Innerstes und machte jeden Widerstand vergeblich. Nur *Er*, nur Don Juan, konnte den wollüstigen Wahnsinn in ihr entzünden, mit dem sie ihn umfing, der mit der übermächtigen, zerstörenden Wut höllischer Geister im Innern sündigte. Als er nach vollendeter Tat entfliehen wollte, da umschlang wie ein gräßliches, giftigen Tod sprühendes Ungeheuer sie der Gedanke ihres Verderbens mit folternden Qualen. –
Ihres Vaters Fall durch Don Juans Hand, die Verbindung mit dem kalten, unmännlichen, ordinären Don Ottavio, den sie einst zu lieben glaubte – selbst die im Innersten ihres Gemüts in verzehrender Flamme wütende Liebe, die in dem Augenblick des höchsten Genusses aufloderte und nun gleich der Glut des vernichtenden Hasses brennt: alles dieses zerreißt ihre Brust. Sie fühlt, nur Don Juans Untergang kann der von tödlichen Martern beängsteten Seele Ruhe verschaffen; aber diese Ruhe ist ihr eigner irdischer Untergang. – Sie fordert daher unablässig ihren eiskalten Bräutigam zur Rache auf; sie verfolgt selbst den Verräter, und erst als ihn die unterirdischen Mächte in den Orkus hinabgezogen haben, wird sie ruhiger – nur vermag sie nicht dem hochzeitlustigen Bräutigam nachzugeben: „Lascia, o caro, un anno ancora, allo sfogo del mio cor!" Sie wird dieses Jahr nicht überstehen; Don Ottavio wird niemals *die* umarmen, die ein frommes Gemüt davon rettete, des Satans geweihte Braut zu bleiben.
Wie lebhaft im Innersten meiner Seele fühlte ich alles dieses in den die Brust zerreißenden Akkorden des ersten Rezitativs und der Erzählung von dem nächtlichen Überfall! – Selbst die Szene der Donna Anna im zweiten Akt: „Crudele", die, oberflächlich betrachtet, sich nur auf den Don Ottavio bezieht, spricht in geheimen Anklängen, in den wunderbarsten Beziehungen jene innere, alles irdische Glück verzehrende Stimmung der Seele aus. Was soll selbst in den Worten der sonderbare, von dem Dichter vielleicht unbe-

wußt hingeworfene Zusatz: „Forse un giorno il cielo ancora sentirà pietà di me! –"

Es schlägt zwei Uhr! – Ein warmer elektrischer Hauch gleitet über mich her – ich empfinde den leisen Geruch feinen italienischen Parfums, der gestern zuerst mir die Nachbarin vermuten ließ; mich umfängt ein seliges Gefühl, das ich nur in Tönen aussprechen zu können glaube. Die Luft streicht heftiger durch das Haus – die Saiten des Flügels im Orchester rauschen – Himmel! wie aus weiter Ferne, auf den Fittichen schwellender Töne eines luftigen Orchesters getragen, glaube ich Annas Stimme zu hören: „Non mi dir bell' idol mio!" – Schließe dich auf, du fernes, unbekanntes Geisterreich – du Dschinnistan voller Herrlichkeit, wo ein unaussprechlicher himmlischer Schmerz wie die unsäglichste Freude der entzückten Seele alles auf Erden Verheißene über alle Maßen erfüllt! Laß mich eintreten in den Kreis deiner holdseligen Erscheinungen! Mag der Traum, den du bald zum Grausen erregenden, bald zum freundlichen Boten an den irdischen Menschen erkoren – mag er meinen Geist, wenn der Schlaf den Körper in bleiernen Banden festhält, den ätherischen Gefilden zuführen! –

Gespräch des Mittags an der Wirtstafel, als Nachtrag

Kluger Mann mit der Dose, stark auf den Deckel derselben schnippend: „Es ist doch fatal, daß wir nun so bald keine ordentliche Oper mehr hören werden! Aber das kommt von dem häßlichen Übertreiben!"

Mulatten-Gesicht: „Ja, ja! Hab's ihr oft genug gesagt! Die Rolle der Donna Anna griff sie immer ordentlich an! – Gestern war sie vollends gar wie besessen. Den ganzen Zwischenakt hindurch soll sie in Ohnmacht gelegen haben und in der Szene im zweiten Akt hatte sie gar Nervenzufälle –"

Unbedeutender: „O sagen Sie –!"

Mulatten-Gesicht: „Nun ja! Nervenzufälle, und war doch wahrlich nicht vom Theater zu bringen."

Ich: „Um des Himmels willen – die Zufälle sind doch nicht von Bedeutung? Wir hören doch Signora bald wieder?"

Kluger Mann mit der Dose, eine Prise nehmend: „Schwerlich, denn Signora ist heute morgens Punkt zwei Uhr gestorben."

SULPIZ BOISSERÉE

Sechs kleine polnische Pferdchen und andere Legenden

Den aus dem Jahr 1815 stammenden Aufzeichnungen des Kunstwissen-schaftlers Sulpiz Boisserée (1783–1854) liegen die Berichte von Franz Seraph Detouche (1772–1844) zugrunde, der angeblich 1787 für ein paar Jahre als Schüler Haydns nach Wien gekommen war. Boisserées Angaben sind von Gerüchten durchsetzt, wie sie damals kursierten, eben aus diesem Grunde aber auch interessant.

Kaiser Joseph ist in der Probe des „Figaro": Ihm gefällt die Oper; er fragt, warum er nicht mehr für ihn mache? Mozart antwortet: „Was soll ich mit dem Spital von Menschen da anfangen!" auf das Orchester deutend, „in Prag, da muß man Musik hören!" Natürlich fiel er nun hiefür auch ganz durch, ja wurde ausgepfiffen; die italienischen Musiker kabalierten gegen ihn. Darauf kam „Don Juan", für Prag geschrieben; die „Zauberflöte"; „Titus" und zuletzt das „Requiem". Detouche war bei ihm, als er es machte; er war ganz melancholisch und kränklich, zog sich von aller Welt zurück, da er sonst der lustigste Mensch war: Er soll Aqua Toffana bekommen haben. Er hatte den Wunsch schon gefaßt, ein Requiem zu schreiben, da kam ein Herr, wollte für seinen Freund eines haben, aber ganz allein für ihn, und gab gleich 100 Dukaten. Der Mann wurde nachher nicht mehr gesehen.

Der Kampf gegen die italienischen Musiker, besonders gegen Salieri, den ersten Kapellmeister, machte Mozart viel Spaß, er ging darum nicht von Wien weg, da er doch in England, Spanien etc. gut ankommen konnte. Er wollte ihn noch zu Tod ärgern. So wenn er ein neues Werk geschrieben, sagte er immer: Das wird den Salieri viel Geld kosten, wird am Beutel ziehen müssen; er meinte, um ihn auspochen zu lassen. Die Kabalen haben Salieri wohl 20.000 fl. gekostet. Er war reich durch seine Frau, eine Kaufmannstochter. In Gesellschaft von Paisiello, Martini, Salieri und Haydn etc. sagte Mozart zu dem letztern, dem er sehr Freund war: „Dich nehme ich aus, aber alle anderen Compositeurs sind wahre Esel!"

Er war ein leidenschaftlicher Billardspieler und spielte schlecht. Wann ein berühmter Billardspieler in Wien ankam, hat's ihn mehr interessiert als ein berühmter Musiker. Dieser, meinte er, würde schon zu ihm kommen, aber jenen suchte er auf; er spielte hoch, ganze Nächte durch. Er war sehr leichtsinnig, seine Frau hat's ihm nachgesehen. Sie war eine gute Klavierspielerin; auch hat er sie sehr lieb gehabt. Er hat schneller komponiert, als die Abschreiber es schreiben konnten, und das alles ohne zu spielen, zu singen etc., nur dann und wann hat er einen Akkord angeschlagen. Den „Don Juan" hat er in sechs Wochen gemacht. Immer hatte er Geld notwendig, und daher sind die vielen kleinen Sachen entstanden, die Sonaten und Variationen. Artaria gab für jedes Halbdutzend Variationen 25 Dukaten. Es lag immer Notenpapier für ihn da; ging er vorbei und brauchte Geld, so mußte er schreiben. Er wollte einmal die Wiener versuchen, ob sie Kunstliebe hätten; kündigte ein Konzert auf morgens fünf Uhr im Augarten an, bekommt eine große Subskription – aber es kommen nur wenige.

Mozart schafft sich sechs kleine polnische Pferdchen an; das machte Geschrei; es zieme nur den Fürsten, mit sechs Pferden zu fahren! „Ja", sagte er, „wenn's Pferde wären, sind aber nur Pferderln, davon steht nichts in der Ordnung." Joseph Haydn hat ihm gesagt: „Wenn du nichts als den ‚Don Juan' gemacht hättest, wäre es genug." Dafür dedizierte ihm Mozart seine schönen Violin-Quartette.

NORBERT IGNAZ LEHMANN

Mozart an der Orgel der Mariä-Himmelfahrt-Kirche in Prag

Lehmann (geb. 1750) war Chorherr und Organist an der zum Kloster Strahow gehörigen Mariä-Himmelfahrt-Kirche in Prag. Sein nachstehender Bericht vom 1. Mai 1818 ist an den Mozart-Biographen Franz Xaver Niemetschek gerichtet. Die hier geschilderte Begegnung fand während Mozarts zweitem Aufenthalt in Prag (1. Oktober bis Mitte November 1787) anläßlich der dortigen Uraufführung des „Don Giovanni" statt.

Hier überliefere ich auf hohes Begehren das Mozartische Thema samt der Geschichte. Dieser Virtuos beehrte anno 1787 im Monate Juni die Stadt Prag mit einem Besuche, um mit den Tonkünstlern dieser Hauptstadt bekannt zu werden und Merkwürdigkeiten zu sehen. Er kam an einem Tage um 3 Uhr nachmittags mit der Frau v. Duschek auch in die Strahöfer Kirche und äußerte sein Verlangen, die Orgel zu hören. Ich als Supplent des Organisten wurde vom gn. H. Prälaten Wentzl Mayer dazu bestimmt, diese Arbeit auf mich zu nehmen. Der Auftrag gefiel mir freilich nicht, mich vor einem so großen Meister und Compositeur hören zu lassen; doch ging ich, um mich meines Auftrags zu entledigen. Mozart saß in navi ecclesiae nahe beim Predigtstuhl. Ich ließ ihn die ganze Stärke der Orgel wahrnehmen und führte ein pathetisches Thema aus. Als dieses beendigt war, fragte dieser Virtuos, wer da die Orgel geschlagen habe. Einige von den Geistlichen, welche ihn begleiteten, sagten: „Ein Geistlicher unseres Stiftes." Nun fragte er:

„Gibt es auch Organisten unter den Geistlichen?" – „Ja", antwortete H. Matthias Ehrlich, dermalen Gymnasial Patri … [die letzte Silbe unleserlich] auf der Kleinseite. Nun bekam er Lust, die Orgel selbst zu schlagen. Er bestieg den Sitz und machte pleno choro durch beiläufig vier Minuten meisterhafte Akkorde und ließ durch diese … [unleserliches Wort] jeden Kenner wahrnehmen, daß er mehr als ein gemeiner Organist sei. Nach diesem wollte er das Manual ohne Brust- und Rückpositiv spielen. Alle vier Zungenwerke waren ihm zu stark. Er wählte nebst dem gewöhnlichen Pedal ohne Mixtur den achtfüßigen Posaunpaß. Nun fing er ein vierstimmiges Fuga-Thema an, welches um so schwerer auszuführen war, weil es und die Verfolgung desselben aus lauter Mordanten bestund, welche auf einer so schwer zu drückenden Orgel außerordentlich hart auszudrücken sind. Allein der vierte und fünfte Finger sowohl in der rechten als linken Hand war dem ersten (Daumen), zweiten und dritten an Kraft gleich, worüber schon jeder staunen mußte. Ich heftete meine ganze Aufmerksamkeit auf die Ausführung des Thema und wäre imstande gewesen, es bis zu Ende aufzusetzen; allein nun kam der sel. Regens chori P. Lohelius auf das Chor. Dieser hinderte mich mit seinen Fragen so sehr, daß ich den ganzen Faden verloren habe, und zwar da, wo die Aufmerksamkeit am notwendigsten war. Mozart hatte sich vom g-moll mit dem Pedal und Organo-Baß so hoch hinaufgeschwungen, daß er in h-moll fortsetzen konnte. Nun störte mich der sel. Lohelius, daß ich nicht wußte, wie er so geschwind in Dis-dur hineingekommen. Nun wollte er in diesem Ton endigen und machte ein Tasto. Er hielt B als die Quint im Pedal aus, fuhr mit allen beiden Händen auf die zwei obersten Oktaven der Klaviatur hinauf, nahm dort so viele Töne und häufte dergestalt Ligaturen und Resolutionen, daß er im H-dur so herrlich spielte, als hätte er im Pedal fis zum Tasto liegen. Alle Finger waren teils wegen den Mordanten, teils wegen den Mittelstimmen in Bewegung, so zwar, daß keiner auch nicht einen Augenblick ruhen konnte. Dies geschah in der Absicht, daß von den Pedali nichts möchte zu hören sein. Kaum hatte ich die ersten Fragen des sel. Lohelius beantwortet, als itzt eine Menge anderer zu beantworten waren. Er sagte: „Herr Bruder." [Antwort:] „Was denn?" – [Frage:] „Er hält im Pedal B aus." – [Antwort:] „Nu ja." [Frage:] „Er will in Dis # einfallen." – [Antwort:] „Freilich." – [Frage:] „Er spielt aber aus H-Dur." – [Antwort:] „Dies weiß ich." – [Frage:] „Wie kann das klingen?" – [Antwort:] „Es klingt aber!" (Weil nämlich so viele Töne in den zwei oberen Oktaven einen so erbärmlichen Lärm machten, daß man auch alle vier Schnurrwerke nicht würde gehört haben. Die zehn Finger hupften in jenen zwei Oktaven so geschäftig herum, als die Ameisen herumlaufen, wenn man ihren Haufen zerstört.) Durch jene so viele Fragen wurde ich um das Beste und Künstlichste gebracht, wodurch Mozart seine Stärke im Satze verriet. Dann führte er das Thema einer Fuga aus dem Brixischen Requiem ex C-moll zwar auf eine ganz andere Art so künstlich auf, daß man wie versteinert dastund. Er gab jeder Stimme, wenn sie das Thema in einem andern Tone wiederholte, ihr Recht, welches hauptsächlich beim Tenor zu bewundern war. Wenn der Baß zu tief war und wenn der Tenor mit der linken Hand nicht konnte bestritten werden, so mußte die Rechte mit einigen Tönen und Fingern aushelfen.

Wenn durch diese Wenigkeit Ew. Wohledlgeborn ein Gefallen geschieht, so mache ich mir das größte Vergnügen daraus, mit derselben aufzuwarten. Am 1. Mai 1818.

SOPHIE HAIBEL

„Liebe Sophie, Sie müssen mich sterben sehen ..."

Der folgende Brief von Constanze Mozarts jüngster Schwester Sophie Haibel (1763–1846) an ihren Schwager Georg Nikolaus Nissen (Constanzes zweiten Mann) ist der ausführlichste und berühmteste Bericht über Mozarts Tod; er ist 1825 im Hinblick auf Nissens Mozart-Biographie verfaßt, die 1828 erschien und ihn auszugsweise und etwas verändert enthält. – Ausnahmsweise wurde hier von der Regel, die Texte orthographisch modernisiert zu bringen, abgewichen und die originale Schreibweise Sophie Haibels belassen; sie wirft ein eigentümliches klärendes und verklärendes Licht über Gemüts- und Bildungsstand der Schreiberin und läßt eine fast poetische Atmosphäre in den Einzelheiten entstehen, die aus einer Entfernung von 34 Jahren nach Mozarts Tod erzählt werden.

Herzens Bruder!, und Schwester!   D[iakovár], den 7 ten april 1825
Daß Erste ist das Ich und mein Haibel dem Besten Aller Schwäger zu seinem frohen NahmensFeste unsere innigste Wünsche Bringen ...
... Nun Zür Lezen Lebenszeit Mozarts. M:t [Mozart] Bekam unsere seelige Mutter immer Lieber und Selbe jhn auch, dahero M: Offters auf die Wieden /: wo unsere Mutter u. ich beym goldenen Pflug Logirten :/ in einer Eille gelaufen kam ein Päckgen unter dem Arme Trug worinen Cofée und Zucker war, überreichte es unserer guten Mutter und sagte hier Liebe Mama haben Sie eine Kleine jausen. dis freude Sie den wie ein Kind. dis gescha sehr offt, Kurz M: Kam nie mehr Lehr zu uns,
Nun als Moz: Erkrankte machten wir beyde jhm die Nacht Leibel, welche

32

Er Vorwärts anzihen könte weil er sich vermög geschwulst nicht trehen könte, und weil wir nicht wusten, wie Schwehr Kranck er seie, machten wir jhm auch einen Watirten Schlaf Rock /: wozu uns zwar zu allem das Zeig seine gute Frau meine Liebste Schwester gab :/ daß wen Er auf stehete er gut Versorgt sein mögte. und so Besuchten wir ihn fleisig er zeigte auch eine Herzliche freude an dem Schlafrok zu haben, ich ging alle Täge in die Stadt jhn zu besuchen. und als ich ein mahl an einem Sonnabend hinein kam, sagte M: zu mir Nun Liebe Sophie sagen Sie der Mama daß es mir recht sehr gut gehet, und daß ich jhr noch in der Octave zu jhrem Nahmens feste komen werde, jhr zu Craduliren, wer hatte eine größere Freude als ich meiner Mutter eine so frohe Nachricht bringen zu können, nach deme Selbe die Nachricht immer kaum erwarten könte, ich Eillte dahero nach Hauße sie zu Beruhigen, nach deme er mir wircklich auch selbsten sehr heiter und gut zu sein schin. den Andren Tag war also Sonntag: ich war noch jung und gestehe es auch Eidel – und buzte mich gerne, mögte aber aufgeputz nie gerne zu Fuß, aus der Vorstadt in die Stadt gehen, und zu fahren war mir ums Geldt zu thun, ich sagte dahero zu unserer Guten Mutter, Liebe Mama heute gehe ich nicht zu Mozart – Er war ia gestern so gut so wird jhm wohl heute noch beßer sein, und ein Tag auf, oder ab, daß wird wohl nichts machen, Sie sagte darauf, weist du waß, mache mir eine Schalle Cofée, und nach deme werde ich dir schon sagen, waß du thun solst, Sie war zimmlich gestimt mich zu Hauße zu laßen den die schwester weiß, wie sehr ich immer bey jhr bleiben mußte, ich ging also in die Küche, Kein Feuer war mehr da. ich mußte ein Licht anzünten, und feuer machen. Mozart ging mir den doch nicht aus dem Sinne, mein Cofée war fertig, und mein Licht brande noch, Nun sah ich wie Verschwenderisch ich mit meinem Licht geweßen, so Viel Verbrand zu haben, daß Licht brande noch hoch auf, jez sah ich star in mein Licht und dachte ich mögte doch gerne wißen waß Mozart macht, und wie ich dis dachte und ins licht sahe Leschte daß Licht aus und so aus als wen es Nie gebrand hätte. kein Fünckgen blib an dem großen Tochten, keine Luft war nicht, dis Kan ich beschwehren, ein schauer überfil mich, ich Lief zu unserer Mutter, und erzahlte es jhr, Sie sagte genug Zihe dich geschwinde, aus und gehe hinein, und bringe mir aber gleich nachricht wie es jhm gehet, halte dich aber ia nicht lange auf, ich eillte so geschwinde ich nur könte, Ach Gott wie Erschrak ich nicht als mir meine halb Verzweifelnde, und doch sich Modoriren wollende Schwester entgegen kam, und sagte Gott Lob Liebe Sophie dass du da bist, heute Nacht ist er so schlecht geweßen, daß ich schon dachte er erlebt diesen Tag nicht mehr, bleibe doch nur heute bey mir den wen er heute wieder so wird so Stirbt er auch diese Nacht, gehe doch einwenig zu jhm, waß er macht, ich suchte mich zu faßen, u ging an sein bette, wo Er mir gleich zu rüffte, ach gut Liebe Sophie daß Sie da sind, Sie müßen heute Nacht da bleiben, Sie müßen mich Sterben sehen, ich suchte mich stark zu machen, u jhm es aus zu reden allein er erwiederte mir auf alles, ich habe ia schon den Todten scheschmack [-geschmack] auf der Zunge, und wer wird den meiner Liebsten Constance beystehen wen Sie nicht hier blieben, ia Lieber M: ich muß nur noch zu unserer Mutter gehen, und jhr sagen, daß Sie mich heute gerne bey sich hätten sonst gedenkt sie es seie ein Unglück geschehen, ia daß tuhen sie aber komen Sie ia balt wieder – Gott wie war mir dazu Muthe, die arme Schwester ging mir nach und bat mich um Gottes willen zu denen geistlichen bey St. Peter zu gehen, und Geistlichen zu bitten, Er mögte komen so wie Von Ungefehr, dis dat ich auch allein /: Sant peters wollte ich schreiben :/ Selbe weigerten sich Lange, und ich hätte Vile Mihe einen solgen Geistligen Unmenschen dazu zubewegen – – – Nun Lief ich zu der mich ängstVoll erwardenden Mutter es war schon finster, wie Erschrak die Arme, ich beredete Selbe, zu der Ältesten Tochter der Seeligen Hofer über Nacht zu gehen welches auch geschah, und ich Lief wieder was ich Konte zu meiner Trost Loßen Schwester, da war der Sissmaier bey M: am Bette dan Lag auf der Deke das Bekante Requem und M: Explicirte jhm wie seine Meinung seie daß er es Nach seinem Todte Vollenden sollte. ferner Trug er seiner Frau auf seinen Todt geheim zu halten, bis sie nicht Vor Tag Albregtsberger davon benachrichtig hätte, den diesem gehörte der Dienst vor Gott u der Weldt. Glosett der Docter wurde Lange gesucht, auch im Theater gefunden allein Er muste daß Ende der Pieße abwarten – dan kam Er und Verordnete jhm noch Kalte Umschlage über seinen Glühenden Kopfe welche jhn auch so erschitterten, daß Er nicht mehr zu sich Kam bis er nicht Verschieden, sein Leztes war noch wie Er mit dem Munde die Paucken, in seinem Requem aus Trüken wolte, daß höre ich noch iez, Nun kam gleich Muller aus dem Kunst Cabinett, und Trückte sein Bleiges erstorbenes Gesicht in Gibs ab, Wie Kranzen Loß Elend seine Treue Gattin sich auf jhre Knihe warf und den AllMachtigen um seinen Beystand anrüfft, ist mir liebster Bruder unmöglich zu beschreiben, sie konte sich nicht Von jhm trennen so sehr ich sie auch bath, wen jhr Schmerz noch zu Vermehren gewesen wäre, so müste er dadurch Vermehret worden sein daß den Tag auf die schauervolle Nacht, die Menschen scharen weiß Vorbey gingen u Laut um jhn weinten, und schrien. ich habe M: in meinem Leben nicht aufprausend Viel weniger zornig gesehen.

Mein lieber Mann und jch Küßen und Trucken Euch innigst im Geiste an unsere für Euch schlagende Herzen und sind immer und Ewig die Eurigen.

FRANZ DE PAULA ROSER VON REITER

Eine Antwort Mozarts

Franz de Paula Roser (1779–1830), Komponist, kam 1789 nach Wien und soll eine Zeitlang Mozarts Schüler gewesen sein. Sein Vater Johann Georg Roser (1740–1797) war zu der Zeit, da die Anekdote handelt (Nov. 1783), in Linz (ab 1786 dort Domkapellmeister). Mozart weilte auf der Rückreise von seinem Salzburger Aufenthalt (Juli – November) einige Wochen in Linz.

Eine recht artige Begebenheit mit Mozart verdient hier angemerkt zu werden. Als eben [Johann Georg] Roser seine erste Funktion mit einer von ihm komponierten Messe mit Doppelchor in der [Linzer] Domkirche hielt, kam Mozart nach dem Gloria auf den Chor und ersuchte Roser, ob es ihm nicht vergönnt sei, den Platz an der Orgel einnehmen zu dürfen. Roser, der Mozart nie persönlich kannte, fragte ihn, ob er aber auch die Orgel gut spielen könnte, da in dieser Messe mehrere Fugen vorkämen. Mozart verbürgte sich, und nun ging es ans Credo. Als dieses beendigt war, wo das „et vitam venturi" eine große Fuge war, ging Roser zu dem Orgelhelden und sagte ihm, er könnte nur Mozart sein; Mozarts Antwort war: *mehr* sei er auch nicht.
Roser hatte das Glück, Mozart mit seinem Vater durch 11 Tage in seiner Wohnung bewirten zu können.

MICHAEL O'KELLY

Ich stand dicht neben Mozart

Der irische Bassist O'Kelly (1762–1826) kam über Neapel im Jahr 1783 nach Wien und wurde Schüler Mozarts; er war bis 1786 Mitglied der Italienischen Oper in Wien, sang den ersten Don Curzio und Basilio in Mozarts „Figaro". 1787 begab er sich nach London. Seine „Reminiscences of Michael Kelly", verfaßt von Theodore Hook, erschienen 1826. Hieraus die Mozart betreffenden Stellen:

Ich ging eines Abends in ein Konzert des berühmten Kozeluch, eines großen Komponisten von Klaviermusik und ebenso hervorragenden Pianisten. Dort sah ich die Komponisten Vanhall und Baron Dittersdorf und wurde – was für mich eine der Sternstunden in meinem Musikerleben war – dem wunderbaren Genie Mozart vorgestellt. Er beehrte die Gesellschaft damit, auf dem Pianoforte Fantasien und Capriccios zu spielen. Sein Gefühlsausdruck, die Geschwindigkeit seiner Finger, der großartige Vortrag und die Kraft besonders seiner linken Hand und der augenscheinliche Einfallsreichtum in seinen Modulationen erstaunten mich. Nach seinem glänzenden Spiel setzten wir uns zum Abendessen, und ich hatte das Vergnügen, zwischen ihm und seiner Frau zu sitzen, Madame Constanze Weber, einer deutschen Dame, die er überaus liebte und von der er drei Kinder hatte.

Er unterhielt sich mit mir hauptsächlich über Thomas Linley, den ältesten Bruder von Mrs. Sheridan, mit dem er in Florenz freundschaftlich verkehrt hatte, und sprach von ihm mit großer Zuneigung. Er sagte, Linley sei in der Tat ein Genie gewesen, und er meinte, wäre er am Leben geblieben, so wäre er eine der größten Zierden der musikalischen Welt geworden. Nach dem Abendessen gaben die jungen Sprößlinge unseres Gastgebers einen Tanz, und Mozart machte mit. Madame Mozart sagte mir, ebensogroß wie sein Genie sei, zeige er sich auch als ein Enthusiast im Tanzen, und oft sage er, seine Neigung zu dieser Kunst sei noch stärker als die zur Musik.

Er war ein auffällig kleiner Mann, dünn und sehr blaß, mit einer Fülle feiner blonder Haare, auf die er ziemlich eitel war. Herzlich lud er mich in sein Haus ein, was ich annahm, und ich brachte dort einen guten Teil meiner Zeit zu. Stets erwies er mir Güte und Gastfreundschaft. Besonders gern hatte er Punsch; ich sah, daß er davon in reichlichen Zügen zu sich nahm. Er schätzte auch das Billardspiel und hatte ein vortreffliches Billard in seinem Haus. Viele Partien spielte ich mit ihm, aber ich wurde immer Zweitbester. Er gab Sonntagskonzerte, bei denen ich nie fehlte. Er war gütig und stets hilfsbereit, aber so sehr empfindlich, wenn er spielte, daß er, sofern das leiseste Geräusch gemacht wurde, sofort aufhörte. Eines Tages forderte er mich auf, mich ans Klavier zu setzen, und lobte meinen ersten Lehrer, der mich in einer guten Handhaltung am Instrument geschult habe. Er ging auf mich ein, was ich als ein großes Kompliment ansah. Ich hatte eine kleine Melodie zu Metastasios Canzonetta „Grazie agl' inganni tuoi" komponiert, welche ein außerordentlicher Erfolg war, wo immer ich sie sang. Sie war sehr einfach, und doch wurde ihr die große Gunst zuteil, Mozart zu gefallen. Er nahm sie sich vor und komponierte Variationen dazu, die wahrhaft schön waren, und hatte auch später die Liebenswürdigkeit und Herablassung, sie zu spielen, wo immer sich Gelegenheit bot ...

Drei Opern wurden nun vorbereitet: eine von Righini, die andere von Salieri („Die Grotte des Trophonius") und eine von Mozart – auf besonderen Befehl des Kaisers. Mozart hatte die französische Komödie „Le Mariage de Figaro" von Beaumarchais gewählt; Da Ponte hatte sie sehr geschickt in eine italienische Oper umgestaltet. Diese drei Stücke waren beinahe gleichzeitig für die Aufführung fertig, und jeder Komponist erhob den Anspruch, daß

Aus Mozarts „Die Hochzeit des Figaro" (1. Akt, 1. Szene): Susanna vor dem Spiegel, Figaro, das Zimmer ausmessend, das beide nach ihrer Hochzeit bewohnen sollen. Kupferstich von Johann Heinrich Ramberg aus: Orphea, Taschenbuch für 1827, Leipzig

seine Oper als erste aufgeführt werde. Der Streit hatte große Uneinigkeit zur Folge, so daß sich Parteien bildeten. Die Charaktere der drei Männer waren sehr verschieden. Mozarts Gemüt war entzündbar wie Schießpulver, und er schwor, er werde die Partitur seiner Oper ins Feuer werfen, wenn sie nicht als erste aufgeführt werde; seine Forderung wurde von einer starken Partei unterstützt; auf der Gegenseite arbeitete Righini wie ein Maulwurf im Dunkel um den Vorrang. Der dritte Bewerber war Hofkapellmeister, ein kluger, schlauer Mann, erfüllt von dem, was Bacon Gaunerweisheit nennt, und seine Forderungen unterstützten drei der Hauptdarsteller; diese inszenierten eine Kabale, der nicht leicht Herr zu werden war. Jeder aus der Belegschaft der Oper ergriff Partei in dem Streit. Ich allein trat für Mozart ein, was sehr natürlich war, denn ihm gegenüber war ich aufgrund meiner Bewunderung seines ungeheuren Genies und der Dankesschuld für viele persönliche Gunsterweisungen zu den wärmsten Gesinnungen verpflichtet.
Dem erbitterten Streit setzte S. Majestät ein Ende durch den Befehl, unverzüglich mit den Proben zu Mozarts „Nozze di Figaro" zu beginnen. Und niemand freute sich mehr über den Triumph des kleinen großen Mannes über seine Rivalen als Michael O'Kelly.
Von allen Darstellern, die an der damaligen Aufführung dieser Oper beteiligt waren, lebt nur noch einer – ich. Es wurde zugestanden, daß nie eine Oper ein größerer Wurf war. Ich habe sie zu verschiedenen Zeiten in anderen Ländern aufgeführt gesehen, und auch gut, aber so wenig mit der Uraufführung vergleichbar wie Tag und Nacht. Diese ersten Darsteller hatten den Vorteil, vom Komponisten selbst unterwiesen zu werden, der seine Absicht und Begeisterung auf sie übertrug. Nie werde ich seine nur geringfügig bewegte Miene vergessen, wenn in ihr der glühende Schimmer des Genius aufleuchtete; es zu beschreiben ist so unmöglich, wie Sonnenstrahlen zu malen. Eines Abends, als ich ihn besuchte, sagte er: „Ich habe gerade ein kleines Duett für meine Oper komponiert; Sie sollen es hören." Er setzte sich ans Klavier, und wir sangen es. Ich war davon entzückt, was die musikalische Welt verstehen wird, wenn ich hinzufüge, daß es das Duett: „Crudel, perchè finora farmi languir così" war, gesungen vom Grafen Almaviva und Susanna. Ein köstlicheres Stück ist nie geschrieben worden, und oft war mir der Gedanke eine schöne Genugtuung, daß ich der erste war, der es hörte, und daß ich es mit seinem begnadeten Schöpfer sang. Ich erinnere mich an die erste Probe mit vollem Orchester. Mozart stand auf der Bühne in seinem karmesinroten langen Mantel, seinen mit Goldschnüren verzierten Hut auf dem Haupt, und gab dem Orchester die Tempi an. Figaros Arie „Non più andrai, farfallone amoroso" sang Benucci mit der größten Beseeltheit und Kraft der Stimme.

Ich stand dicht neben Mozart, der mit leiser Stimme immer wieder sagte: „Bravo, bravo, Benucci!" Und als Benucci zu der schönen Stelle kam: „Cherubino, alla vittoria, alla gloria militar", die er mit Stentorstimme gab, war alles wie elektrisiert: Die Darsteller auf der Bühne und die Musiker im Orchester riefen laut wie in einem einzigen Gefühl des Entzückens: „Bravo, bravo maestro! Viva, viva, grande Mozart!" Ich dachte, die im Orchester würden nie mehr aufhören zu applaudieren, indem sie mit ihren Geigenbögen gegen die Musikpulte schlugen. Der kleine Mann bezeugte durch wiederholte Verbeugungen seinen Dank für die ihm dargebrachten außerordentlichen Zeichen enthusiastischen Beifalls.

GEORG NIKOLAUS NISSEN

Wie die Ouvertüre zum „Don Giovanni" entstand

Nissen (1761–1826), ein glühender Verehrer der Musik Mozarts, kam 1792 als Legationssekretär nach Wien und zog später in die Wohnung von Mozarts Witwe Constanze; er heiratete sie 1809, übersiedelte mit ihr nach Kopenhagen, 1820 nach Salzburg. Seiner 1828 erschienenen „Biographie W. A. Mozart's", in der er Constanzes mündliche Berichte über Mozart sowie die von ihr zur Verfügung gestellten schriftlichen Quellen verwertet, ist folgende Stelle entnommen.

Diese Leichtigkeit, mit welcher Mozart schrieb, hat er, wie wir schon angesprochen haben, schon als Knabe gezeigt: ein Beweis, daß sie ein Werk des Genies war. Aber wie oft überraschte er damit in seinen letzten Jahren selbst diejenigen, die mit seinen Talenten vertraut waren! Die genievolle Ouvertüre zum „Don Juan" ist hiervon ein merkwürdiges Beispiel. Mozart schrieb diese Oper im Oktober 1787; sie war schon vollendet, einstudiert und sollte auf übermorgen aufgeführt werden, nur die Ouvertüre fehlte noch. Die ängstliche Besorgnis seiner Freunde, die mit jeder Stunde zunahm, schien ihn zu unterhalten; je mehr sie verlegen waren, desto leichtsinniger stellte er sich. Endlich, am Abende vor dem Tage der ersten Vorstellung, nachdem er sich sattgescherzt hatte, ging er gegen Mitternacht auf sein Zimmer, fing an zu schreiben und vollendete *in einigen Stunden das bewunderungswürdige Meisterstück*, welches die Kenner nur der himmlischen Ouvertüre der „Zauberflöte" nachsetzen.
Die Witwe erzählt den Vorgang so: Den vorletzten Tag vor der Auffüh-

rung, als die Generalprobe vorbei war, sagte er abends zu ihr, er wolle nachts die Ouvertüre schreiben, sie möge ihm Punsch machen und bei ihm bleiben, um ihn munter zu erhalten. Sie tat's, erzählte ihm nach seinem Wunsche leichte muntere Sachen, z. B. von Aladins Lampe, Aschenbrödel usw., die ihn Tränen lachen machten. Der Punsch machte ihn aber so schläfrig, daß er nickte, wenn sie pausierte, und nur arbeitete, wenn sie erzählte. Da aber die Anstrengung, die Schläfrigkeit und das öftere Nicken und Zusammenfahren ihm die Arbeit gar zu schwer machten, ermahnte seine Frau ihn, auf dem Kanapee zu schlafen, mit dem Versprechen, ihn über eine Stunde zu wecken. Er schlief aber so stark, daß sie es nicht übers Herz brachte und ihn erst nach zwei Stunden aufweckte. Dies war um 5 Uhr früh. Um 7 Uhr war der Kopist bestellt, und um 7 Uhr war die Ouvertüre fertig. Die Kopisten wurden nur mit Mühe bis zur Vorstellung fertig, und das Opern-Orchester, dessen Geschicklichkeit Mozart schon kannte, führte sie prima vista vortrefflich aus.

Anekdoten
aus Nissens Kollektaneen

In seiner Biographie schreibt Nissen S. 414 und 415: „Sie [Aloisia Weber] schien den [Mozart], um welchen sie ehedem [beim Abschiede in Mannheim, 14. März 1778] geweint hatte, nicht mehr zu kennen, als er eintrat. Deshalb setzte sich Mozart ans Klavier und sang laut: „Ich laß das Mädel gern, das mich nicht will."
In Nissens Kollektaneen ist dieser improvisierte Text in der allerdings sehr urwüchsigen, an die Kraftausdrücke in den „Bäsle"-Briefen gemahnenden, aber sicher authentischen Variante notiert: „Leck mir das Mensch im A –, das mich nicht will."

*

Er liebte Hunde und Vögel sehr und hatte immer [welche]. Sein Hund hieß Puzzipaukel. Wenn ein Vogel starb, veranstaltete er einen Leichenzug, in dem alles, was singen kann [konnte], mit groß[en] Schleiern folgen mußte, machte eine Art Requiem, Epitaph in Versen.

*

Mozart versäumte nicht leicht die öffentliche Redoute und führte da manche Späße aus, verkleidete sich oft, verabredete ganze Aufzüge, machte den

Pierrot ungemein geschickt – diesen Geschmack hatte er schon in der Jugend.

VINCENT UND MARY NOVELLO

Besuch bei Constanze

Im Jahre 1829 unternahmen der englische Komponist und Verleger Vincent Novello (1781–1861) und seine Frau Mary eine „Pilgerreise" nach Salzburg und Wien, um die noch lebenden Verwandten und Freunde Mozarts aufzusuchen; jeder von beiden führte ein gesondertes Tagebuch über die Besichtigungen und Gespräche; das Tagebuch galt bis 1945 als verschollen und erschien erst 1955 in London unter dem Titel „A Mozart Pilgrimage". Daraus sind hier Auszüge wiedergegeben, die den Besuch im Juli 1829 in Salzburg bei Constanze schildern. Diese war mit ihrem zweiten Mann Georg Nikolaus Nissen (1761–1826) im Jahr 1820 hierhergezogen.

Vincent Novello (V. N.):
Madame von Nissen sandte höflicherweise ihr Mädchen kurz nach 2 Uhr, um uns zu ihrem Hause zu führen. Sie war ein lustiges, angenehmes Ding, sprach aber nur deutsch. Der Weg zum Haus ist ganz ungewöhnlich und malerisch, und das Haus selbst steht an einem der schönsten Punkte, die ich kenne. Madame Nissen erwartete uns im ersten Stockwerk und empfing uns mit großer Herzlichkeit und ohne Umstände. Sie hatte ihre Schwester (Sophie Haibel) und Mozarts jüngsten Sohn (Wolfgang Amadeus, der beim Tode seines Vaters etwa 5 Monate alt war), der glücklicherweise gerade bei seiner Mutter zu Besuch war, bei sich.
Wir fanden uns sogleich in einer lebhaften und (für mich) sehr interessanten Unterhaltung.
Mary Novello (M. N.):
Wir haben eben Mozarts Witwe gesehen – oh, welch eine Welt von Sensationen hat diese Begegnung erregt! Die Frau, die ihm so teuer war …, diese Frau neben sich zu sehen, war wie eine Berührung mit ihm selbst, und während der ganzen Unterhaltung hatte ich das Gefühl, daß sein Geist mit uns war. Wie hätte es anders sein können! Ich hielt sein Bildnis in meiner Hand, das sein Leben atmet. Als ich eintrat, war ich von meinen Gefühlen so überwältigt, daß ich nichts tun als weinen und sie umarmen konnte. Auch sie schien gerührt zu sein und rief wiederholt aus: „Oh quelle bonheur pour moi, de voir les enthousiastes pour mon Mozart." Sie spricht fließend fran-

41

zösisch, obwohl mit deutschem Akzent, doch das Italienische fällt ihr leichter. Da ich jedoch nicht italienisch spreche, fuhr sie höflich französisch fort. Sie ist eine feine Dame, und obgleich von ihrer Schönheit nichts übrig ist als ihre Augen, wie auch das gestochene Porträt in ihrer Mozartbiographie andeutet, hält sie sich doch gut für eine Frau von etwa 65 Jahren. Sie wohnt reizend in der Nonnstraße, auf halber Höhe eines Berges mit einer Aussicht, die man kaum in der Welt wiederfindet. Wie gewöhnlich im Ausland sind die Zimmer nicht mit Möbeln überladen, und das Zimmer, worin sie uns empfing, stieß an ein Kabinett, worin ihr Bett stand, geschmackvoll mit einer grünen Seidendecke zugedeckt, die gut zu den Blumen im Zimmer paßte.

V. N.:

Frage: Saß Mozart am Instrument, wenn er komponierte, und versuchte er manche Stellen, wenn sie ihm gerade einfielen, oder schrieb er ein Stück erst nieder, wenn es in seinem Kopf ganz fertig war, und schrieb er es gleich in Partitur? Mußte er beim Komponieren allein sein, oder konnte er sich so absondern, daß auch viele Anwesende ihn nicht störten?

Er trat selten an das Instrument, wenn er komponierte. Er konnte beim Komponieren aufstehen und im Zimmer auf- und abgehen, unberührt von allem, was um ihn her vorging. Er konnte dann bei ihr niedersitzen, sie um Tinte und Papier bitten und sagen: „Ma chère femme, ayez la bonté de me dire de quoi on a parlé." Dann konnte er an ihrer Seite schreiben, während sie zu ihm sprach, ohne daß die Konversation ihn am Arbeiten störte.

M. N.:

Wenn irgendeine große Konzeption in seinem Geiste entstand, war er völlig wie abwesend, ging in der Wohnung auf und nieder und wußte nicht, was um ihn her vorging. Sobald aber in seinem Kopfe alles fertig war, brauchte er kein Pianoforte, sondern nahm Tinte und Papier und sagte zu ihr, während er schrieb: „Nun, liebes Weib, sei so gut und sage mir, wovon die Rede war" und die Unterhaltung störte ihn durchaus nicht, „was mehr ist", fügte sie hinzu, „als ich mit dem gewöhnlichsten Brief tun kann".

V. N.:

Beschreibung des Zimmers: An den Wänden hängen die Porträts. Über dem Sofa Mozart mit seiner Schwester am Klavier, der Vater sitzend, das Porträt der Mutter in einem Rahmen an der Wand. Darüber das Porträt ihres zweiten Mannes, Herrn von Nissen. In dem andern Raum das Bildnis Mozarts als Knabe mit gestickter Weste und Degen und das Porträt der beiden Söhne in zärtlicher und graziöser Haltung, als ob sie sehr aneinander hingen.

Der Jüngere, der neben mir stand, als ich es betrachtete, sagte mir, daß er etwa 5 Jahre alt war, als das Bild gemalt wurde.

Frage: Wieviele Porträts, Büsten, Stiche usw. gibt es von ihm, und welche geben seine Züge am besten wieder?

Bei weitem das ähnlichste Porträt ist, nach Madame Nissens Meinung, das Ölbild, das der Mann der Madame Lange (Madame Nissens älterer Schwester) gemalt hat und das in ihrer Biographie wiedergegeben ist – es ist unvollendet, aber sehr gut – in einer Holzkiste, als ob es verschickt worden wäre. Gute Ähnlichkeit auch in einem Wachsporträt in Berlin.

M. N.:

Die Originalstiche hängen an den Wänden, Nissens Porträt, ihre beiden Söhne, Mozart als siebenjähriger Knabe, die spielende und singende Familie, aber das herrliche Bildnis von Mozart hält sie in einem Kasten verschlossen und weigert sich vernünftigerweise, es vollenden zu lassen, damit der lebendige Ausdruck nicht durch eine Ungeschicklichkeit verloren gehe. Es stammt von Herrn Lange, dem Mann ihrer Schwester. Madame Lange war seine erste Wahl. Sie versichert uns, daß es ihm genau ähnelt. Es ist viel schöner als der Stich, die Stirne hoch und gewölbt, voll Genie, der Mund voll Süßigkeit und Schönheit. Beides sowie die Nase sind im Stich übertrieben, sie sind viel feiner auf dem Gemälde ... Mozart hatte sehr feine Hände.

Sie sagte uns, er habe ein wenig gezeichnet und alle Künste geliebt, er habe in der Tat Talent für alles gehabt, er sei immer wohlgelaunt gewesen, selten melancholisch, eine sehr fröhliche Natur, er war ein wahrer Engel, rief sie aus, und ist es nun – sie sagte das ganz einfach, ohne jede Heuchelei.

V. N.:

Beschreibung von Frau Nissen. In ihrer Jugend muß sie sehr schöne Augen gehabt haben, sie sind immer noch schön. Ihr Gesicht hat keine Ähnlichkeit mit dem Porträt in der Biographie. Es ist schmal und trägt die Spuren vieler Mühen und Sorgen, aber wenn ihre Züge sich zu einem Lächeln entspannen, ist ihr Ausdruck bemerkenswert angenehm. Sie ist klein, schlank und sieht viel jünger aus, als ich erwartet hatte. Ihre Stimme ist tief und sanft, sie hat gute und einnehmende Manieren, ist ungezwungen wie jemand, der sich viel in der Gesellschaft umgetan und die Welt kennengelernt hat. Sie sprach von ihrem berühmten Mann mit Zärtlichkeit und Liebe (obzwar nicht mit der Begeisterung, die ich von der Frau erwartet hätte, die ihm so nahe und so teuer war), und ich konnte ein leichtes Beben in ihrer Stimme merken, als sie mit mir sein Bildnis betrachtete und bei zwei oder drei anderen Gelegenheiten, wenn sie auf die letzten Jahre seines Lebens anspielte, was nicht minder rührend und ergreifend war, da sie jede Bewegung unwillkürlich und unauffällig zu unterdrücken suchte. Sie hätte während meines ganzen Besuches nicht gütiger, freundlicher, ja selbst herzlicher sein können. Diese Frau ist für mich einer der interessantesten lebenden Menschen.

Sie sagte, sie habe den vielen Leuten, die Andenken an Mozart verlangten, fast alles gegeben, was sie besessen. Andenken, die sie mir gab: ein Stückchen einer kleinen Haarbürste, die er täglich benutzte, ein Blatt eines Briefes an seinen Vater. Ich hätte gerne eine Haarlocke gehabt, aber sie sagte, es sei alles zu Staub zerfallen.

Sein Sohn versprach, mir einen Brief an Haslinger zu geben, der mir viel über seinen Vater würde sagen können, und einen zweiten an Abbé Stadler. Obwohl er weit entfernt lebte, besuchte er seine Mutter doch regelmäßig wie eben gerade jetzt. Er zeigte mir (auf Verlangen seiner Mutter) eine Kantate, die er ... gewidmet hat. Sie steht in D und ist als op. 28 bei Haslinger erschienen. Er selbst besitzt die Partitur. Die meisten seiner Werke sind bei Breitkopf erschienen.

Er schrieb mir die besten Mozartbiographien (außer Nissen) auf.

M. N.:

Anwesend waren auch eine Schwester von Madame und ihr jüngster Sohn, der, obgleich dem Vater nicht unähnlich, kein Genie zu haben scheint. Dieses Gefühl überschattet vielleicht sein ganzes Gehaben und dämpft das Feuer seiner Werke, die darum zur Mittelmäßigkeit verdammt sind. Etwas von dieser Verzweiflung, je etwas hervorzubringen, was des väterlichen Namens würdig wäre, scheint ihn niederzudrücken. Im übrigen ist er gutmütig, bescheiden, zugänglich und offen.

15. Juli. Salieris Feindschaft begann mit Mozarts Komposition von „Così fan tutte". Er hatte die Oper selbst begonnen, aber aufgegeben, da er sie für unwürdig hielt, in Musik gesetzt zu werden. Der Sohn stellte es in Abrede, daß er (Salieri) Mozart vergiftet habe, obwohl der Vater es glaubte und Salieri es in seinen letzten Tagen gestand. Aber Salieri war sein Leben lang von Kabalen und Intrigen verbittert, die sein eigenes Leben und Denken vergifteten, und das mag den Sterbenden bedrückt haben.

V. N.:

Salieri versuchte zuerst, die Oper zu komponieren, aber es gelang ihm nicht. Der große Erfolg Mozarts soll seinen Neid und Haß erregt haben und der Beginn seiner Feindschaft und Bosheit gegenüber Mozart gewesen sein (Süßmayr war ein Freund Salieris). Ungefähr sechs Monate vor seinem Tode kam Mozart der furchtbare Gedanke, daß ihn jemand mit Aqua Toffana vergiften wolle – er kam eines Tages zu ihr und klagte über große Schmerzen in den Lenden und allgemeine Mattigkeit – einer seiner Feinde habe ihm die verderbliche Mixtur beigebracht, die ihn töten würde, und sie könnten den Zeitpunkt seines Todes genau und unweigerlich berechnen. Der Auftrag für das Requiem tat ihm weh, denn er gab diesen traurigen Gedanken, die von seiner körperlichen Schwäche gefördert wurden, neue Nahrung.

Der große Erfolg der kleinen Freimaurer-Kantate, die er damals schrieb, heiterte ihn für kurze Zeit auf, aber seine traurigen Vorahnungen kehrten in ein paar Tagen zurück, als er die Arbeiten am Requiem wieder aufnahm. Einmal probierte er einen Satz mit Süßmayr und Madame Mozart, aber einige Stellen erregten ihn so, daß er in Tränen ausbrach und nicht fortsetzen konnte ...

V. N.: (15. Juli)

Ein womöglich noch schönerer Tag als gestern. Mozarts Sohn kam um 11 Uhr, um uns zu seiner Tante Sonnenburg zu führen. Nach einer kurzen Plauderei begleiteten wir ihn zu ihrem Hause, das nur wenige Schritte von unserem Gasthof entfernt war. Es schien, daß sie eine ruhelose Nacht verbracht hatte, aus Furcht, daß wir sie nicht besuchen würden, und drückte wiederholt ihr Bedauern darüber aus, daß man uns nicht vorgelassen hatte, als wir das erstemal vorsprachen. Als wir das Zimmer betraten, lag Mozarts Schwester ruhig im Bett, aber blind, matt, erschöpft, schwach und fast ohne Sprache. Ihr Neffe erklärte ihr freundlich, wer wir waren, und sie schien große Befriedigung daraus zu schöpfen. Während der ganzen Zeit hielt ich ihre arme, schmale Hand in der meinen und drückte sie mit der aufrichtigen Herzlichkeit eines alten Freundes ihres Bruders. Es schien sie besonders zu freuen, daß das kleine Geschenk, das wir mitgebracht hatten, gerade vor ihrem Namenstag eingetroffen war (St. Anna, 26. Juli). Ihr Geburtstag fällt auf den 30., an welchem Tage sie ihr 78. Lebensjahr vollendet haben wird. Ihre Stimme ist fast erloschen, und sie scheint sich schnell dem Reich zu nähern, von wo kein Wanderer zurückkehrt.

Ihr Angesicht, obwohl durch Krankheit und Alter verändert, hat immer noch große Ähnlichkeit mit den Porträts, die von ihr gestochen worden sind, aber es war schwer zu glauben, daß diese hilflose und matte Gestalt, die vor uns lag, einmal das kleine Mädchen gewesen war, das neben dem Bruder gestanden und zu seiner kindlichen Begleitung gesungen hatte.

Als wir diese verehrungswürdige und interessante Frau verließen, konnten Mary und ich uns nicht enthalten, ihre schwache, abgezehrte Hand mit zarter Ehrfurcht zu küssen; wir wußten, daß wir sie nicht wiedersehen würden.

Ich fürchte, daß es bei ihrer gegenwärtigen Schwäche nicht mehr lange währen kann – aber wenn die Stunde kommt, der schließlich kein Lebender entgeht, kann ich nur hoffen, daß ihr alles Leiden erspart bleibe und sie ruhig zu atmen aufhört, als sänke sie bloß in ruhigen Schlaf.

Ich war besonders erfreut von der respektvollen und gütigen Herzlichkeit, die Mozarts Sohn ihr bezeigte, indem er sie wiederholt „meine liebe Tante" nannte und alles tat, um ihre Wünsche zu erfüllen.

M. N.:

Nach dem Besuch blieb der Sohn bei uns zum Mittagessen. Er gewinnt bei näherer Bekanntschaft und ist ein ruhiger und angenehmer Mann. Er lebt in Polen und besucht seine Mutter nur einmal in drei oder vier Jahren, so daß wir uns glücklich schätzen müssen, ihm begegnet zu sein. Er sieht Henry Nyren ein wenig ähnlich, nur ist sein Kopf größer, und die Nase hat er von seinem Vater. Er sagte mir, daß Gall über seinen Schädel sehr erstaunt war, der wirklich bemerkenswert ist. Er spricht mit Begeisterung von seinem Vater, obwohl er erst fünf Monate alt war, als Mozart starb, und sagt, man erwarte zuviel von ihm, so daß ihm der Name zu einer Bürde geworden sei. Er klagt über das Stundengeben und sagt, es zerstöre alle Ideen, die wert wären, zu Papier gebracht zu werden.

V. N.:

Er sprach in hohen Tönen von Haydn – war ihm nie begegnet, ohne zu weinen. „Sieben letzte Worte" und Vokalquartette und Terzette. Haydn sagte ihm, die Londoner Reisen hätten für ihn keinen Zweck gehabt, wenn Mozart zuerst hingegangen wäre (wie Salomon wünschte), denn nach Mozarts Werken hätte nichts getaugt. Haydn besuchte sie oft und erklärte wiederholt, Mozart sei das größte musikalische Genie gewesen, das je gelebt.

V. N.:

Die Witwe schien erfreut darüber, daß ich so viele Stücke aus seinen Opern zitierte – „Oh, ich sehe, Sie kennen sie alle auswendig, so wie ich." Sie kennt sowohl die Texte wie die Musik. Sie sagte mir, daß „Non so più" aus dem „Figaro" ein Lieblingsstück Mozarts war …

Sie bemerkte, daß in „Di scrivermi" aus „Così fan tutte" (wovon ich erwartete, daß es eines seiner bevorzugten Stücke gewesen sei) man sich leicht die Schluchzer und Tränen der Beteiligten vorstellen könne, und wies auf die außerordentliche Differenziertheit der Melodien hin, die er den verschiedenen Personen zugewiesen und wie sie jeder von ihnen gemäß seien – daß es in der Geistermusik des „Don Giovanni" Stellen gäbe, die einem die Haare zu Berge stehen lassen. Sie hat für die Fabel von „Così fan tutte" wenig übrig, gab mir aber darin recht, daß eine solche Musik jedes Stück retten würde …

M. N.:

Es ist offenbar, daß Überarbeitung den frühen Tod Mozarts herbeigeführt hat. Er konnte sich nie ganz von seinen musikalischen Gedanken losreißen. Er spielte sehr gern Billard, aber er komponierte während des Spiels, und wenn er sich mit seinen Freunden unterhielt, arbeitete doch sein Geist fort. Not und Pflicht erzeugten diese Gewohnheit, die seinen Körper erschöpfte und seinen Tod herbeigeführt haben würde, hätte ihn nicht das Fieber plötzlich dahingerafft.

Madame bestätigte, daß sie die ganze Nacht bei ihm saß, während er die Ouvertüre zu „Don Giovanni" schrieb. Er komponierte oft bis 2 Uhr und stand um 4 Uhr morgens auf, eine Anstrengung, die zu seinem Tode beitrug. Gegenwärtig steht sie morgens zu derselben Zeit auf, geht aber, wie der Sohn sagt, mit den Hühnern zu Bett. Der Sohn sprach mit großer Begeisterung von der Musik seines Vaters und spielte Vincent einiges vor. Er sagte, es habe viele gute Musiker gegeben, aber – mit Verlaub – nur einen Mozart, der der Shakespeare der Musik sei – (ein Ausdruck, den Vin oft gebraucht) ... Madame Mozart bedauerte, daß ihr Sohn eine so lässige Natur sei – sein Vater war die Sanftmut selbst, aber voller Energie und Lebhaftigkeit. Ich fragte sie, ob sie nicht ihre eigene Lebensgeschichte schreiben wolle – Nein, sagte sie, es sei zu ermüdend, über sich selbst zu schreiben – es wäre anders, wenn sie diktieren könnte, es gäbe einige interessante Einzelheiten zu erzählen.

Sie sagte, er sei plötzlich gestorben, wenige Augenblicke vorher habe er heiter geplaudert, und kurz darauf war er tot – sie konnte es gar nicht glauben, sie warf sich auf das Bett, um an dem gleichen Fieber zu sterben, aber es war ihr nicht bestimmt. Es gab Zeiten, sagte sie, da sie nicht bloß aufrichtig wünschte zu sterben, sondern da sie ihre Kinder nicht lieben konnte und ihr alles in der Welt verhaßt war, aber sie lebe immer noch und habe all das Leid überstanden. Mozart starb nicht allein mittellos, sondern hinterließ einige Schulden. Als sein jüngster Sohn 13 Jahre alt war, gab er ein Benefizkonzert, dessen Ertrag den Gläubigern zufiel – wie wenige andere als die Witwe und das Kind des Meisters würden das Geld nach so langer Zeit einem solchen Zweck zugeführt haben, denn es müsse nicht vergessen werden, daß sie nichts besaßen als eine kleine Pension vom österreichischen Kaiser – alle Opern Mozarts seien verschenkt oder gestohlen und alle übrige Musik für billiges Geld verkauft worden.

Sie sagte, Herr Nissen sei ein ebenso liebenswerter Mann gewesen wie Mozart, sie könnte nicht sagen, welcher von den beiden gütiger zu ihr gewesen sei, sie hätte gewünscht, für beide leben zu können ... Die Biographie hatte den Zweck, eine kleine Summe für die beiden Söhne zu verschaffen, die Kosten seien aber leider noch nicht hereingebracht ...

Es ist ihm in Wien kein Denkmal errichtet worden; obwohl der Kaiser 1000 fl. zur Verfügung gestellt hat, konnte bisher keine hinreichende Summe aufgebracht werden, und das zeuge von der Begeisterung der Wiener für gute Musik.

Der Kaiser fragte ihn, warum er keine reiche Frau geheiratet habe – er antwortete, er hoffte, mit seinem Genie immer genug verdienen zu können, um die Frau zu erhalten, die er liebte. Er sagte ihr oft, er wüßte nicht, was mit einer reichen Frau zu beginnen – sie würde ihn völlig in Anspruch genommen haben, und er hätte seine Kompositionen vernachlässigen müssen. Er verglich sein Eheglück oft mit dem der Brüder Haydn, Joseph und Michael. „Niemand ist mit seinem Weibe so glücklich wie ich", rief er dann aus.

V. N.:

Am Nachmittag ging ich Arm in Arm mit Mozarts Sohn spazieren und hatte nachher das Vergnügen, Mozarts Witwe zu begleiten. Sie ging zwischen Mary und mir und hielt uns am Arm. Er sprach sehr zärtlich von seiner Mutter (seinen Vater hat er leider nicht gekannt) und von Herrn Nissen, der ihn wie seinen eigenen Sohn aufgezogen hatte und dem er alles schuldete, wie er sagte.

Donnerstag, 16. Juli, 7 Uhr morgens. Wir hörten das Hochamt in der Kirche in der Nähe des Hauses, wo Mozarts Witwe wohnt; sie gehört zu einem Nonnenkloster, das dem „Nonnberg" den Namen gegeben hat. Hier ist es, wo Mozarts Witwe oft die Messe um 7 Uhr morgens hört. Ich glaube, sie ist ein Frühaufsteher. In der Tat sagte sie mir selbst, daß sie im allgemeinen um 4 Uhr morgens aufsteht, um die frühe Sonne über der wunderbaren Landschaft vor ihrem Haus und Garten zu genießen.

LORENZO DA PONTE

Rund um „Figaro" und „Don Giovanni"

Der Theaterdichter und Übersetzer Da Ponte (1749–1838) kam 1783 nach Wien, wo er sogleich mit Mozart Bekanntschaft machte. Er wurde der Librettist der Mozart-Opern „Die Hochzeit des Figaro", „Don Giovanni", „Così fan tutte" und der Kantate „Davidde penitente". Seine Memoiren, aus denen hier die interessantesten Stellen über Mozart wiedergegeben sind, verfaßte er erst lange nach seiner Auswanderung nach New York im Jahr 1805. Sie erschienen 1823, erweitert 1830. Dichtung und Wahrheit mischen sich in diesen amüsanten Darstellungen, die nicht in allen Details glaubwürdig sind.

Der Erfolg ... und mehr noch die Gunst, welche der Kaiser mir offen bezeugte, schufen aus mir einen neuen Menschen, vervielfältigten meine Kräfte bei den anstrengenden Arbeiten, die ich unternahm, und gaben mir nicht allein den Mut, den Angriffen meiner Feinde die Stirn zu bieten, sondern sogar allen ihren Bestrebungen bloß meine Verachtung entgegenzusetzen. Es verging nur kurze Zeit, so baten mich verschiedene Komponisten um Li-

48

bretti. Es waren aber damals nur zwei in Wien, die meine Achtung verdienten: Martini, ein Lieblings-Komponist des Kaisers – er wurde von diesem auch sehr begünstigt –, und Wolfgang Mozart, den ich zu jener Zeit in dem Hause des Baron von Wetzlar kennenzulernen Gelegenheit fand. Der Baron war ein großer Verehrer und Freund dieses Komponisten. Obwohl Mozart mit dem höchsten Talent und vielleicht weit größerer Begabung als irgendein anderer Komponist der vergangenen, der damaligen und der zukünftigen Welt ausgestattet war, konnte es ihm wegen der Kabalen seiner Feinde nie gelingen, sein göttliches Genie in Wien zur Geltung zu bringen. Er blieb im dunkeln und unbekannt, gleich einem kostbaren Edelstein, der im Schoße der Erde seinen hohen Wert verbirgt. Ich kann mich nie ohne einen gewissen Stolz daran erinnern, daß Europa und die ganze Welt größtenteils meiner Ausdauer und unerschütterlichen Beharrlichkeit die wundervollen Opern dieses bewunderungswürdigen genialen Tonsetzers zu verdanken hat. Die Ungerechtigkeit, der Neid der Journalisten, der Zeitungsschreiber und der Biographen Mozarts verhinderten aber, diesen Ruhm einem Italiener zuzugestehen; doch ganz Wien, alle diejenigen, die ihn und mich in Deutschland, in Böhmen und in Sachsen kannten, seine ganze Familie und mehr als alle der Baron von Wetzlar, unter dessen Dach der erste Funke dieser edlen Flamme ausbrach, müssen mir zugestehen, daß alles, was ich hier gesagt habe, die reine Wahrheit ist ...

Nachdem „Il Burbero di buon core" so guten Erfolg gehabt hatte, ging ich zu Mozart und fragte ihn, ob er Lust habe, ein Textbuch von mir in Musik zu setzen.

„Ich würde es mit großem Vergnügen tun", entgegnete er sofort, „aber ich bin mir gewiß, daß ich die Erlaubnis nicht dazu erhalten werde."

„Für diese zu sorgen soll meine Sache sein", erwiderte ich.

Ich schickte mich an, ganz ernstlich über die beiden Texte für meine lieben Freunde Mozart und Martini nachzudenken. Was den ersten anbelangt, sah ich ein, daß sein unermeßliches Genie einen vielseitigen, erhabenen Stoff erfordere. Als ich mich eines Tages mit ihm über diesen Gegenstand unterhielt, fragte er mich, ob ich nicht vielleicht ohne zu große Mühe die Komödie von Beaumarchais, betitelt: „Die Hochzeit des Figaro", in ein Libretto umarbeiten könne. Dieser Vorschlag gefiel mir sehr wohl, und ich versprach ihm, es zu tun. Es war aber eine sehr große Schwierigkeit dabei zu überwinden. Wenige Tage vorher hatte der Kaiser der Gesellschaft des deutschen Theaters die Aufführung dieser Komödie untersagt, weil sie, wie er sagte, nicht ganz anständig für ein gutgesittetes Publikum wäre. Wie sollte ich ihm diese nun als Oper vorschlagen? Der Baron von Wetzlar bot mir ein sehr gutes Honorar für den Text, in der Absicht, die Oper in London oder in Frankreich aufführen zu lassen, wenn es in Wien nicht erlaubt werden sollte. Aber ich schlug sein Anerbieten aus und machte den Vorschlag, Text und Musik so zu schreiben, daß niemand davon etwas weiß, und dann einen günstigen Augenblick zu ergreifen, um sie den Direktoren oder dem Kaiser selbst anzubieten. Und ich hatte selbst den Mut, mich zu der Ausführung dieses Planes vorzuschlagen. Martini war der einzige, dem ich das Geheimnis mitgeteilt hatte, und er war so großmütig, aus Hochachtung für Mozart seine Zustimmung zu geben, daß ich sein Libretto erst dann begänne, wenn die Bearbeitung des „Figaro" beendigt wäre.

Ich machte mich also an das Unternehmen. Wir arbeiteten Hand in Hand. Sowie ich etwas vom Text geschrieben hatte, setzte er es in Musik, und in sechs Wochen war alles fertig. Das Glück begünstigte Mozart; das Theater hatte Mangel an neuen Partituren. Ich ergriff diese Gelegenheit, und ohne mit jemandem darüber zu sprechen, bot ich dem Kaiser selbst den „Figaro" an.

„Wie?" sagte er, „Sie wissen doch, daß Mozart zwar in der Instrumentalmusik ganz ausgezeichnet ist, er hat aber bis jetzt nur eine Oper geschrieben, und diese hatte keinen besonderen Wert!"

„Ich selbst", erwiderte ich mit Unterwürfigkeit, „hätte ohne die gnädige Gunst Eurer Kaiserlichen Majestät auch nur eine Oper in Wien geschrieben."

„Das ist wahr", erwiderte er, „aber diese ‚Hochzeit des Figaro' habe ich auch der Gesellschaft des deutschen Theaters zu geben verboten."

„Ich weiß es", sagte ich, „aber da ich ein Drama für Musik und nicht eine Komödie geschrieben habe, mußte ich mehrere Szenen ganz weglassen und viele andere stark kürzen. Und somit habe ich alles weggelassen, was gegen Anstand und Sittlichkeit ist und in einem Theater anstößig sein könnte, in dem die höchste Majestät selbst zugegen ist. Was aber die Musik anbelangt, so scheint sie mir, soweit ich sie zu beurteilen vermag, von einer ganz außerordentlichen Schönheit."

„Gut, wenn sich die Sache so verhält, so verlasse ich mich hinsichtlich der Musik auf Ihren guten Geschmack und hinsichtlich der Schicklichkeit des Textes auf Ihre Klugheit. Lassen Sie gleich die Partitur dem Kopisten geben."

Ich lief eiligst zu Mozart, aber noch hatte ich nicht geendigt, ihm diese frohe Nachricht mitzuteilen, als ihm schon ein Lakai ein Billet überbrachte, das den kaiserlichen Befehl enthielt, sich sogleich mit der Partitur in der Burg einzufinden. Er gehorchte sofort und spielte einige Stücke aus der Oper vor, die dem Kaiser außerordentlich gefielen, ja – ich darf ohne alle Übertreibung sagen – ihn in Erstaunen versetzten. Er hatte in der Musik wie in allen schönen Künsten einen erlesenen Geschmack. Die außerordentlich gute Aufnahme, die diese Oper in der ganzen Welt fand und selbst heutigen Tages noch findet, ist der genügendste Beweis, daß er sich in seinem Urteil nicht geirrt hatte.

Diese Nachricht gefiel allen anderen Komponisten in Wien nicht; sie fand den Beifall des Grafen Rosenberg nicht, der diese Art von Musik nicht liebte, und mißfiel dem Herrn Casti vor allem im höchsten Grade, der nach dem „Burbero" nicht mehr zu sagen wagte: „Der Da Ponte versteht nicht, ein Textbuch zu schreiben", und der zur Einsicht gekommen war, daß ich am Ende wohl auch eines zu machen imstande wäre, das zumindest keinen geringeren Beifall verdienen dürfte als sein „Teodoro". Nachdem der Graf alle erdenkliche List und alle verborgenen Mittel umsonst angewendet hatte, um seine Absicht zu erschleichen, wagte er nun ganz offen, für seinen neuen Petronius die Stelle des kaiserlichen Hoftheaterdichters vom Kaiser selbst zu fordern …:

„Casti und ich mit ihm", sagte Graf Rosenberg, „hoffen, daß Euer Majestät uns die hohe Gunst erweisen werden, ihn mit dem kostbaren Titel eines kaiserlichen Hoftheaterdichters zu beehren."

„Lieber Graf", antwortete der Kaiser, „für mich brauche ich keine Dichter, und für das Theater ist uns der Da Ponte genug."

Ich erfuhr diese schöne Anekdote noch an demselben Tag von Salieri, dem der Kaiser sie erzählt hat, und einige Tage später von Seiner Majestät selbst. Diese Zurückweisung vermehrte aber nur noch den Haß gegen mich. Mozart und ich fürchteten daher – und nicht ohne Grund –, daß wir neue Kabalen von unseren guten Freunden zu erwarten hätten. Sie haben zwar nicht viel machen können, aber sie haben auch nichts unterlassen, was ihnen zu tun möglich war. Ein gewisser Bussani – Inspektor der Garderobe und der Kulissen, der zu allen Geschäften großes Geschick hatte, mit Ausnahme zu dem jedoch, ein ehrlicher Mann zu sein – lief, als er gehört hatte, daß ich im „Figaro" ein Ballett eingelegt hätte, sogleich zu dem Grafen und sagte ihm in einem tadelnden und verwunderten Ton: „Exzellenz, der Da Ponte hat ein Ballett in seine Oper eingelegt." Der Graf ließ mich augenblicklich holen, und mit gerunzelter Stirne begann er folgendes Gespräch:

Graf: „Also, Da Ponte, Sie haben ein Ballett im ‚Figaro' eingelegt?" Da Ponte: „Ja, Euere Exzellenz." Graf: „Der Herr Da Ponte weiß wohl nicht, daß Seine Majestät kein Ballett auf seinem Theater haben will." Da Ponte: „Nein, Euere Exzellenz." Graf: „Gut also, Herr Da Ponte, so sage ich es Ihnen hiermit." Da Ponte: „Ja, Euere Exzellenz." Graf: „Und ich sage Ihnen noch mehr, Herr Dichter, nämlich daß Sie es weglassen müssen." (Sein „Herr Dichter" hatte er mit einem gewissen Ausdruck gesagt, als wolle er damit „Herr Esel" oder etwas dergleichen sagen, aber auch ich hatte mein „Euer Exzellenz" ebenso betont.) Da Ponte: „Nein, Euere Exzellenz." Graf: „Haben Sie das Libretto bei sich?" Da Ponte: „Ja, Euere Exzellenz." Graf: „Wo ist die Ballettszene?" Da Ponte: „Hier ist sie, Euere Exzellenz." Nachdem ich ihm dieses gesagt hatte, riß er zwei Blätter heraus und warf sie ins Feuer, indem er mir sagte: „Sehen Sie, Herr Poet, was ich alles tun kann", und beehrte mich dann mit einem zweiten Vade!

Ich begab mich augenblicklich zu Mozart, der, als er diese schlechte Kunde von mir hörte, in Verzweiflung war. Er wollte sogleich zum Grafen gehen, dem Bussani Vorhaltungen machen, sich an den Kaiser selbst wenden, die Partitur zurücknehmen – ich hatte in der Tat große Mühe, ihn zu beruhigen. Ich bat ihn endlich, mir zwei Tage zu lassen – ich würde die Sache in die Hand nehmen. Denselben Tag sollte die Generalprobe dieser Oper sein. Ich begab mich selbst zum Monarchen, um es ihm mitzuteilen. Der Kaiser sagte mir, daß er sich zur bestimmten Stunde einfinden werde. Er kam auch in der Tat und mit ihm die Hälfte des Adels von Wien. Der Herr Abbé Casti kam gleichfalls. Unter allgemeinem Beifall wurde der erste Akt gegeben. Nach dem Beifallklatschen und Bravorufen erfolgte eine stumme Handlung zwischen dem Grafen und Susanna, während welcher das Orchester spielt und der Tanz ausgeführt wird. Aber da die alleskönnende Exzellenz diese Szene herausgerissen hatte, sah man nur den Grafen und die Susanna gestikulieren, und wann das Orchester schwieg, meinte man fast eine Szene von Marionetten zu sehen.

„Was ist denn das?" fragte der Kaiser den Casti, der hinter ihm saß.

„Man muß den Dichter darum fragen", erwiderte er mit einem boshaften Lächeln.

Ich wurde herbeigerufen, aber statt auf die mir gemachte Frage zu antworten, gab ich dem Kaiser mein Manuskript, in dem ich die Szene wieder ergänzt hatte. Der Monarch las sie und fragte mich dann, warum der Tanz nicht ausgeführt werde. Mein Stillschweigen bewies ihm hinlänglich, daß hier irgendeine Verwicklung vorliegen müßte, und er wandte sich an den Grafen, um Rechenschaft über die Sache zu fordern. Dieser sagte nun kleinlaut, daß der Tanz fehle, weil das Theater der Oper keine Tänzer habe.

„Gibt es aber Tänzer in den anderen Theatern?" fragte er. Man sagte ihm, daß die anderen Theater welche hätten.

„Wohlan, so sollen dem Da Ponte so viele davon zu seinem Ballett überlassen werden, als er dazu bedarf."

In weniger als einer halben Stunde waren vierundzwanzig Tänzer da, und nach dem Finale des zweiten Akts wurde die herausgerissene Szene wiederholt. Der Kaiser sagte: „So ist es recht." Dieser neue Beweis der kaiserlichen

Gnade verdoppelte den Haß und die Rachgier in der Seele meiner mächtigen Gegner.

Mozarts Oper wurde nun gegeben, und trotz allen „Wir werden ja sehen" und „Wir werden ja hören" der anderen Komponisten und ihrer Anhänger, trotz Graf Rosenberg, Casti und tausend Teufeln gefiel sie allgemein und wurde vom Kaiser und von allen wirklichen Kennern für ein außergewöhnlich schönes, ja göttliches Meisterwerk gehalten. Auch das Libretto fand man schön, und mein platonischer Kritiker war der erste, der es lobte und auf seine Schönheiten aufmerksam machte. Aber worin bestanden nach seiner Meinung diese Schönheiten? Casti sagte: „Es ist allerdings nur eine Übersetzung der Komödie von Beaumarchais, aber es hat schöne Verse und enthält auch einige schöne Arien." Sein ganzes Lob bestand also darin, einige schöne Verse und Arien zuzugeben.

*

Ich dachte, daß es endlich an der Zeit sei, meine poetische Ader wieder zu beleben, die mir ganz eingetrocknet zu sein schien, als ich für Righini und für Piticchio geschrieben hatte. Die drei Komponisten Mozart, Martini und Salieri gaben mir dazu die beste Gelegenheit, denn sie verlangten von mir alle zu gleicher Zeit jeder einen Text. Von allen dreien erhoffte ich nicht nur eine Entschädigung für meine vergangenen Mißerfolge, sondern auch einen Zuwachs zu meinem kleinen schon erworbenen Ruhm. Ich erwog, ob ich nicht alle drei zu gleicher Zeit zufriedenzustellen imstande wäre und drei Libretti auf einmal schreiben könnte. Salieri forderte von mir kein Original. Er hatte in Paris die Oper „Tarar" geschrieben, wollte sie sowohl in den Charakteren als in der Musik in eine italienische Oper umarbeiten und verlangte daher von mir nur eine freie Übertragung. Mozart und Martini überließen mir ganz die Wahl. Ich wählte für jenen den „Don Giovanni", der ihm außerordentlich zusagte, und den „Baum der Diana" für Martini; ihm wollte ich ein angenehmes Sujet geben, das für seine zarten, weichen Melodien passend wäre, die man nur mit der Seele fühlen kann und die sehr wenige nachzuahmen vermögen. Nachdem ich diese drei Sujets gefunden hatte, ging ich zum Kaiser, erzählte ihm von meinen Plänen und unterrichtete ihn zugleich von meiner Absicht, alle drei Opern zu gleicher Zeit zu schreiben. „Sie werden nicht damit zu Rande kommen", antwortete er.

„Vielleicht gelingt es mir nicht", erwiderte ich, „aber ich werde es versuchen. Nachts werde ich für Mozart schreiben und mir dabei denken, ich lese die ‚Hölle' von Dante, am Morgen für Martini und meinen, ich studiere den ‚Petrarca', am Abend für Salieri und mich des ‚Tasso' erinnern."

53

Er fand meine Vergleiche passend. Kaum zu Hause angelangt, fing ich an zu schreiben. Ich setzte mich an meinen Schreibtisch und blieb volle zwölf Stunden daran sitzen. Ein Fläschchen Tokaier zur Rechten, in der Mitte mein Schreibzeug und eine Dose mit Tabak von Sevilla zu meiner Linken. Ein sehr schönes sechzehnjähriges Mädchen, die ich nur wie eine Tochter lieben wollte, aber ... wohnte in meinem Hause mit ihrer Mutter, besorgte die häuslichen Geschäfte und kam sogleich in mein Zimmer, wann ich die Glocke läutete. Dies geschah sehr oft und besonders dann, wenn ich merkte, daß mein poetisches Feuer erkalten wollte; sie brachte mir bald einen Zwieback, bald eine Tasse Kaffee, bald aber auch bloß ihr schönes Gesichtchen, das immer voll Heiterkeit, von dem freundlichsten Lächeln noch verschönert und ganz geschaffen war, poetische Einfälle zu erwecken und sie zu beseelen. Ich blieb auf diese Weise ganze zwei Monate täglich zwölf Stunden an meiner Arbeit, mit ganz kurzen Unterbrechungen.

Am ersten Tag – zwischen Tokaier, Tabak von Sevilla, Kaffee, dem Glöckchen und der jungen Muse – waren die ersten zwei Szenen von „Don Giovanni", zwei andere vom „Baum der Diana" und mehr als die Hälfte des ersten Akts vom „Tarar" fertig, den ich in „Assur, König von Ormus" umbenannt hatte. Am andern Morgen brachte ich diese Szenen den drei Komponisten, die es kaum für möglich hielten, was sie mit ihren eigenen Augen sahen und lasen, und in dreiundsechzig Tagen waren die ersten zwei Opern ganz, die dritte über zwei Dritteile fertig. Der „Baum der Diana" war die erste, die aufgeführt wurde. Sie erfreute sich der glücklichsten Aufnahme, die mindestens so gut war wie die der „Cosa rara".

Gleich nach der ersten Vorstellung mußte ich nach Prag reisen, wo man zum erstenmal den „Don Giovanni" von Mozart anläßlich der Ankunft der Prinzessin von Toscana aufführen wollte. Ich blieb acht Tage dort, um die Schauspieler, die auftreten sollten, in das Werk einzuführen; aber bevor diese Oper noch über die Bretter ging, mußte ich nach Wien zurückkehren: ein äußerst dringendes Schreiben von Salieri, in welchem er mir – ob wahr oder nicht, lasse ich dahingestellt – mitteilte, daß der „Assur" auf kaiserlichen Befehl unverzüglich zur Vermählung des Erzherzogs Franz gegeben werden sollte und daß der Kaiser selbst ihn beauftragt habe, mich zurückzuberufen. Ich kehrte eiligst zurück.

Ich hatte also die Vorstellung des „Don Juan" in Prag nicht gesehen, aber Mozart gab mir sogleich Nachricht von der außerordentlich guten Aufnahme, und Guardasoni schrieb mir darüber: „Es lebe Da Ponte, es lebe Mozart! Alle Theaterunternehmer, alle Virtuosen müssen sie segnen; solange sie leben, wird man nichts Erbärmliches mehr im Theater hören." Der Kaiser ließ mich rufen, und indem er mich in den schmeichelhaftesten Ausdrücken mit Lob überhäufte, machte er mir ein Geschenk von anderen hundert Zechinen und sagte, er wünsche sehr, bald den „Don Giovanni" zu sehen. Mozart kam zurück, gab die Partitur augenblicklich dem Kopisten, der sich sehr beeilte, die Stimmen herauszuziehen, weil der Kaiser Joseph verreisen mußte. Es kam zur Vorstellung, und – soll ich es sagen? – der „Don Giovanni" gefiel nicht! Alle – Mozart ausgenommen – glaubten, es fehle etwas daran. Man machte Zusätze, man veränderte ganze Arien, man brachte ihn neuerdings in Szene – und der „Don Giovanni" gefiel nicht! Und was sagte der Kaiser dazu?

„Die Oper ist köstlich, ist göttlich, vielleicht besser noch als der ‚Figaro‘, aber sie ist keine Speise für die Zähne meiner Wiener."

Ich erzählte dem Mozart diesen Ausspruch, der mir ohne unruhig zu werden erwiderte:

„Man soll ihnen nur Zeit lassen, sie zu kauen."

Er täuschte sich auch nicht. Auf seinen Rat veranlaßte ich, daß diese Oper häufig wiederholt wurde: Mit jeder erneuten Vorstellung nahm der Beifall zu, und auch die Herren Wiener mit den schlechten Zähnen fanden nach und nach Geschmack daran, erkannten ihre Schönheit und räumten dem „Don Giovanni" den ihm gebührenden Rang unter den schönsten Opern ein, die je auf einem Operntheater aufgeführt worden sind.

Mozart wird zur Legende

*Späteste Erinnerungen an Mozart
Dichter erfinden sein Leben*

1830 – Ende 19. Jahrhundert

ALEXANDER PUSCHKIN

Mozart und Salieri

Der Einakter „Mozart und Salieri" des russischen Dichters Puschkin (1799–1837), des Verfassers von „Eugen Onegin" und „Boris Godunow", greift thematisch auf das Gerücht zurück, daß Mozart vergiftet worden sei, und zwar von Antonio Salieri (1750–1825), Hofkapellmeister in Wien und ein berühmter Opernkomponist. Daß jenes Gerücht gerade auch zur Zeit der Entstehung des Einakters umging, geht u. a. aus Beethovens Konversationsheften hervor: „Salieri behauptet, er habe Mozart vergiftet ... Mit Salieri geht es wieder sehr schlecht. Er ist ganz zerrüttet. Er phantasiert stets, daß er an dem Tode Mozarts schuld sei und ihm Gift gegeben habe – dies ist Wahrheit – denn er will dies als solche beichten. – So ist es wahr wieder, daß alles seinen Lohn erhält" (zwischen 21. und 25. Januar 1824). Und: „Man sagt sich jetzt sehr stark, daß Salieri Mozarts Mörder ist" (Ende Januar 1825). (Neuerdings hat Peter Shaffer in seinem Stück „Amadeus" diese Thematik aufgegriffen, jedoch mit einer etwas anderen Interpretation.) Puschkin stellte das Werk 1830 fertig, es wurde 1832 gedruckt und aufgeführt; dem Komponisten Rimskij-Korsakow lieferte es den Text für seine gleichnamige Oper (1898).

ERSTE SZENE

(Ein Zimmer)

SALIERI: Es gibt kein Recht auf Erden, sagen alle.
Doch Recht ist auch im Himmel nicht. Für mich
ist dies vollkommen klar so wie ein Dreiklang.
Mit Liebe zu der Kunst ward ich geboren;
schon als ich noch ein Kind war, wenn von oben
die Orgel klang in unsrer alten Kirche,

lauscht ich und gab mich ganz den Tönen hin,
und unwillkürlich süße Tränen flossen.
Schon früh verwarf ich nicht'gen Zeitvertreib;
die Wissenschaften, der Musik fremd, waren
mir gleichgültig; und stolz und eigensinnig
verspottete ich sie und lebte nur
für die Musik. Schwer ist der erste Schritt
und öd der erste Weg. Ich überwand
die Anfangsschwierigkeiten, und die Technik
macht ich zum Fundamente meiner Kunst.
Ich wurde Handwerker: gab meinen Fingern
folgsame, trockene Geläufigkeit;
dem Ohre Sicherheit. Die Töne tötend,
hab ich Musik zerlegt wie einen Leichnam,
die Harmonie durch Algebra geregelt.
Dann erst wagt ich, in der erprobten Kunst
dem Reiz des Traums, des schaffenden, zu leben.
Und ich schuf selbst, doch insgeheim, im stillen;
an Ruhm zu denken durft ich noch nicht wagen.
Oft brachte ich in stiller Zelle zwei,
drei Nächte zu, vergessend Trank und Speise.
Erquickt durch Wonne, Tränen der Begeistrung.
Und doch verbrannt ich dann mein Werk: sah kalt
wie mein Gedanke, Töne meiner Schöpfung
in Flammen schnell, in leichtem Rauch hinschwanden.
Was sag ich! Als der große Gluck erschien
Und uns neue Geheimnisse erschloß
(tiefe, bezaubernde Geheimnisse) –
warf ich nicht alles fort, was ich schon wußte,
was ich so liebte und so glühend glaubte,
und folgt ich nicht begierig seiner Spur,
entschlossen wie ein Mensch, der sich verirrt hat
und den ein ihm Begegnender zurechtweist?
Durch Härte, Fleiß und durch Beständigkeit
erreicht ich in der unbegrenzten Kunst
am Ende eine hohe Stufe. Ruhm
fing mir zu lächeln an, und in den Herzen
der Menschen fand, was ich geschaffen, Anklang.
Nun war ich glücklich: ich genoß in Frieden
mein Werk, mein Streben, meinen Ruhm; so auch

das Wirken und das Streben meiner Freunde,
der Mitgenossen in der hohen Kunst.
Nein, niemals hab ich Mißgunst, Neid gehegt,
o niemals! – Auch selbst da nicht, als Piccini
Paris, das wilde zu entzücken wußte.
Auch damals nicht, als ich zum erstenmal
die neuen Töne Iphigeniens hörte.
Ja, wer kann sagen, daß Salieri je,
der stolze, ein verachtungswürd'ger Neider,
'ne Schlange war, zertreten von den Menschen,
die, lebend noch, kraftlos in Staub und Sand biß?
Niemand! ... Doch jetzt – ich will es selbst gestehen,
jetzt bin ich Neider. Ich beneide tief,
in Qual beneid ich und mißgönn ich. – Himmel,
wo ist Gerechtigkeit, wenn heiliges Geschenk,
ja wenn unsterbliches Genie nicht zur Belohnung
für heiße Liebe, Selbstaufopferung,
für Arbeit, Eifer und Gebet uns wird –
sondern im Kopfe eines Toren leuchtet,
in einem Müßiggänger wohnt ... O Mozart, Mozart! *(Mozart tritt ein.)*
MOZART: Aha! Du hast mich schon bemerkt! Ich wollte
dir einen unverhofften Spaß bereiten.
SALIERI: Du hier! – Seit wann?
MOZART: Seit einem Augenblicke.
Ich kam, dir etwas mitzuteilen; aber
vorbei an einem Wirtshaus gehend, plötzlich
hör ich dort Geigenspiel ... Nein, Freund Salieri,
etwas Verrücktres hab ich all mein Leben nicht
gehört ... im Wirtshaus war ein blinder Geiger,
spielt' göttlich: „... voi sapete quel che fa."
Ich hielt's nicht aus, ich nahm den Geiger mit,
daß er auch dich mit seiner Kunst ergötze.
Komm, Alter! *(Der blinde Greis tritt herein mit seiner Geige.)*
           Spiel aus Mozart etwas vor!
           (Der Alte spielt eine Arie aus „Don Giovanni";
           Mozart fängt laut an zu lachen.)
SALIERI: Und du kannst lachen, Mozart!
MOZART: Ach, Salieri,
wie ist es möglich, daß nicht du auch lachst?
SALIERI: Ich kann nicht lachen, wenn ein schlechter Maler

mir eines Raffael Madonna pinselt;
ich kann nicht lachen, wenn ein niedrer Gaukler
durch Parodie entehrt Alighieri.
Geh, Alter.

MOZART: Warte! Nimm dies Geld, es auf
mein Wohlsein zu vertrinken.
        (Der Alte geht fort.)
                        Du, Salieri,
bist heute schlecht gelaunt. Ich komme wohl
ein andermal.

SALIERI: Was hast du mir gebracht?

MOZART: Nichts – eine Kleinigkeit, letzthin zur Nacht,
als mich der Schlaf auf meinem Lager floh,
zwei, drei Gedanken stiegen in mir auf.
Ich schrieb sie heute hin und wollte gern
dein Urteil drüber hören; aber jetzt
hast du nicht Zeit für mich.

SALIERI: O Mozart, Mozart!
Wann habe ich nicht Zeit für dich! Sitz nieder,
ich höre.

MOZART *(am Piano):* Stell dir vor – wen etwa nur?
Nun, mich zum Beispiel, nur ein wenig jünger,
verliebt – nicht sehr – doch aber so ein wenig;
mit einer Schönen – einem Freund – mit dir gar –
ich freue mich – da seh ich ein Gespenst,
ein plötzlich Dunkel oder so etwas – –
Nun höre zu. *(Er spielt.)*

SALIERI: Du kamst damit zu mir,
und konntst bei einem Wirtshaus dich verweilen
und einen blinden Geiger hören! – Himmel!
Nein, Mozart, du bist deiner selbst nicht wert!

MOZART: Nun, Freund, gefällt es dir?

SALIERI: Welch eine Tiefe!
Welch kühnes Wagen, welche Harmonie!
Du, Mozart, bist ein Gott und weißt es selbst nicht.
Ich weiß es, ich.

MOZART: Oh, wirklich? Nun vielleicht –
doch meine Gottheit fängt es an zu hungern.

SALIERI: Laß uns zusammen speisen, wenn du willst,
im Wirtshaus dort „Zum goldnen Löwen".

MOZART: Gut,
mit Freuden. Aber laß mich erst nach Haus gehn,
um meiner Frau zu sagen, mich zu Tisch
nicht zu erwarten. *(Geht fort.)*
SALIERI: Komm nur bald, ich warte.
Nein, länger kann ich meinem Schicksal mich
nicht widersetzen; ich bin auserwählt,
ihn aufzuhalten – sonst sind wir verloren,
wir alle, Priester, Diener der Musik,
nicht ich allein mit meinem stummen Ruhme.
Was frommt es uns, wenn Mozart leben bleibt,
um sich auf neue Höhen noch zu schwingen?
Wird er die Kunst damit erheben? Nein!
Sie wird aufs neue sinken, wenn er geht.
Nachfolger hinterläßt er keinen uns.
Was kann er ferner nützen? Wie ein Cherub
bracht er uns Lieder aus dem Paradiese,
in uns ohnmächt'ge Sehnsucht nur erweckend,
um uns, Kindern des Staubs, dann zu entfliehn!
Nun, so entfliehe denn! Je eh'r, je besser.
Hier hab ich Gift, Isorens letzte Gabe.
Seit achtzehn Jahren schon trag ich es mit mir –
und seit der Zeit schien mir das Leben oft
wie eine ekle Wunde, und oft saß
sorglos mein Feind mit mir an einem Tische;
doch nie gab ich dem Flüstern der Versuchung
Gehör: obschon ich sonst nicht feige bin;
obgleich Beleidigung ich hart empfinde,
das Leben hasse, immer habe ich
gezögert, wenn mich Durst nach Tod gequält;
wozu der Tod? dacht ich, es kann das Leben
noch unerwartet neue Gaben bringen,
vielleicht wird mir Entzücken plötzlich kommen
und eine Nacht des Schaffens, der Begeistrung.
Vielleicht wird noch ein neuer Haydn Großes
vollbringen, mich ergötzen, wenn ich einst
mit einem mir verhaßten Gaste schmause;
vielleicht, dacht ich, kommt ein noch bösrer Feind,
und eine ärgre, tiefre Kränkung wird
aus stolzer Höh auf mich herabgesandt –

60

dann harrst du nicht umsonst, Geschenk Isorens.
Ich hatte recht! Und endlich hab ich nun
den Feind gefunden, und ein neuer Haydn
hat mich begeisternd wunderbar entzückt!
Jetzt – ist es Zeit! Kostbare Liebesgabe
geh heute in der Freundschaft Becher über.

ZWEITE SZENE

(Ein Zimmer im Wirtshaus; ein Klavier;
Mozart und Salieri an der Tafel)

SALIERI: Wie mürrisch siehst du heute aus!
MOZART: Ich? Nein!
SALIERI: Gewiß, du bist verstimmt durch etwas, Mozart.
  Der Wein ist herrlich, gut das Essen,
  und du siehst mürrisch aus und schweigst!
MOZART: Ja freilich,
  mein Requiem läßt mir nicht Ruh!
SALIERI: Aha!
  Du komponierst ein Requiem? Sein wann?
MOZART: Drei Wochen wohl. Ein sonderbarer Zufall –
  hab ich dir's nicht erzählt.
SALIERI: Nein.
MOZART: Höre denn:
  Drei Wochen sind's, da kam ich spät nach Haus.
  Man sagte mir, daß jemand dagewesen,
  mich aufzusuchen. Warum – wußt ich nicht.
  Die ganze Nacht dacht ich: Wer mag das sein?
  Was mag er wollen? Drauf am andren Tage
  kam er aufs neu und fand mich wieder nicht.
  Den dritten Tag spielt ich mit meinem Kleinen
  gerad im Zimmer. Plötzlich ruft man mich;
  ich ging hinaus. Ein Mann in Schwarz gekleidet
  grüßt höflich mich, bestellt ein Requiem
  und geht davon. Ich setzte mich gleich nieder
  und fing die Arbeit an – doch seit der Zeit
  hab ich den schwarzen Mann nicht mehr gesehn,
  und ich bin froh: denn ungern trennt' ich mich
  von meinem Werke, obgleich fertig schon
  das Requiem. Jedoch, indessen – –

61

SALIERI: Was?

MOZART: Ich schäme mich, es zu gestehen –

SALIERI: Was denn?

MOZART: Bei Tage und bei Nacht hab ich nicht Ruh
   vor meinem schwarzen Manne, überall
   folgt er mir wie ein Schatten, sieh, und jetzt
   scheint mir's, als säße er – als Dritter – hier
   bei uns.

SALIERI: Schweig doch! Welch kind'sche Furcht!
   Verscheuch doch dieses Wahnbild. Beaumarchais
   pflegt' oft zu mir zu sagen: Freund Salieri,
   wenn trübes Sinnen deinen Geist umwölkt,
   laß vom Champagnerwein dich neu erquicken,
   und lies in meiner „Hochzeit Figaros".

MOZART: Ach ja! Du warst mit Beaumarchais befreundet,
   du hast für ihn „Tarare" komponiert,
   ein herrlich Ding. Es gibt drin ein Motiv –
   oft wiederhol ich's, wenn ich gücklich bin –
   lala, lala – – Ach, ist es wahr, Salieri,
   daß Beaumarchais, ich weiß nicht wen, vergiftet hat?

SALIERI: Wohl kaum: er war zu ungeschickt dazu.

MOZART: Und dann ist Beaumarchais auch ein Genie
   wie du und ich, und Genius und Verbrechen
   sind unvereinbar stets, meinst du nicht auch?

SALIERI: Glaubst du? *(Schüttet Gift in Mozarts Glas.)*
                Nun trink!

MOZART: Ja, auf dein Wohlsein, Freund!
   Ich trinke dies zum ewig festen Bunde,
   den Mozart und Salieri innig schließen,
   der Harmonie geliebte Söhne. *(Trinkt.)*

SALIERI: Warte,
   Halt ein! – – hast ausgetrunken! – – ohne mich?

MOZART (die Serviette auf den Tisch werfend):
   Ich hab genug gegessen. *(Geht zum Piano.)*
                Nun, Salieri,
   mein Requiem. *(Spielt.)* Du weinst?

SALIERI: O diese Tränen
   wein ich zum erstenmal. Sie schmerzen und entzücken,
   als hätt ich eine schwere Pflicht vollbracht,
   als hätt ein heilend Messer abgeschnitten

ein krankes Glied mir. Mozart, diese Tränen,
merk nicht darauf. Fahr fort, beeile dich,
erfüll die Seele mir mit deinen Tönen!
MOZART: Wenn alle doch die Macht der Harmonie
so fühlten! Aber nein: dann könnte nicht
die Welt bestehen – niemand würde sich
mehr um des Lebens niedre Notdurft kümmern,
und jeder sich den schönen Künsten widmen.
Der Glücklichen sind wenige erwählt,
verachtend den verächtlichen Gewinn
und am Altar des einzig Schönen opfernd;
meinst du nicht auch? Doch mir ist heut nicht wohl,
's ist mir so schwer; ich werde schlafen gehn.
Adieu!
SALIERI: Auf Wiedersehen! *(Allein:)* Du wirst schlafen
auf lange, Mozart. – – – Hat er wirklich recht,
und ich bin kein Genie? Verbrechen und Genie –
sie seien unvereinbar? 's ist nicht wahr!
Und Buonarroti? Oder ist's ein Märchen
der dummen Menge bloß – und es war gar nicht
ein Mörder, der den Vatikan erbaut'?

LUDWIG GALL

An der Bahre Mozarts

Ludwig Gall (1769–1845) war Schüler Mozarts, bearbeitete später dessen Werke für Klavier und war vermutlich auch für den Musikalienhändler Laurent Lausch tätig, der zur Zeit von Mozarts Tod sein Geschäft in der Weihburggasse hatte, also ganz in der Nähe von Mozarts Sterbehaus in der Rauhensteingasse. Gall diktierte seinen lebensnahen Bericht etwa 1842/43 dem Joseph Hüttenbrenner in die Feder, im Zusammenhang mit dessen Nachforschungen über Mozarts Begräbnis und Grabstätte.

Als ich am 5.12.1791 von der Landstraße in die Stadt zum Musikhändler Lausch ging, sagte mir dieser: „Stellen Sie sich das Unglück vor, welches uns betroffen hat, Mozart ist heute nacht gestorben!" Ganz bestürzt eilte ich sogleich in dessen Wohnung, noch zweifelnd an dieser Trauerkunde. Leider überzeugte ich mich aber nur zu bald von der Wahrheit derselben – Madame

Mozart öffnete mir selbst die Türe der Wohnung und führte mich in ein Kabinett linker Hand, wo ich den entseelten Meister aufgebahrt, in einem Sarge liegend, mit einem schwarzen Habite angetan, welcher mit Kapuze das blonde Haupt bis zur Stirne einhüllt, die Hände über die Brust gefaltet, erblickte! Seinem Leichenbegängnisse konnte ich nicht beiwohnen ...

HADERLEIN

Ich war Mozarts Friseur

Haderlein war Friseur Mozarts, als dieser 1790/91 in der Rauhensteingasse in der Wiener Innenstadt wohnte. Seine Erinnerung an Mozart ist uns wie die obige von Gall durch Joseph Hüttenbrenner überliefert, der sie um 1842/43 notierte.

Als ich eines Tages Mozart frisierte und eben mit der Vollendung des Zopfes beschäftigt war, stand Mozart plötzlich auf und ging, ungeachtet ich ihn beim Zopfe hielt, mich nachschleppend ins Nebenzimmer zum Klavier, wo er zu spielen anfing. Voll Bewunderung über sein Spiel und den schönen Klang dieses Instrumentes, indem ich zum erstenmal ein solches sah und hörte, ließ ich den Zopf aus und vollendete erst denselben, als Mozart wieder aufstand.

Als ich eines Tages eben von der Kärntnerstraße in die Himmelpfortgasse einbog, um Mozart bedienen zu wollen, kam er zu Pferde daher, hielt still und nahm, als er einige Schritte weiterritt, eine Tafel heraus und schrieb Noten auf. Ich sprach ihn wieder, ob ich jetzt kommen dürfe, und er bejahte es.

KAROLINE PICHLER

Purzelbäume und Miauen

Die Wiener Dichterin Karoline Pichler (1769–1843), Verfasserin von zahlreichen volkstümlichen Romanen, übernahm den literarischen Salon ihrer Eltern, der zu einem Zentrum des Alt-Wiener kulturellen Lebens geworden war und in dem auch Mozart verkehrt hatte. Ihre nachstehenden Erinnerungen an Mozart erschienen 1843/44:

Als ich einst am Flügel saß, und das „Non più andrai" aus „Figaro" spielte, trat Mozart, der sich gerade bei uns befand, hinter mich, und ich mußte es ihm wohl recht machen, denn er brummte die Melodie mit und schlug den Takt auf meine Schultern; plötzlich aber rückte er sich einen Stuhl heran, setzte sich, hieß mich im Basse fortspielen und begann so wunderschön aus dem Stegreife zu variieren, daß alles mit angehaltenem Atem den Tönen des deutschen Orpheus lauschte. Auf einmal aber ward ihm das Ding zuwider, er fuhr auf und begann in seiner närrischen Laune, wie er es öfters machte, über Tisch und Sessel zu springen, wie eine Katze zu miauen und wie ein ausgelassener Junge Purzelbäume zu schlagen ...

*

Mozart und Haydn, die ich wohl kannte, waren Menschen, in deren persönlichem Umgange sich durchaus keine andere hervorragende Geisteskraft und beinahe keinerlei Art von Geistesbildung, von wissenschaftlicher oder höherer Richtung zeigte. Alltägliche Sinnesart, platte Scherze und bei dem ersten ein leichtsinniges Leben war alles, wodurch sie sich im Umgange kundgaben, und welche Tiefen, welche Welten von Phantasie, Harmonie, Melodie und Gefühl lagen doch in dieser unscheinbaren Hülle verborgen! Durch welche innere Offenbarungen kam ihnen das Verständnis, wie sie es angreifen müßten, um so gewaltige Effekte hervorzubringen und Gefühle, Gedanken, Leidenschaften in Tönen auszudrücken, daß jeder Zuhörer dasselbe mit ihnen zu fühlen gezwungen und auch in ihm das Gemüt aufs tiefste angesprochen wird?
... Musik wurde in unserm Hause, nach dem Wunsche meines Vaters, viel getrieben, der große Mozart, obwohl nicht mein Lehrmeister, schenkte mir manche Stunde, ich hatte oft Gelegenheit, ihn spielen zu hören und mich nach seiner Anweisung zu vervollkommnen.

SØREN KIERKEGAARD

Ich bin wie ein junges Mädchen in Mozart verliebt

Der dänische Philosoph Kierkegaard (1813—1855), Ahnherr des philosophischen Existentialismus, hat seine besondere Mozart-Verehrung in seinem Hauptwerk „Entweder – Oder" (1843) dokumentiert, in der er eine sehr eigenwillige Interpretation des „Don Giovanni" gibt; darin auch das nachstehende Bekenntnis zu Mozart.

Mit seinem „Don Juan" tritt Mozart in die kleine unsterbliche Schar von

65

Männern ein, deren Namen, deren Werke die Zeit nicht vergessen wird, da die Ewigkeit ihrer gedenkt. Und obgleich es für jeden, der nur erst in diesen Chor eingetreten ist, gleichgültig sein kann, ob er oben- oder untenan steht – denn in gewissem Sinn stehen alle gleich hoch, da sie unendlich hoch stehen –, obgleich hier der Streit um den obersten und den untersten Platz gerade so kindisch ist, als bei der Konfirmation um den ersten Platz vor dem Altar zu streiten, so bin ich doch immer noch kindisch genug, oder richtiger, ich bin wie ein junges Mädchen in Mozart verliebt; und, es koste was es wolle, ich muß ihn zuoberst stehen sehen. Und ich will zum Küster und Pastor, zum Propst und Bischof, ja zu dem ganzen Konsistorium gehen, will sie bitten und beschwören, meine Bitte zu erfüllen, und will die ganze Gemeinde um dasselbe anrufen; und will man nicht hören, meinen kindischen Wunsch nicht erfüllen, dann trete ich aus dem weiten Kreis der Gesellschaft, separiere mich von ihrem Gedankengang, bilde eine Sekte, welche nicht nur Mozart obenan stellt, sondern niemanden kennt als Mozart; und Mozart werde ich um Verzeihung bitten, daß seine Musik mich nicht zu großen Taten begeistert, sondern zu einem Narren gemacht hat, der das bißchen Verstand, das ich hatte, verloren, und mir jetzt in stiller Wehmut die Zeit damit vertreibe, daß ich leise summe, was ich nicht verstehe, was wie nach Geisterart bei Tag und Nacht geheimnisvoll mich umschwebt. Unsterblicher Mozart! du, dem ich alles verdanke, dem ich's verdanke, daß meine Seele doch einmal vor Staunen außer sich geraten, ja im Innersten durchschauert ist, dem ich's verdanke, daß ich nicht durchs Leben hindurchgegangen bin, ohne daß mich etwas erschüttert hätte, daß ich nicht gestorben bin, ohne geliebt zu haben, wenn meine Liebe auch eine unglückliche war! Was Wunder denn, wenn ich auf seine Verherrlichung eifersüchtiger bin als auf die glücklichsten Stunden meines Lebens, eifersüchtiger auf seine Unsterblichkeit als auf mein eigenes Dasein? Ja, würde er hinweggenommen, sein Name ausgelöscht, dann würde der eine Pfeiler stürzen, welcher bisher verhindert hat, daß mir nicht alles in ein fürchterliches Chaos, in ein grauenvolles Nichts zusammenstürzte.

Doch brauche ich wohl nicht zu fürchten, daß irgendeine Zeit ihm seinen Platz in jenem Königreich von Göttern versagen wird, wohl aber muß ich darauf gefaßt sein, daß man meinen Anspruch auf den ersten Platz für ihn als etwas Kindisches betrachtet.

JOHANN PETER LYSER

Die Entführung aus dem „Auge Gottes"

Lyser (1803–1870), Dichter und Maler, Mitbegründer von Schumanns „Neue Zeitschrift für Musik" schreibt in der Einleitung seines „Mozart-Album", 1856 (dem die nachstehende Novelle, entstanden 1845, entnommen ist): „Sämtliche Mozart-Novellen wurden in Wien geschrieben, meist an Ort und Stelle, wo die Handlung spielt. Manche Anekdoten erfuhr der Verfasser aus dem Munde damals noch lebender Zeitgenossen." Lysers Darstellung ist voll von Erfindungen, Mystifikationen, auch von Ungenauigkeiten, und unbekümmert im Gebrauch der dichterischen Freiheit. – Mozart hatte die Familie des Fridolin Weber 1778 auf seiner Reise nach Paris kennengelernt und sich in dessen zweitälteste Tochter Aloysia verliebt, wurde von dieser aber auf seiner Rückkehr zurückgewiesen.

Im März des Jahres 1781 siedelte Mozart, damals noch immer im Dienste des Erzbischofs, nach Wien über; die schlechte Behandlung jedoch, welche er von dem geistlichen Fürsten erdulden mußte, veranlaßte ihn, noch in demselben Jahre seinen Abschied zu nehmen und durch seine Kompositionen sowie durch Unterrichtgeben und Spielen in Konzerten seinen Unterhalt sich zu gewinnen.

Frau von Weber mit ihren Töchtern war nach dem Tode ihres Gatten ebenfalls von München nach Wien gekommen. – Mozart besuchte sie und erteilte der jüngeren Schwester Aloysias Unterricht auf dem Klavier. Constanze war bei weitem keine so große Sängerin wie Aloysia, auch nicht so schön, aber ein liebenswürdiges, sanftes und äußerst gutmütiges Mädchen – das für den Künstler Mozart schwärmte und seine lernbegierigste Schülerin ward. Bald fand es sich, daß Constanze mehr Eindruck auf sein Herz gemacht hatte als vordem Aloysia, und bald erhielt er auch die Gewißheit, wie sehr er von Constanzen geliebt sei. –

Wenn aber früher der Papa Weber sein Verhältnis zu Aloysia mit günstigen Augen angesehen hatte, weil er meinte, einem Komponisten wie Mozart und einer Sängerin wie seiner Tochter könne das Glück gar nicht fehlen, wenn sie ein Paar würden, so dachte Frau von Weber über eine Verbindung Mozarts mit ihrer Tochter Constanze ganz anders, nicht nur weil Constanze keine so große Künstlerin war wie ihre Schwester, sondern auch aus dem Grunde, weil Mozart, seit er seinen Dienst bei dem Erzbischof von Salzburg aufgegeben, weder eine Anstellung noch so gesicherte Existenz hatte, wie sie meinte, die doch jeder haben müsse, der imstande sein soll, Frau und Kinder zu ernähren.

Da halfen denn alle Beteuerungen der Liebenden: „daß sie in einer Hütte bei trockenem Brote und klarem Quellwasser, wären sie nur vereinigt, kein Königspaar beneiden würden" – nichts! Die Mutter betand darauf, solange Mozart keine sichere Anstellung habe, könne von einer Verbindung keine Rede sein, und endlich durften die Liebenden sich sogar nicht mehr sehen und sprechen.

Man sagt, ein angesehener Bürger habe sich damals bei der Mutter um Constanzens Hand beworben, und wenn Frau von Weber auch wohl nicht beabsichtigte, ihre Tochter zu einer Verbindung mit einem ungeliebten Manne zu zwingen, so ist doch soviel gewiß, daß sie Constanze mit Argusaugen bewachte und endlich sogar – als sie von einer heimlichen Zusammenkunft mit Mozart erfuhr, die Arme auf ihr Zimmer förmlich einsperrte. Mozart wollte rasend werden, als er von der jüngsten Schwester seines Liebchens alles erfuhr – indes bald gewann er wieder Fassung und dachte auf Mittel: der hartherzigen Mutter zum Trotz, alle Hindernisse, die ihn von der Geliebten trennten, zu besiegen.

Am Peter zu Wien, und zwar rechter Hand, wenn man durch die Gasse, welche vom Graben dahin führt, kommt, befindet sich das Gasthaus „Zur Schnecke", schon damals eines der mit Recht beliebtesten der innern Stadt. In der Mitte des Platzes erhebt sich die nicht große, aber hübsch gebaute, mit einer Kuppel gezierte Kirche zum heiligen Peter, und fast die ganze Front der linken Seite nimmt das „Zum Auge Gottes" genannte große Haus ein, welches in neuerer Zeit prosaischerweise zum Polizeihaus umgeschaffen wurde. Zu jener Zeit, in welcher unsere Geschichte spielt, war es noch Privathaus, und in dem dritten Stock auf jener Seite, deren Fenster nach dem Peter gehen, bewohnte Frau von Weber mit ihren Töchtern ein bescheidenes, aus Stube, Küche und Kammer bestehendes Logis.

Es war an einem warmen sonnigen Junimorgen, als ein hagerer, sehr sorgfältig gekleideter und überhaupt sehr würdig aussehender Herr von gesetztem Alter und gesetztem, wiewohl sehr freundlichem Wesen langsam vom Graben her auf das Gasthaus „Zur Schnecke" zuschritt; dicht davor angelangt, blieb er zögernd stehen, schaute hinauf nach den Fenstern des vierten Stockwerks und schüttelte wie besorglich das mit einer schöngepuderten Beutel-Perücke gezierte Haupt. Doch nicht lange währte seine sichtliche Bedenklichkeit, und rasch entschlossen schritt er die drei Stufen hinan, welche zur Haustür und durch diese auf die winzige Vorflur des großen Hauses führen, denn die Gast- und Extrazimmer, die „Kuchl" (Küche), das Stiegenhaus, durch das man in alle fünf Stockwerke bis auf den Hausboden gelangt, nehmen gar zu viel Raum ein.

Ein dienstfertiger Kellner, der in offner Tür des Extrazimmers stand, fragte, kaum daß er den eintretenden Herrn gewahrte: „Woas schaffn S', Ew. Gnoad'n? a Goullasch? a Bäuschl mit Limoni? a heiß abgesottenes Lämmernes? Kalbsköpfl mit Kren? Würstl mit Kren? geröste Nierndl oder geröste Leber mit oder ohne Erdäpfl?"

„Danach" – versetzte der Herr, „danach werd ich frühstücken, derweil gib mir a Seitl Ofener." Der Kellner fuhr wie der Blitz davon und brachte gleich darauf nicht nur den verlangten Wein in einer weißen geschliffenen Seitlflasche nebst Glas, sondern auch einen Teller mit frischgebackenen, noch warmen Kipfeln, Salzstengeln und feinen Semmeln zur beliebigen Auswahl, weil es in Wien unerhört ist, Wein und vollends gar feurigen Ungarwein zu trinken, ohne wenigstens etwas Brot oder Backwerk dazu zu genießen. Der Gast langte denn auch sofort nach einer feinen Mundsemmel, schenkte sich sein Glas halb voll, und nachdem er daran genippt und ein Stückchen Brot gegessen, fragte er den Kellner: „Der Herr von Mozart wohnt jetzt hier im Hause?"

„Ganz recht, Ew. Gnoad'n: seit vierzehn Tag im vierten Stock, gleich neb'n der Stieg'n links."

„Ist er eben zu Hause?"

„Alleweile den ganzen Tag schreibt er Musik und kommt erst abends runter. I muß ihm sein Mittagessen und die Jause raufbring'n."

„Da werd ich ihn wohl stören, wenn ich raufgeh."

„A na! Da lauf'n genug zu ihm rauf von den deutschen Komödianten und Musikanten, der laßt sich so leicht nöt stör'n."

„Nun dann", sprach der Gast, indem er gemächlich das Glas leerte, „nun dann, wenn ich ihn nicht störe, so will ich zu ihm hinaufsteigen, obgleich es verzweifelt hoch ist." Er berichtigte seine Zeche und trat dann bedächtig seine Wanderung nach dem vierten Stock an.

Endlich war er oben und stand, tief Atem schöpfend, vor der Tür des Zimmers, links der Stiege. Er klopfte an und öffnete, als auf wiederholtes Klopfen kein „Herein" ertönte, leise die Zimmertür.

Die Wahrheit zu sagen: so war es nur ein Kämmerchen, mit einem einzigen Fenster, am Fenster stand Mozarts Arbeitstisch, und am Arbeitstisch saß Mozart selbst, eifrig schreibend; außer für den Schreibtisch nebst dazugehörigen Stuhl hatte das Kämmerchen nur noch Raum genug für ein Bett und ein kleines Klavichord. Der Herr blieb unter der Türe stehen und blickte mit dem Ausdruck höchsten Wohlwollens auf den immerfort eifrig Fortschreibenden, und wer weiß, wie lange er noch so schweigend und regungslos unter der Türe gestanden wäre, wenn nicht Mozart plötzlich mit dem Ausruf: „So wird's halt gehen!" sich vom Stuhl erhoben und nach der Türe gewandt hätte.

69

Als er den Herrn erblickte, war es einen Moment, als traue er seinen Augen nicht, dann aber eilte er auf ihn zu und begrüßte ihn freudig mit den Worten: „Papa Haydn! Ist's möglich? Ist das eine Freud, Sie bei mir zu sehen! Was schaffen S'?"

„Ei, mein lieber Sohn!" versetzte Haydn, „ich wollte eben sehen, was du schaffest, weil ich dich so lange nicht bei mir sah."

„Na, Papachen! Sie werden mir zutrauen, daß nit Nachlässigkeit an meiner Versäumnis schuld ist. Sie haben wohl gehört, daß ich auf ausdrücklichen Wunsch unseres großes guten Kaisers für die deutsche Sängertruppe ein Singspiel schreiben muß."

„Ja! Und ich habe mich von ganzem Herzen darüber gefreut, daß man hier endlich anfängt, meinem Wolfgang Arbeiten, die seiner würdig sind, zu übertragen."

„Mit dieser ersten bin ich denn eben bis auf die letzte Nummer zu End gekommen. Es ist ein Duett für den Adamberger und die Cavalieri, das einzige, was das Liebespaar in dem ganzen Singspiel hat, aber ich glaub, es gibt was aus."

„Darf ich es sehen, lieber Wolfgang?" fragte Haydn.

„Na, ob!" versetzte Mozart fröhlich, „ich denk das wär doch wohl eine Ehre für mich. Setzen S' sich her, Papa, da liegt die ganze Geschicht, lesen Sie's durch. Ich komme gleich wieder."

Er sprang zur Türe hinaus und die Stiegen hinab. Joseph Haydn aber setzte sich an den Arbeitstisch und las die Komposition, welche sein junger Freund soeben vollendet hatte. Welchem Musikliebhaber und Verehrer Mozarts wäre jenes himmlische Duett Belmontes und Constanzes unbekannt, in welchem die zum Tode verurteilten Liebenden zuerst jedes sich anklagen, daß um seinetwillen der geliebte Gegenstand sterben müsse, und zuletzt beide selig aufjubeln, daß es ihnen vergönnt, zusammen zu sterben. Vierundsiebenzig Jahre sind verflossen, seit dieses Duo komponiert wurde. – Mozart selber hat in späteren Jahren *Gewaltigeres* geschaffen, und die modernen Propheten der „Zukunfts-Oper" haben es für veraltet und ungenügend wie den ganzen Mozart erklärt, und dennoch: welcher gefühlvolle Mensch, wenn er es heute hört, fühlt sich nicht hingerissen, erschüttert und entzückt, indes die „Zukunfts-Oper" nur noch in der Journalistik herumspukt, von der Bühne herab aber längst nicht mehr effektuiert. Bedenke man, daß jene Musik damals noch den vollsten Reiz der Neuheit für sich hatte, daß früher gleich Vollendetes noch nicht dagewesen – denn „Figaro", „Don Giovanni", „Così fan tutte" und die „Zauberflöte" existierten noch nicht, so wird man es begreifen, was der Vater Haydn empfand, indem er die Komposition mit dem Blick des Kenners, des Künstlers – dem auch die kleinste Schönheit nicht entging – durchsah. Und wahrhaftig, als Mozart zurückkehrte, gefolgt von dem Kellner, der ein Gabelfrühstück und eine Flasche Tokaier brachte, da fand er den Vater Haydn, das Haupt auf beide Arme gestützt, über die Partitur gebeugt, wie in seliger Verzückung auf die letzten Noten starrend.

„Nun, Papachen! gefallt's Ihnen?" fragte Mozart, nachdem der Kellner Wein und Essen in Ermangelung andern Platzes auf dem Deckel des Klavichords serviert hatte.

Joseph Haydn aber, als er Mozarts Stimme vernahm, blickte auf mit Augen voll Tränen und sprach: „Sei nicht böse, mein Wolfgang, aber mir sind da einige Wassertropfen auf deine Partitur gefallen, es ist gar zu schön!"

Mozart griff nach Haydns Hand, um sie an seine Lippen zu drücken; doch Haydn zog ihn an seine Brust, hielt ihn lange und innig umarmt und sprach dann: „Der gute Gott hat dir unendlich viel gegeben, gib ihm die Ehre, indem du es immer, wie bisher, zur Freude deiner Mitmenschen, zur Verherrlichung unserer Kunst verwendest und – verzage nimmer, wenn Neid, Un-

Haydns Besuch bei Mozart im Haus „Zum Auge Gottes" bei der Kirche St. Peter in Wien, wo Mozart 1781 wohnte. Nach Umrissen von Johann Peter Lyser lithographiert von M. Kayser, 1855. Aus: Mozart-Album. Hg. von Johann Friedrich Kayser, Hamburg 1856

verstand und jämmerliche Alltäglichkeit dir und deinem Streben feindlich entgegentreten. Das sind Prüfungen, denen das Genie nimmer entgeht, nimmer entgehen darf, soll es sich als echt für alle Zeiten bewähren – ich weiß, Wolfgang, du wirst es."

„Ei!" versetzte Mozart, „wenn Sie, mein guter Vater, und andere Leute, die Ihnen gleichen, nur mit mir zufrieden sind, so werd ich die Courage nicht verlieren, obgleich ich jetzt eigentlich Ursache genug hätte, melancholisch zu sein."

„Ich weiß", lächelte Haydn, „du liebst ein braves, hübsches Mädchen, und die Mutter will sie dir nicht geben."

„Hat Ihnen mein Alter davon geschrieben?" fragte Mozart etwas verwundert.

„Nein!" entgegnete Haydn, „ich erfuhr es von deiner und Constanzens Gönnerin, der Frau Baronin Waldstätten, ich sprach sie gestern, sie erzählte mir alles, auch daß du deiner Constanze zuliebe dein schönes Logis bei Herrn von Mesmer mit dieser erbärmlichen Kammer vertauscht habest."

„Ah!" rief Mozart eifrig, „erbärmliche Kammer? Da schauen S'! Diesem Fenster grad vis-à-vis befindet sich das Fenster meiner Stanzl; alle Morgen ganz früh, wenn die Mama noch schläft, den Tag über, sooft die Mama nicht zu Haus ist, und spät abends erscheint sie an demselben! Wir haben eine Zeichensprache erfunden und können uns mittelst derselben alles erzählen, was wir auf dem Herzen haben – ich wäre ja sonst nimmer mit der Oper zustande gekommen vor Sehnsucht, Unruh und Angst."

„Das glaube ich dir aufs Wort, mein armer Wolfgang! Und deshalb und im Auftrage eurer Beschützerin kam ich her. Frau von Waldstätten nämlich läßt dir sagen, du möchtest, sobald du abkommen könntest, sie besuchen, sie habe dir sehr Wichtiges mitzuteilen."

„Werd nicht unterlassen, dem Befehle der Gnädigen nachzukommen!" rief Mozart, „aber nun, Papachen! lassen S' uns frühstücken und dabei die Gesundheit unseres lieben Kaisers in echtem Tokaier trinken."

„Das schlage ich nicht aus!" versetzte Haydn, „doch du hast ja nur einen Stuhl."

„Weil kein zweiter mehr Platz hat! Aber wenn Besuch kommt, weiß ich mir schon zu helfen!" Damit ergriff Mozart einige voluminöse Partituren, legte sie neben dem Sessel, auf welchem Haydn Platz nehmen mußte, übereinander und kniete darauf vor dem Klavichord hin; auf diese Weise wurde das Frühstück lustig verzehrt, und es versteht sich, daß außer des Kaisers auch Constanzens Gesundheit ausgebracht wurde. Nachdem darnach Mozart seinem väterlichen Freunde noch die vorzüglichsten Nummern aus seiner Oper vorgespielt hatte, verabschiedete sich Haydn. Mozart aber besuchte noch am selben Abend die Frau Baronin von Waldstätten. – – Am 6. Julius desselben Jahres wurde die „Entführung aus dem Serail" zum ersten Male in Wien gegeben und in kurzer Zeit vierzehnmal wiederholt; der Beifall, welchen die Oper erhielt, war ungeheuer, und keine andere Oper Mozarts außer der „Zauberflöte" machte in Wien, solange der Meister lebte, gleiches Glück ...

Mozart hatte bald nach der ersten Aufführung der Oper seinem Vater geschrieben und ihn dringend um seine Einwilligung zu der Verbindung mit Constanze von Weber gebeten. Der alte Mozart willigte ein, denn er glaubte nicht anders, als auch Frau von Weber habe schon ihre Einwilligung erteilt. Allein dem war nicht so. Frau von Weber, obgleich sie wie das ganze Publikum von Mozarts Oper entzückt war, blieb doch dabei: dem jungen Meister ihre Tochter nicht früher zu geben, bis er eine sichere Anstellung habe; sie meinte, eine solche zu erlangen, müsse ihm ja nach dem glücklichen Erfolge seiner Oper ein leichtes sein. – Die gute Frau kannte Wien und die Wiener Kunstzustände nicht und übersah es ganz, daß eben der glückliche Erfolg seines Werkes die Zahl der Neider und Gegner Mozarts verdreifacht hatte.

Ganz außer sich, daß all sein Bitten und Flehen bei der Mutter Constanzens kein Gehör gefunden hatte, klagte Mozart der Frau von Waldstätten sein Leid und schloß mit der treuherzigen Äußerung: „Ich muß ja zugrund gehen vor Unruh und Sehnsucht, wenn ich meine Stanzl nicht bekomme."

„Zugrunde dürfen Sie nicht gehen, Herr von Mozart", entgegnete Frau von Waldstätten, „es muß Rat geschafft werden, daß Constanze die Ihrige wird."

„Was meinen Ew. Gnaden, wenn ich's machte wie der Belmonte in meiner Oper und mein Mädl entführte?"

„Die Idee ist gut, und ich wundere mich nur, daß Sie nicht schon längst darauf verfallen sind."

„Oh! Ich hab mich schon lang mit dem Gedanken getragen, aber schauen S', wie soll ich's anstellen, daß es nicht mißglückt? Die Mutter paßt jetzt strenger auf wie je vorher; betrunken wie der Osmin kann ich sie doch nicht machen, und dann ist noch ein Umstand, die Constanze hält auf Ehr und Sitte, und wenn sie auch einwilligt, daß ich sie aus dem Hause der Mutter entführe, so wird sie mir doch um alles in der Welt nicht früher in meine Wohnung folgen, bis wir getraut sind. Wo sollt ich sie hinbringen?"

„Bringen Sie sie zu mir", sprach Frau von Waldstätten nach kurzem Bedenken, „und" fügte sie hinzu, „daß es Ihnen möglich wird, Constanze aus dem Hause ihrer Mutter zu entführen, dafür werde ich ebenfalls Sorge tragen, ich erkläre mich hiermit feierlichst zu Ihrer Verbündeten."

Ob Mozart der schönen Dame für ihre Güte dankte und gerne gelobte, allen ihren Anordnungen getreulich Folge zu leisten? Die Frage, wenn sie überhaupt noch getan werden kann, mag sich jeder Liebhaber, der sich in ähnlicher Lage befindet, selbst beantworten, im übrigen konnte Mozart jetzt mit Blondchen singen:

"Welche Freude, welche Lust –
Herrschet nun in meiner Brust!"

Eine Einladung zu einem Tee von der Frau Baronin von Waldstätten konnte Frau von Weber unmöglich ablehnen. Constanzens jüngere Schwester [Sophie] war mit derselben wie mit Mozart einverstanden, und als Frau von Weber abends zur Baronesse gefahren war, ließ sie den harrenden Liebhaber gerne zur harrenden Geliebten sowie nach einer Weile beide ungehindert aus dem Hause schlüpfen.

Darauf zerschnitt Sophie Constanzens Bettuch in lange Streifen, knüpfte diese zusammen, schlang das eine Ende um das Kreuz des geöffneten Fensters, warf den übrigen Teil hinaus, so daß es schien, als habe Constanze ihre Flucht durch das Fenster genommen, schloß sodann das Zimmer ab und versteckte den Schlüssel.

Constanze und Mozart langten in der Wohnung der Frau von Waldstätten an, als sich Frau von Weber noch dort befand. Constanze wurde von der Cameriera der Baronesse in ein für sie bereitgehaltenes Zimmer geführt, Mozart aber begab sich, der Verabredung gemäß, in den Salon, in welchem die Teegesellschaft versammelt war, so daß es der Frau von Weber nie eingefallen wäre zu glauben, daß der junge Mann soeben ihre Tochter entführt habe.

Um so größer war dann freilich die Bestürzung, als bei ihrer Nachhausekunft Sophie ihr verwirrt entgegenkam und erzählte, sie habe Constanzes Zimmer verschlossen gefunden, und die Schwester habe, allen Anklopfens ungeachtet, nicht geöffnet. Frau von Weber eilte selbst an die Türe, klopfte an und ließ endlich durch einen herbeigeholten Schlosser das Zimmer öffnen; hier fand sie nun das offne Fenster, das an dem Fenster befestigte, in Streifen geschnittene und zusammengeknüpfte Bettuch, welches bis auf die Gasse hinabreichte, und übersah in ihrer Bestürzung völlig, daß die Streifen viel zu schwach geraten und zu schlecht aneinandergeknüpft waren, als daß es Constanzen möglich gewesen sein sollte, sich daran vom dritten Stock glücklich herabzulassen.

Mehrere Tage schwebte Frau von Weber in völliger Ungewißheit über das Los ihrer Tochter Constanze, bis endlich ein Besuch der Frau Baronin von Waldstätten ihrem Kummer ein Ende machte. Zwar wollte sie anfangs auf Mozart und Constanzen zürnen, allein der Schreck, welchen sie gehabt, der

Kummer und jetzt die Freude sowie das gütliche Zureden der Baronesse hatten ihren starren Sinn gebrochen, und noch am selben Abende gab sie unserm Mozart und seiner Constanze ihren mütterlichen Segen.

Die Hochzeit des jungen Paares wurde im Hause seiner Beschützerin am 4. August in aller Stille gefeiert, außer Constanzens Mutter und ihrer Schwester Sophie waren nur noch der Vormund beider Mädchen, Herr von Thorwart, der Landrat von Cetto, Beistand der Braut, sowie ein Herr von Gilowsky als Beistand des Bräutigams und die Baronesse zugegen. In dem Brief an seinen Vater, welchen Mozart drei Tage später nach Salzburg schrieb, sagt er unter anderem: „Als wir zusammen verbunden wurden, fing sowohl meine Frau als ich zu weinen an, davon wurden alle, sogar der Priester, gerührt, und alle weinten. Unser ganzes Hochzeitsfest bestand in einem Souper, welches uns die Frau Baronin von Waldstätten gab, das in der Tat mehr fürstlich als baronisch war; während des Souper wurde ich von einer sechzehnstimmigen Harmonie von meiner Komposition überrascht."

Den Tag vorher war auf Glucks ausdrückliches Begehren „Belmonte und Constanze" wieder gegeben worden, das Lob, welches dieser große Meister der Oper spendete, machte Mozart glücklich.

Die allezeit witzfertigen Wiener aber, welche Mozarts Heiratsgeschichte erfahren hatten, nannten fortan „Belmonte und Constanze oder Die Entführung aus dem Serail" nur: „Die Entführung aus dem ‚Auge Gottes'".

IMMANUEL HERMANN FICHTE

Mozarts Reliquien in Salzburg

Der Philosoph Immanuel Hermann Fichte (1796–1879), Sohn des berühmten Philosophen Johann Gottlieb Fichte, wirkte in Berlin und Düsseldorf, wo er auch am Gymnasium unterrichtete, und war Musikreferent an verschiedenen Zeitungen. Anfang der vierziger Jahre unternahm er eine Reise nach Tirol, die ihn über Salzburg führte; dort besuchte er die letzte noch lebende Schwester von Mozarts Witwe, Sophie Haibel (1763–1846). Er veröffentlichte seinen Reisebericht 1849 in Cottas „Morgenblatt für gebildete Stände" und benannte den Mozart betreffenden Abschnitt: „Mozarts Reliquien in Salzburg".

Nun wurde mir alsbald durch weitere Erkundigungen noch eine wichtigere Quelle originaler Nachrichten über Mozart eröffnet. Auf mein Befragen nach einem Familienbilde erfuhr ich, daß noch eine hochbejahrte Schwägerin von Mozart, nachdem seine Schwester und seine Gattin, beide in hohem Alter, vor mehreren Jahren verstorben seien, in Salzburg am Mozartplatze wohne – eine Frau Haibel. Ich begab mich zu dieser und fand nicht nur unerwarteterweise den Mozartschen Nachlaß und Briefwechsel – soweit ersterer nicht von André in Offenbach in Besitz genommen ist –, sondern auch in der alten Schwägerin, welche Mozart in seiner letzten Krankheit verpflegt hat und überhaupt in Wien täglich um ihn gewesen ist, einen unerschöpflichen Schatz von Erinnerungen an diesen Großen, Seligen, Unvergeßlichen, welche ihn mir bis zur persönlichen Bekanntschaft nahe rückten ...

Seine Lebensweise war, seinen beschränkten Verhältnissen angemessen, die einfachste: schlichte Hausmannskost, ein „Grieskoch", ein halb Dutzend „Dampfnudln" waren nicht selten seine ganze Mahlzeit. Vom Champagnertrinken und dergleichen, was man ihm nachgesagt, nichts; höchstens dann und wann ein „Puncherl" habe er geliebt, und dazu das Billardspiel, so daß er sogar in seinem Zimmer ein kleines Billard besessen. Übrigens war er der heiterste, unbefangenste, gutmütigste, hingebendste und hilfreichste Mensch, ohne Marotten und Launen, aber ganz unwillkürlich seiner Stimmung hingegeben; auch im Urteile mild und mit den Werken seiner Kunstgenossen meist zufrieden; selbst die Musik Salieris, „der ihn nicht leiden mochte", anerkennend – gewiß mit Recht, da dieser neben Haydn sicher der einzige musikalische Genius in Mozarts Umgebung war. Mit seinem biedern und großen Landsmanne Haydn (auch einem Salzburger) stand er in innigster Du-Freundschaft. Die Alte behauptete, Haydn oftmals zu Mozart sagen gehört zu haben: „Mozart, gegen dich bin ich nichts!" Was sind aber unsere jetzigen verzwickten, geschraubten, Reminiszenzen zusammenleimenden Musiker und Komponisten gegen den frischen, naturfreudigen, reichen und klaren Meister Haydn? Und werden diese sich als ein „Nichts" Haydn gegenüber bekennen wollen? ...

Komponieren konnte Mozart zu allen Tageszeiten und in allen Stimmungen, wiewohl er ungern aufschrieb; oder vielmehr, er komponierte wirklich fortwährend; denn sehr häufig bemerkten die Seinigen an ihm, wie er mitten im Gespräche, oder auch an den Vorgängen um ihn her teilnehmend, plötzlich zerstreut und sinnend in die Höhe sah; er horchte dann dem Flusse von Melodien zu, die unaufhörlich in seinem Innern entsprangen. Wenn er vom Arbeitsfeuer ergriffen war, bemerkte er nicht, was um ihn her vorging; wenn man um ihn tanzte und lärmte, konnte er nachher wie erwachend fragen, was vorgegangen sei. Diese Unwillkürlichkeit und Ganzheit seiner Konzeptionen, der ununterbrochene Fortfluß glücklichster Erfindung, worin ihm nur der gewaltige Händel zur Seite steht und an Tiefe und Großartigkeit noch übertrifft, dies macht das Spezifische seines Talentes aus. ...

Ich werfe noch einige einzelne Züge her, welche mir die gute Alte mitteilte. Wenn er komponierte, was selten oder nie am Klavier geschah, sondern frei hinschreibend, ging er nachher zu seiner Frau, wenn es Singsachen waren, mit den Worten: „Jetzt, Stanzerl, wollen wir's probieren; höre, wie dir's gefällt." Die Frau sang sehr gut vom Blatte, und so vernahm er seine eigenen Sachen zuerst von ihr, bestimmte sich wohl auch nach ihrem Urteile, da sie Geschmack und Musikkenntnis besaß.

... das einfache, kaum fünf Oktaven haltende Klavier mit weißen und braunen Tasten, so klein und leicht, daß man es bequem unter einem Arme forttragen könnte, war mir merkwürdig unter Mozarts Hinterlassenschaft. Wie ein eingeklebter Zettel, von der Frau Mozarts mit vor Alter zitternder Hand geschrieben, kundgibt, war dies das Instrument, an welchem er seine „Zauberflöte", „Così fan tutte", den „Titus" (diesen aber zum Teil im Reisewagen auf dem Wege nach Prag) und das „Requiem" komponierte. Ich getraute mich nicht, diesen geheiligten Tasten einen Ton zu entlocken. Sein Klavierspiel soll äußerst leicht, zart und ausdrucksvoll gewesen sein. Seine Gesichtszüge, auf den gewöhnlichen Bildern im rohen ähnlich, sollen doch schwierig zu treffen gewesen sein, wegen des stets wechselnden Ausdrucks in seinem lebhaften Gesichte und in seinen leuchtenden hellblauen Augen. Seine Statur war mehr klein als groß. Hände und Füße von besonders schöner und proportionierter Form; in den spätern Jahren erhielt er eine etwas schwammige Beleibtheit, die ihm aber nicht übel stand. Außer dem Deutschen vermochte er sich auch fließend in der italienischen, französischen und englischen Sprache auszudrücken.

JOSEPH FRANK

Klavierunterricht bei Mozart

Joseph Frank (1771–1842), Dr. med. und Amateurkomponist in Wien, war 1790 kurze Zeit Schüler Mozarts. Später hatte er auch, zusammen mit seiner 1798 geehelichten Frau Christine Gernardi, einer damals berühmten Sängerin, Umgang mit Beethoven. Aus seinen „Denkwürdigkeiten" stammt die Schilderung seiner Begegnung mit Mozart:

Ich fand den Mozart, einen kleinen Mann mit dickem Kopf und fleischigen Händen (des mains potelées), welcher mich ziemlich kalt aufnahm. „Nun", sagte er, „spielen Sie mir was vor!" Ich spielte ihm eine Fantasie von seiner Komposition. „Nicht übel", sagte er zu meinem großen Erstaunen, „ich werde sie Ihnen jetzt hören lassen." Welch Wunder! Unter seinen Fingern wurde das Klavier ein ganz anderes Instrument. Er hatte es durch ein zweites Klavier verstärkt, welches ihm als Pedal diente. Mozart machte alsdann einige Bemerkungen über die Art, wie ich seine Fantasie ausführen sollte. Ich hatte das Glück, ihn zu verstehen und ihn zu befriedigen. – „Spielen Sie noch andere Stücke von meiner Komposition?" – „Ja, mein Herr", erwiderte ich. „Ihre Variationen über das Thema: ‚Unser dummer Pöbel meint' und eine Sonate mit der Begleitung einer Violine und des Violoncello." „Gut, ich werde Ihnen dies Stück vorspielen; Sie werden mehr Nutzen haben, wenn Sie mich hören, als wenn Sie selbst spielen." – Ich wurde bald mit Mozart vertraut. Da ich ihn immer beschäftigt fand, die Partituren französischer Opern zu studieren, so hatte ich die Dreistigkeit, ihn zu fragen, ob er nicht besser täte, sich auf die italienischen Partituren zu legen? „Was die Melodie anlangt, ja, aber was den *dramatischen Effekt* anlangt, nein. Übrigens sind die Partituren, welche Sie hier sehen, außer denen Gretrys, von Gluck, Piccini, Salieri und haben nichts Französisches als die Worte." Als wir einst von Instrumenten sprachen, sagte Mozart, daß er die Flöte und die Harfe verabscheue. Dies ist so ziemlich alles, was ich mich erinnere von diesem großen Komponisten gehört zu haben. Die zwölf Stunden, welche ich bei ihm gehabt habe, reichen nicht aus, mich seinen Schüler zu nennen.

RUDOLF KÖPKE

Ludwig Tiecks Begegnung mit dem unerkannten Mozart

Die unten geschilderte Begegnung zwischen Mozart und dem Dichter Ludwig Tieck (1773–1853) fand am 19. Mai 1789 im Königlichen Nationaltheater am Gendarmenmarkt in Berlin statt, wo man gerade die „Entführung aus dem Serail" gab. Die Szene ist später wiederholt Gegenstand der Belletristik geworden. Sie ist hier von Rudolf Köpke (aus: „Ludwig Tieck. Erinnerungen aus dem Leben des Dichters nach dessen mündlichen und schriftlichen Mitteilungen") wiedergegeben.

Wie oft hörte er [Tieck] nicht musikalische Aufführungen, Gespräche über Musik, Urteile über Wert oder Unwert einzelner Kompositionen! Gewann er auch jetzt keine Neigung, selbst ausführend teilzunehmen, so fing er doch an, in den klassischen Werken die Geheimnisse der Musik zu ahnen. Auch hier hatte er, durch Eingebung geleitet, im Gegensatz zum Modegeschmack sich zu Mozarts großen Tondichtungen hingewandt, ohne sich durch die Tageskritiken und selbst so gewichtige Stimmen wie Reichardts irremachen zu lassen. Mozarts siegreicher Gegner war Dittersdorf, dessen komische Opern auch in Berlin unter großem Andrange des Publikums gegeben wurden. Man zog den „Doktor und Apotheker" dem „Figaro" und „Don Juan" vor, und „Die Liebe im Narrenhause" konnte in öffentlichen Anzeigen als das erste musikalische Kunstwerk angepriesen werden.

In überraschender Weise sollte Ludwigs Anerkennung Mozarts belohnt werden. Als er eines Abends, es war im Jahre 1789, seiner Gewohnheit nach lange vor dem Anfange der Vorstellung die halbdunkeln, noch leeren Räume des Theaters betrat, erblickte er im Orchester einen ihm unbekannten Mann. Er war klein, rasch, beweglich und blöden Auges, eine unansehnliche Figur in grauem Überrock. Er ging von einem Notenpult zum andern und schien die aufgelegten Musikalien eifrig durchzusehen. Ludwig begann sogleich ein Gespräch anzuknüpfen. Man unterhielt sich vom Orchester, vom Theater, der Oper, dem Geschmacke des Publikums. Unbefangen sprach er seine Ansichten aus, aber mit der höchsten Bewunderung von den Opern Mozarts. „Sie hören also Mozarts Opern oft und lieben sie?" fragte der Unbekannte. „Das ist ja recht schön von Ihnen, junger Mann." Man setzte die Unterhaltung noch eine Zeitlang fort, der Zuschauerraum füllte sich allmählich, endlich wurde der Fremde von der Bühne her abgerufen. Seine Reden hatten Ludwig eigentümlich berührt, er forschte nach. Es war Mozart selbst gewesen, der große Meister, der mit ihm gesprochen, ihm seine Anerkennung ausgedrückt hatte.

EDUARD MÖRIKE

Mozart auf der Reise nach Prag

Diese nachstehend in ihrem Kernstück wiedergegebene Novelle Mörikes (1804–1875), eine der bedeutendsten Mozart-Dichtungen überhaupt, entstand 1852–1855. Sie handelt auf einem gräflichen Schloß, in das Mozart durch Zufall gelangt, als er sich mit seiner Frau Constanze auf der Reise von Wien nach Prag befindet, um dort im Herbst 1787 die Uraufführung seiner Oper „Don Giovanni" zu dirigieren. Auf dem Schloß findet gerade eine Hochzeitsfeierlichkeit statt. Mozart, der Gesellschaft wohlbekannt durch seine Kompositionen, wird herzlich als Gast aufgenommen. Er läßt Teile seiner neuen Oper vortragen, erzählt Episoden aus seinem Leben und im besonderen zur Entstehung seiner Oper. Aus den Schilderungen Mörikes entsteht ein anmutig-heiteres, teils noch dem Rokoko verpflichtetes Mozart-

Bild, das aber dennoch bereits die tragischen Konturen sowohl an Mozarts Leben sowie der „Don-Giovanni"-Musik sichtbar macht.

Die Handlung ist weitgehend freie Erfindung Mörikes; er unterließ mit Absicht vor Abschluß der Novelle ein wissenschaftliches Studium der Biographie Mozarts: „Halb aus Indolenz, halb aus instinktmäßiger Sorge, mir mein innerliches Konzept dadurch zu verrücken, hatte ich mir bis jetzt das Werk (Nissens Mozart-Biographie) nicht kommen lassen und habe wahrscheinlich wohl daran getan." (19.6.1855 an den Dichter Wilhelm Hartlaub.)

... Es war schon fast acht Uhr; man nahm den Tee. Bald aber sah sich unser Musiker an sein schon am Mittag gegebenes Wort, die Gesellschaft näher mit dem „Höllenbrand" bekannt zu machen, der unter Schloß und Riegel, doch zum Glück nicht allzutief im Reisekoffer lag, dringend erinnert. Er war ohne Zögern bereit. Die Auseinandersetzung der Fabel des Stücks hielt nicht lange auf, das Textbuch wurde aufgeschlagen, und schon brannten die Lichter am Fortepiano.

Wir wünschten wohl, unsere Leser streifte hier zum wenigsten etwas von jener eigentümlichen Empfindung an, womit oft schon ein einzeln abgerissener, aus einem Fenster beim Vorübergehen an unser Ohr getragener Akkord, der nur von *dorther* kommen kann, uns wie elektrisch trifft und wie gebannt festhält; etwas von jener süßen Bangigkeit, wenn wir in dem Theater, solange das Orchester stimmt, dem Vorhang gegenüber sitzen. Oder ist es nicht so? Wenn auf der Schwelle jedes erhabenen tragischen Kunstwerks, es heiße „Macbeth", „Ödipus" oder wie sonst, ein Schauer der ewigen Schönheit schwebt, wo träfe dies in höherem, auch nur in gleichem Maße zu, als eben hier? Der Mensch verlangt und scheut zugleich, aus seinem gewöhnlichen Selbst vertrieben zu werden, er fühlt, das Unendliche wird ihn berühren, das seine Brust zusammenzieht, indem es sie ausdehnen und den Geist gewaltsam an sich reißen will. Die Ehrfurcht vor der vollendeten Kunst tritt hinzu; der Gedanke, ein göttliches Wunder genießen, es als ein Verwandtes in sich aufnehmen zu dürfen, zu können, führt eine Art von Rührung, ja von Stolz mit sich, vielleicht den glücklichsten und reinsten, dessen wir fähig sind.

Unsre Gesellschaft aber hatte damit, daß sie ein uns von Jugend auf völlig zu eigen gewordenes Werk jetzt erstmals kennenlernen sollte, einen von unserem Verhältnis unendlich verschiedenen Stand und, wenn man das beneidenswerte Glück der persönlichen Vermittlung durch den Urheber abrechnet, bei weitem nicht den günstigen wie wir, da eine reine und vollkommene Auffassung eigentlich niemand möglich war, auch in mehr als *einem* Betracht selbst dann nicht möglich gewesen sein würde, wenn das Ganze unverkürzt hätte mitgeteilt werden können.

Von achtzehn fertig ausgearbeiteten Nummern* gab der Komponist vermutlich nicht die Hälfte (wir finden in dem unserer Darstellung zugrunde liegenden Bericht nur das letzte Stück dieser Reihe, das Sextett, ausdrücklich angeführt) – er gab sie meistens, wie es scheint, in einem freien Auszug, bloß auf dem Klavier, und sang stellenweise darein, wie es kam und sich schickte. Von der Frau ist gleichfalls nur bemerkt, daß sie zwei Arien vorgetragen habe. Wir möchten uns, da ihre Stimme so stark als lieblich gewesen sein soll, die erste der Donna Anna („Du kennst den Verräter") und eine von den beiden der Zerline dabei denken.

Genaugenommen waren, dem Geist, der Einsicht, dem Geschmacke nach, Eugenie und ihr Verlobter die einzigen Zuhörer, wie der Meister sie sich wünschen mußte, und jene war es sicher ungleich mehr als dieser. Sie saßen beide tief im Grunde des Zimmers; das Fräulein regungslos, wie eine Bildsäule, und in die Sache aufgelöst auf einen solchen Grad, daß sie auch in den kurzen Zwischenräumen, wo sich die Teilnahme der übrigen bescheiden äußerte oder die innere Bewegung sich unwillkürlich mit einem Ausruf der Bewunderung Luft machte, die von dem Bräutigam an sie gerichteten Worte immer nur ungenügend zu erwidern vermochte.

Als Mozart mit dem überschwenglich schönen Sextett geschlossen hatte und nach und nach ein Gespräch aufkam, schien er vornehmlich einzelne Bemerkungen des Barons mit Interesse und Wohlgefallen aufzunehmen. Es wurde vom Schlusse der Oper die Rede sowie von der vorläufig auf den Anfang Novembers anberaumten Aufführung, und da jemand meinte, gewisse Teile des Finale möchten noch eine Riesenaufgabe sein, so lächelte der Meister mit einiger Zurückhaltung; Constanze aber sagte zu der Gräfin hin, daß er es hören mußte: „Er hat noch was in petto, womit er geheim tut, auch vor mir."

„Du fällst", versetzte er, „aus deiner Rolle, Schatz, daß du das jetzt zur Sprache bringst; wenn ich nun Lust bekäme, von neuem anzufangen? Und in der Tat, es juckt mich schon."

„Leporello!" rief der Graf, lustig aufspringend, und winkte einem Diener: „Wein! Sillery, drei Flaschen!"

„Nicht doch! Damit ist es vorbei – mein Junker hat sein Letztes im Glase."

„Wohl bekomm's ihm – und jedem das Seine!"

---

* Bei dieser Zählung ist zu wissen, daß Elviras Arie mit dem Rezitativ und Leporellos „Hab's verstanden" nicht ursprünglich in der Oper enthalten gewesen.

„Mein Gott, was hab ich da gemacht!" lamentierte Constanze, mit einem Blick auf die Uhr, „gleich ist es elfe, und morgen früh soll's fort – wie wird das gehen?"

„Es geht halt gar nicht, Beste! Nur schlechterdings gar nicht."

„Manchmal", fing Mozart an, „kann sich doch ein Ding sonderbar fügen. Was wird denn meine Stanzl sagen, wenn sie erfährt, daß eben das Stück Arbeit, was sie nun hören soll, um eben diese Stunde in der Nacht, und zwar gleichfalls vor einer angesetzten Reise, zur Welt geboren ist?"

„Wär's möglich? Wann? Gewiß vor drei Wochen, wie du nach Eisenstadt wolltest?"

„Getroffen! Und das begab sich so. Ich kam nach zehne, du schliefst schon fest, von Richters Essen heim und wollte versprochenermaßen auch bälder zu Bett, um morgens beizeiten heraus und in den Wagen zu steigen. Inzwischen hatte Veit wie gewöhnlich die Lichter auf dem Schreibtisch angezündet, ich zog mechanisch den Schlafrock an, und fiel mir ein, geschwind mein letztes Pensum noch einmal anzusehen. Allein, o Mißgeschick! verwünschte, ganz unzeitige Geschäftigkeit der Weiber! Du hattest aufgeräumt, die Noten eingepackt – die mußten nämlich mit; der Fürst verlangte eine Probe von dem Opus – ich suchte, brummte, schalt, umsonst! Darüber fällt mein Blick auf ein versiegeltes Kuvert: vom Abbate, den greulichen Haken nach auf der Adresse – ja wahrlich! und schickt mir den umgearbeiteten Rest seines Texts, den ich vor Monatsfrist noch nicht zu sehen hoffte. Sogleich sitz ich begierig hin und lese und bin entzückt, wie gut der Kauz verstand, was ich wollte. Es war alles weit simpler, gedrängter und reicher zugleich. Sowohl die Kirchhofszene wie das Finale, bis zum Untergang des Helden, hat in jedem Betracht sehr gewonnen. (Du sollst mir aber auch, dacht ich, vortrefflicher Poet, Himmel und Hölle nicht unbedankt zum zweitenmal beschworen haben!) Nun ist es sonst meine Gewohnheit nicht, in der Komposition etwas vorauszunehmen, und wenn es noch so lockend wäre; das bleibt eine Unart, die sich sehr übel bestrafen kann. Doch gibt es Ausnahmen, und kurz, der Auftritt bei der Reiterstatue des Gouverneurs, die Drohung, die vom Grabe des Erschlagenen her urplötzlich das Gelächter des Nachtschwärmers haarsträubend unterbricht, war mir bereits in die Krone gefahren. Ich griff einen Akkord und fühlte, ich hatte an der rechten Pforte angeklopft, dahinter schon die ganze Legion von Schrecken beieinander liege, die im Finale loszulassen sind. So kam fürs erste ein Adagio heraus: d-moll, vier Takte nur, darauf ein zweiter Satz mit fünfen – es wird, bild ich mir ein, auf dem Theater etwas Ungewöhnliches geben, wo die stärksten Blasinstrumente die Stimme begleiten. Einstweilen hören Sie's, so gut es sich hier machen läßt."

Er löschte ohne weiteres die Kerzen der beiden neben ihm stehenden Arm-
leuchter aus, und jener furchtbare Choral „Dein Lachen endet vor der Mor-
genröte!" erklang durch die Totenstille des Zimmers. Wie von entlegenen
Sternenkreisen fallen die Töne aus silbernen Posaunen, eiskalt, Mark und
Seele durchschneidend, herunter durch die blaue Nacht.
„Wer ist hier? Antwort!" hört man Don Juan fragen. Da hebt es wieder an,

„Mozart am Spinett. Vision". Ölgemälde von Anton Romako, 1877, Ausschnitt (Internatio-
nale Stiftung Mozarteum, Salzburg)

eintönig wie zuvor, und gebietet dem ruchlosen Jüngling, die Toten in Ruhe zu lassen.

Nachdem diese dröhnenden Klänge bis auf die letzte Schwingung in der Luft verhallt waren, fuhr Mozart fort: „Jetzt gab es für mich begreiflicherweise kein Aufhören mehr. Wenn erst das Eis einmal an *einer* Uferstelle bricht, gleich kracht der ganze See und klingt bis an den entferntesten Winkel hinunter. Ich ergriff unwillkürlich denselben Faden weiter unten bei Don Juans Nachtmahl wieder, wo Donna Elvira sich eben entfernt hat und das Gespenst, der Einladung gemäß, erscheint. – Hören Sie an.“

Es folgte nun der ganze lange, entsetzenvolle Dialog, durch welchen auch der Nüchternste bis an die Grenze menschlichen Vorstellens, ja über sie hinaus gerissen wird, wo wir das Übersinnliche schauen und hören und innerhalb der eigenen Brust von einem Äußersten zum andern willenlos uns hin und her geschleudert fühlen.

Menschlichen Sprachen schon entfremdet, bequemt sich das unsterbliche Organ des Abgeschiedenen, noch einmal zu reden. Bald nach der ersten fürchterlichen Begrüßung, als der Halbverklärte die ihm gebotene irdische Nahrung verschmäht, wie seltsam schauerlich wandelt seine Stimme auf den Sprossen einer luftgewebten Leiter unregelmäßig auf und nieder! Er fordert schleunigen Entschluß zur Buße: kurz ist dem Geist die Zeit gemessen; weit, weit, weit ist der Weg! Und wenn nun Don Juan, im ungeheuren Eigenwillen den ewigen Ordnungen trotzend, unter dem wachsenden Andrang der höllischen Mächte ratlos ringt, sich sträubt und windet und endlich untergeht, noch mit dem vollen Ausdruck der Erhabenheit in jeder Gebärde – wem zitterten nicht Herz und Nieren vor Lust und Angst zugleich? Es ist ein Gefühl, ähnlich dem, womit man das prächtige Schauspiel einer unbändigen Naturkraft, den Brand eines herrlichen Schiffes anstaunt. Wir nehmen wider Willen gleichsam Partei für diese blinde Größe und teilen knirschend ihren Schmerz im reißenden Verlauf ihrer Selbstvernichtung.

Der Komponist war am Ziele. Eine Zeitlang wagte niemand, das allgemeine Schweigen zuerst zu brechen.

„Geben Sie uns“, fing endlich, mit noch beklemmtem Atem, die Gräfin an, „geben Sie uns, ich bitte Sie, einen Begriff, wie Ihnen war, da Sie in jener Nacht die Feder weglegten!“

Er blickte, wie aus einer stillen Träumerei ermuntert, helle zu ihr auf, besann sich schnell und sagte, halb zu der Dame, halb zu seiner Frau: „Nun ja, mir schwankte wohl zuletzt der Kopf. Ich hatte dies verzweifelte Dibattimento bis zu dem Chor der Geister, in *einer* Hitze fort, beim offenen Fenster, zu Ende geschrieben und stand nach einer kurzen Rast vom Stuhl auf, im Begriff, nach deinem Kabinett zu gehen, damit wir noch ein bißchen

plaudern und sich mein Blut ausgleiche. Da machte ein überquerer Gedanke mich mitten im Zimmer still stehen." (Hier sah er zwei Sekunden lang zu Boden, und sein Ton verriet beim folgenden eine kaum merkbare Bewegung.) „Ich sagte zu mir selbst: Wenn du noch diese Nacht wegstürbest und müßtest deine Partitur an diesem Punkt verlassen: ob dir's auch Ruh im Grabe ließ? – Mein Auge hing am Docht des Lichts in meiner Hand und auf den Bergen von abgetropftem Wachs. Ein Schmerz bei dieser Vorstellung durchzückte mich einen Moment; dann dacht ich weiter: Wenn denn hernach über kurz oder lang ein anderer, vielleicht gar so ein Welscher, die Oper zu vollenden bekäme und fände von der Introduktion bis Numero siebzehn, mit Ausnahme *einer* Pièce, alles sauber beisammen, lauter gesunde, reife Früchte ins hohe Gras geschüttelt, daß er sie nur auflesen dürfte; ihm graute aber doch ein wenig hier vor der Mitte des Finale, und er fände alsdann unverhofft den tüchtigen Felsbrocken da insoweit schon beiseite gebracht: Er möchte drum nicht übel in das Fäustchen lachen! Vielleicht wär er versucht, mich um die Ehre zu betrügen. Er sollte aber wohl die Finger dran verbrennen; da wär noch immerhin ein Häuflein guter Freunde, die meinen Stempel kennen und mir, was mein ist, redlich sichern würden. – Nun ging ich, dankte Gott mit einem vollen Blick hinauf und dankte, liebes Weibchen, deinem Genius, der dir so lange seine beiden Hände sanft über die Stirne gehalten, daß du fortschliefst wie eine Ratze und mich kein einzig Mal anrufen konntest. Wie ich dann aber endlich kam und du mich um die Uhr befrugst, log ich dich frischweg ein paar Stunden jünger, als du warst, denn es ging stark auf viere. Und nun wirst du begreifen, warum du mich um sechse nicht aus den Federn brachtest, der Kutscher wieder heimgeschickt und auf den andern Tag bestellt werden mußte."
„Natürlich!" versetzte Constanze, „nur bilde sich der schlaue Mann nicht ein, man sei so dumm gewesen, nichts zu merken! Deswegen brauchtest du mir deinen schönen Vorsprung fürwahr nicht zu verheimlichen!"
„Auch war es nicht deshalb."
„Weiß schon – du wolltest deinen Schatz vorerst noch unbeschrien haben."
„Mich freut nur", rief der gutmütige Wirt, „daß wir morgen nicht nötig haben, ein edles Wiener Kutscherherz zu kränken, wenn Herr Mozart partout nicht aufstehen kann. Die Ordre ,Hans, spann wieder aus!' tut jederzeit sehr weh."
Diese indirekte Bitte um längeres Bleiben, mit der sich die übrigen Stimmen im herzlichsten Zuspruch verbanden, gab den Reisenden Anlaß zu Auseinandersetzung sehr triftiger Gründe dagegen; doch verglich man sich gerne dahin, daß nicht zu zeitig aufgebrochen und noch vergnügt zusammen gefrühstückt werden solle.

Man stand und drehte sich noch eine Zeitlang in Gruppen schwatzend umeinander. Mozart sah sich nach jemandem um, augenscheinlich nach der Braut; da sie jedoch gerade nicht zugegen war, so richtete er naiverweise die ihr bestimmte Frage unmittelbar an die ihm nahestehende Franziska: „Was denken Sie denn nun im ganzen von unserm ‚Don Giovanni'? Was können Sie ihm Gutes prophezeien?"

„Ich will", versetzte sie mit Lachen, „im Namen meiner Base so gut antworten, als ich kann: Meine einfältige Meinung ist, daß, wenn ‚Don Giovanni' nicht aller Welt den Kopf verrückt, so schlägt der liebe Gott seinen Musikkasten gar zu, auf unbestimmte Zeit, heißt das, und gibt der Menschheit zu verstehen –" – „Und gibt der Menschheit", fiel der Onkel verbessernd ein, „den Dudelsack in die Hand und verstocket die Herzen der Leute, daß sie anbeten Baalim."

„Behüt uns Gott!" lachte Mozart. „Je nun, im Lauf der nächsten sechzig, siebzig Jahre, nachdem ich lang fort bin, wird mancher falsche Prophet aufstehen."

Eugenie trat mit dem Baron und Max herbei, die Unterhaltung hob sich unversehens auf ein Neues, ward nochmals ernsthaft und bedeutend, so daß der Komponist, eh die Gesellschaft auseinanderging, sich noch gar mancher schönen, bezeichnenden Äußerung erfreute, die seiner Hoffnung schmeichelte.

Erst lange nach Mitternacht trennte man sich; keines empfand bis jetzt, wie sehr es der Ruhe bedurfte.

Den andern Tag (das Wetter gab dem gestrigen nichts nach) um zehn Uhr sah man einen hübschen Reisewagen, mit den Effekten beider Wiener Gäste bepackt, im Schloßhof stehen. Der Graf stand mit Mozart davor, kurz ehe die Pferde herausgeführt wurden, und fragte, wie er ihm gefalle.

„Sehr gut; er scheint äußerst bequem."

„Wohlan, so machen Sie mir das Vergnügen und behalten Sie ihn zu meinem Andenken."

„Wie? Ist das Ernst?"

„Was wär es sonst?"

„Heiliger Sixtus und Calixtus – Constanze! Du!" rief er zum Fenster hinauf, wo sie mit den andern heraussah. „Der Wagen soll mein sein! Du fährst künftig in deinem eigenen Wagen!"

Er umarmte den schmunzelnden Geber, betrachtete und umging sein neues Besitztum von allen Seiten, öffnete den Schlag, warf sich hinein und rief heraus: „Ich dünke mich so vornehm und so reich wie Ritter Gluck! Was werden sie in Wien für Augen machen!" – „Ich hoffe", sagte die Gräfin, „Ihr Fuhrwerk wiederzusehn bei der Rückkehr von Prag, mit Kränzen um und um behangen!" – Nicht lang nach diesem letzten fröhlichen Auftritt setzte sich der vielbelobte Wagen mit dem scheidenden Paare wirklich in Bewegung und fuhr im raschen Trab nach der Landstraße zu. Der Graf ließ sie bis Wittingau fahren, wo Postpferde genommen werden sollten.

Wenn gute, vortreffliche Menschen durch ihre Gegenwart vorübergehend unser Haus belebten, durch ihren frischen Geistesodem auch unser Wesen in neuen raschen Schwung versetzten und uns den Segen der Gastfreundschaft in vollem Maße zu empfinden gaben, so läßt ihr Abschied immer eine unbehagliche Stockung, zum mindesten für den Rest des Tags, bei uns zurück, wofern wir wieder ganz nur auf uns selber angewiesen sind.

Bei unsern Schloßbewohnern traf wenigstens das letztere nicht zu. Franziskas Eltern nebst der alten Tante fuhren zwar alsbald auch weg; die Freundin selbst indes, der Bräutigam Max ohnehin, verblieben noch. Eugenien, von welcher vorzugsweise hier die Rede ist, weil sie das unschätzbare Erlebnis tiefer als alle ergriff, ihr, sollte man denken, konnte nichts fehlen, nichts genommen oder getrübt sein; ihr reines Glück in dem wahrhaft geliebten Mann, das erst soeben seine förmliche Bestätigung erhielt, mußte alles andre verschlingen, vielmehr, das Edelste und Schönste, wovon ihr Herz bewegt sein konnte, mußte sich notwendig mit jener seligen Fülle in *eines* verschmelzen. So wäre es auch wohl gekommen, hätte sie gestern und heute der bloßen Gegenwart, jetzt nur dem reinen Nachgenuß derselben leben können. Allein am Abend schon, bei den Erzählungen der Frau, war sie von leiser Furcht für ihn, an dessen liebenswertem Bild sie sich ergötzte, geheim beschlichen worden; diese Ahnung wirkte nachher, die ganze Zeit als Mozart spielte, hinter allem unsäglichen Reiz, durch alle das geheimnisvolle Grauen der Musik hindurch, im Grund ihres Bewußtseins fort, und endlich überraschte, erschütterte sie das, was er selbst in der nämlichen Richtung gelegenheitlich von sich erzählte. Es ward ihr so gewiß, so ganz gewiß, daß dieser Mann sich schnell und unaufhaltsam in seiner eigenen Glut verzehre, daß er nur eine flüchtige Erscheinung auf der Erde sein könne, weil sie den Überfluß, den er verströmen würde, in Wahrheit nicht ertrüge.

Dies, neben vielem andern, ging, nachdem sie sich gestern niedergelegt, in ihrem Busen auf und ab, während der Nachhall „Don Juans" verworren noch lange fort ihr inneres Gehör einnahm. Erst gegen Tag schlief sie ermüdet ein.

Die drei Damen hatten sich nunmehr mit ihren Arbeiten in den Garten gesetzt, die Männer leisteten ihnen Gesellschaft, und da das Gespräch natürlich zunächst nur Mozart betraf, so verschwieg auch Eugenie ihre Befürchtungen nicht. Keins wollte dieselben im mindesten teilen, wiewohl der Baron sie vollkommen begriff. Zur guten Stunde, in recht menschlich reiner, dankbarer Stimmung pflegt man sich jeder Unglücksidee, die einen gerade nicht unmittelbar angeht, aus allen Kräften zu erwehren. Die sprechendsten, lachendsten Gegenbeweise wurden, besonders vom Oheim, vorgebracht, und wie gerne hörte nicht Eugenie alles an! Es fehlte nicht viel, so glaubte sie wirklich, zu schwarz gesehen zu haben.

Einige Augenblicke später, als sie durchs große Zimmer oben ging, das eben gereinigt und wieder in Ordnung gebracht worden war und dessen vorgezogene, gründamastene Fenstergardinen nur ein sanftes Dämmerlicht zuließen, stand sie wehmütig vor dem Klaviere still. Durchaus war es ihr wie ein Traum, zu denken, wer noch vor wenigen Stunden davor gesessen habe. Lang blickte sie gedankenvoll die Tasten an, die *er* zuletzt berührt, dann drückte sie leise den Deckel zu und zog den Schlüssel ab, in eifersüchtiger Sorge, daß so bald keine andere Hand wieder öffne. Im Weggehn stellte sie beiläufig einige Liederhefte an ihren Ort zurück; es fiel ein älteres Blatt heraus, die Abschrift eines böhmischen Volksliedchens, das Franziska früher, auch wohl sie selbst, manchmal gesungen. Sie nahm es auf, nicht ohne darüber betreten zu sein. In einer Stimmung wie die ihrige wird der natürlichste Zufall leicht zum Orakel. Wie sie es aber auch verstehen wollte, der Inhalt war derart, daß ihr, indem sie die einfachen Verse wieder durchlas, heiße Tränen entfielen.

Ein Tännlein grünet wo,
Wer weiß, im Walde;
Ein Rosenstrauch, wer sagt,
In welchem Garten?
Sie sind erlesen schon,
Denk es, o Seele,
Auf deinem Grab zu wurzeln
Und zu wachsen.

Zwei schwarze Rößlein weiden
Auf der Wiese,
Sie kehren heim zur Stadt
In muntern Sprüngen.
Sie werden schrittweis gehn
Mit deiner Leiche;
Vielleicht, vielleicht noch eh
An ihren Hufen

Das Eisen los wird,
Das ich blitzen sehe!

JOSEPH DEINER

Im Bierhaus „Zur silbernen Schlange"

Diese erst 1856, also 65 Jahre nach Mozarts Tod, aufgetauchten „Erinnerungen" „eines Mannes aus dem Volke", der angeblich Mozart persönlich kannte (vielleicht war es der Hausmeister Deiner selbst), erschienen anläßlich Mozarts 100. Geburtstag in der redaktionellen Bearbeitung der Wiener „Morgen-Post".

Es war an einem kalten und unfreundlichen Novembertage des Jahres 1791, als Mozart in das Bierhaus „Zur silbernen Schlange" in Wien eintrat, das er häufig zu besuchen pflegte. Dieses Bierhaus befand sich in der Kärntnerstraße und trug damals die Nummer 1112, jetzt ist es das Haus Nr. 1074. Dort pflegten sich auch Schauspieler, Sänger und Musiker einzufinden. An dem erwähnten Tage fand Mozart in dem ersten Extrazimmer mehrere fremde Gäste; er begab sich daher sogleich in das nächste, kleinere Zimmer, wo nur drei Tische standen. Dieses kleine Zimmer war an den Wänden mit Bäumen bemalt, welche Ausschmückung sich auch noch später erhielt, als der Eigentümer des Hauses diesen Raum in ein kleines Gewölbe umwandelte.
Dieses Gewölbe hat gegenwärtig der Optiker Herr Josef Rospini in seinem Besitze. Als Mozart in dieses Zimmerchen gekommen war, warf er sich müde auf einen Sessel und ließ den Kopf in die vorgestützte rechte Hand sinken. So saß er ziemlich lange, worauf er dem Kellner befahl, ihm Wein zu bringen, während er sonst Bier zu trinken pflegte. Als der Kellner den Wein vor ihm hinstellte, blieb Mozart regungslos sitzen, ohne auch nur von dem Getränke zu kosten. – Da trat der Hausmeister Joseph Deiner durch eine Türe, welche in den kleinen Hofraum führte, in das Extrazimmer. Dieser war Mozart gut bekannt und wurde von ihm stets mit viel Vertrauen behandelt. Als Deiner des Tonmeisters ansichtig wurde, blieb er stehen und betrachtete ihn lange aufmerksam. Mozart sah ungewöhnlich blaß aus, sein gepudertes blondes Haar befand sich in Unordnung, und der kleine Zopf war nachlässig gebunden. Plötzlich sah er empor und bemerkte den Hausmeister. „Nun, Joseph, wie geht's?" fragte er. – „Das sollte ich wohl Sie fragen", entgegnete Deiner, „denn Sie sehen ganz krank und miserabel aus, Herr Musikmeister! Wie ich hörte, waren Sie in Prag und die böhmische

Luft hat Ihnen nicht gutgetan. Man sieht es Ihnen an. Sie trinken jetzt Wein, das ist recht; vermutlich haben Sie in Böhmen viel Bier getrunken und sich damit den Magen verdorben. Das wird keine Folgen haben, Herr Musikmeister!"

„Mein Magen ist besser, als du meinst", sagte Mozart, „ich habe schon mancherlei verdäuen gelernt!" Ein Seufzer begleitete diese Worte.

„Das ist ein Glück", erwiderte Deiner, „denn alle Krankheiten stammen vom Magen her, sagte mein Feldherr Laudon, als wir bei Belgrad standen und der Erzherzog Franz auch einige Tage unwohl war. Aber heute dürfte ich Ihnen wohl nichts von der türkischen Musik erzählen, über die Sie schon oft gelacht haben!"

„Nein", antwortete Mozart, „ich fühle, daß es bald ausmuziert sein wird. Mich befällt eine Kälte, die ich mir nicht erklären kann. Deiner, trinken Sie meinen Wein aus und nehmen Sie diesen Siebzehner (17 kr.). Morgen früh kommen Sie zu mir. Es wird Winter, und wir brauchen Holz. Meine Frau wird mitgehen, eines zu kaufen; ich lasse mir heute noch einheizen."

Jetzt rief Mozart den Kellner, drückte ihm ein Silberstück in die Hand, und dann entfernte er sich. – Der Hausmeister Deiner setzte sich mit Mozarts Wein in das erste Extrazimmer und sagte zu sich selbst: „So ein junger Mann denkt ans Sterben. Nun, damit hat's wohl noch Zeit! Aber aufs Holz darf ich nicht vergessen, denn der November ist schon sehr kalt." – Jetzt kam eine Menge italienischer Sänger zur „Silbernen Schlange", die Deiner haßte, weil sie immer auf seinen „lieben Musikmeister" loszogen, weshalb er auch fortging.

Den andern Morgen um 7 Uhr begab sich Deiner in die Rauhensteingasse, in das Haus Nr. 970, das „kleine Kaiserhaus" genannt, an dessen Stelle der jetzige Mozarthof Nr. 934 steht. Als er im ersten Stock an der Türe zu Mozarts Wohnung klopfte, öffnete ihm die Magd, die ihn kannte und ihn daher eintreten ließ. Diese erzählte ihm, daß sie in der Nacht habe den Doktor holen müssen, da der Herr Kapellmeister sehr krank sei. Dessenungeachtet wurde Deiner von Mozarts Frau ins Zimmer gerufen. Mozart lag in einem weiß überzogenen Bette, das in einer Ecke des Zimmers stand. Als er Deiner reden hörte, schlug er die Augen auf und sagte kaum hörbar: „Joseph, heute ist nichts; wir haben heute zu tun mit Doktors und Apotheken."

Joseph Deiner verließ das Haus. Er erinnerte sich, daß er ein Jahr früher zu derselben Zeit ebenfalls wegen Holz bei Mozart gewesen sei. Damals hatte er Mozart mit seiner Gattin in seinem Arbeitszimmer getroffen, das zwei Fenster in die Rauhensteingasse und ein Fenster gegen die Himmelpfortgasse zu hatte. Mozart und seine Frau tanzten damals tüchtig im Zimmer herum. Als Deiner fragte, ob Mozart seine Frau tanzen lehre, lachte Mozart und sagte: „Wir machen uns nur warm, weil uns friert und wir uns kein Holz kaufen können." Deiner lief sogleich fort und brachte von seinem eigenen Holze. Mozart nahm es an und versprach, es gut zu bezahlen, wenn er Geld haben werde.

Am 28. November hielten die Ärzte über Mozarts Zustand ein Konsilium. Der damals renommierte Dr. Closset und Dr. Sallaba, Primararzt des Allgemeinen Krankenhauses, waren zugegen.

Während der Krankheit Mozarts wurde keine seiner Opern aufgeführt; man harrte mit ängstlicher Spannung, welchen Verlauf der Zustand des großen Meisters nehmen werde. Am schmerzlichsten berührte der Zustand Mozarts das Fräulein Anna Gottlieb, geboren zu Wien, den 29. April 1774. Diese kam in ihrer frühesten Jugend in das k. k. Hofoperntheater und blieb daselbst bis in ihr sechzehntes Jahr. In diesem Alter wurde sie von Baron Braun für das Theater auf der Wieden engagiert und war später die erste Darstellerin der Pamina in Mozarts „Zauberflöte"; 1792 kam Fräulein Gottlieb ins Leopoldstädter Theater, wo sie als „Donauweibchen" exzellierte und in der komischen Oper sehr Bedeutendes leistete. Diese Dame lebt (wie wir bereits erzählt) noch gegenwärtig in Wien.

Da Mozarts Krankheit mit jeder Minute einen bedenklicheren Charakter annahm, ließ seine Gattin am 5. Dezember 1791 abermals den Dr. Sallaba holen. Er kam und bald darauf auch der Kapellmeister Süßmayr, welchem Sallaba im stillen vertraute, daß Mozart diese Nacht nicht überleben werde. Dr. Sallaba verschrieb jetzt auch Mozarts Gattin eine Medizin, da sich dieselbe ebenfalls unwohl fühlte, und nachdem er noch einen Blick auf Mozart gerichtet hatte, empfahl er sich.

Süßmayr blieb an der Seite des sterbenden Tondichters. Um 12 Uhr nachts richtete sich Mozart im Bette empor, seine Augen waren starr, dann neigte er sich mit dem Kopfe gegen die Mauer und schien wieder einzuschlummern. Um 4 Uhr morgens war er eine Leiche. Um 5 Uhr früh wurde an dem Haustor „Zur silbernen Schlange" mit Heftigkeit geläutet. Deiner öffnete. Mozarts Magd, Elise, stand vor dem Tore und schluchzte. Der Hausmeister fragte, was sie wünsche. – „Herr Deiner", sagte die Magd, „Sie möchten kommen und unsern Herrn anziehen!" – „Zum Spazierengehen?" – „Nein, er ist ja tot; er ist vor einer Stunde gestorben, machen Sie nur geschwind!"

Deiner fand Mozarts Gattin in Tränen aufgelöst und so schwach, daß sie sich nicht auf den Füßen erhalten konnte. Er hat Mozart die Dienste, die man den Verstorbenen zu erweisen pflegt, geleistet. Am Morgen wurde Mozart auf die Bahre gelegt und mit einem Toten-Bruderschaftsgewande von schwarzem Tuche bekleidet, was damals Sitte war und welcher Gebrauch sich bis ins Jahr 1818 erhielt. Die Leiche wurde in das Arbeitszimmer gebracht und in der Nähe seines Klaviers aufgestellt.

Die Leiche Mozarts wurde am 7. Dezember um 3 Uhr nachmittags bei St. Stefan eingesegnet, aber nicht im Innern der Kirche, sondern an der Nordseite derselben, in der Kreuzkapelle, an der sich die Capistrans-Kanzel befindet. Die Beerdigung fand mit dem Kondukt dritter Klasse statt, wofür 8 fl. 36 kr. bezahlt wurden. Außerdem kostete der Totenwagen 3 fl.

Die Todesnacht Mozarts war finster und stürmisch, auch bei seiner Einsegnung fing es an zu stürmen und zu wettern. Regen und Schnee fielen zugleich, als wollte die Natur mit den Zeitgenossen des großen Tondichters grollen, die sich nur höchst spärlich zu dessen Beerdigung eingefunden hatten. Nur wenige Freunde und drei Frauen begleiteten die Leiche. Mozarts Gattin war nicht zugegen. Diese wenigen Personen standen mit Regenschirmen um die Bahre, welche sodann durch die große Schullerstraße nach dem St. Marxer Friedhofe geführt wurde. Da das Unwetter immer heftiger wurde, entschlossen sich auch die wenigen Freunde, beim Stubentore umzukehren, und begaben sich „Zur Silbernen Schlange". Der Hausmeister Deiner war auch bei der Einsegnung zugegen. Er begab sich hierauf zu Mozarts Gattin und fragte sie, ob sie dem Verstorbenen kein Kreuz setzen lassen wolle? Sie erwiderte: „Er bekommt so eins!" – Als im Jahre 1832 der König Ludwig von Bayern die Witwe Mozarts in Salzburg besuchte, welche eine Pension von ihm bezog, fragte er sie, wie es gekommen sei, daß sie ihrem Gatten keinen Denkstein setzen ließ. Sie erwiderte dem Könige: „Ich habe oft Friedhöfe besucht, sowohl auf dem Lande als auch in großen Städten, und überall, besonders in Wien, habe ich auf den Friedhöfen sehr viele Kreuze gesehen. Ich war daher der Meinung, die Pfarre, wo die Einsegnung stattfindet, besorge sich selbst die Kreuze. "

Dieser Irrtum ist die Ursache, daß wir heutzutage nicht genau die Stätte bestimmen können, wo die Asche des großen Tondichters ruht.

IGNAZ FRANZ CASTELLI

„Gebt her eure Kaszetteln!"

Der Wiener Dichter Castelli (1781–1862) überliefert in seinen auch heute noch lesenswerten „Memoiren meines Lebens" (1861) die folgende, die Entstehung der „Zauberflöte" betreffende Anekdote Sebastian Meyers, der seit 1793 an Emanuel Schikaneders Theater engagiert war. Meyer heiratete 1797 Josepha Hofer, geb. Weber, eine Schwester Constanze Mozarts. Castelli:

Der verstorbene Bassist Sebastian Meyer hat mir erzählt, daß Mozart das Duett, als sich Papageno und Papagena zum ersten Male erblicken, anfangs ganz anders komponiert hatte, als wir es gegenwärtig hören. Beide riefen nämlich ein paarmal staunend aus: Papageno! Papagena! Als aber Schikaneder dieses hörte, rief er ins Orchester hinab: „Du, Mozart! Das ist nichts, da muß die Musik mehr Staunen ausdrücken. Beide müssen sich erst stumm anblicken, dann muß Papageno zu stottern anfangen: Pa-papapa-pa-pa; Papagena muß dies wiederholen, bis endlich beide den ganzen Namen aussprechen." Mozart folgte diesem Rat, und das Duett mußte so immer wiederholt werden.

Ferner, als im zweiten Akte die Priester sich versammeln, geschah dies bei der Generalprobe ohne Musikbegleitung, Schikaneder aber verlangte, daß ein pathetischer Marsch dazu komponiert werde. Da soll Mozart zu den Musikern gesagt haben: „Gebt her eure Kaszetteln!" und in die Stimmen sogleich diesen prächtigen Marsch hineingeschrieben haben.

LUDWIG NOHL

Mozart in Baden

Um die Mitte der sechziger Jahre weilte der Musiker-Biograph Ludwig Nohl (1831–1885) in Wien, wo die folgende Geschichte erzählt wurde. Sie handelt in Baden bei Wien, im Haus „Zum Blumenstock", wo Constanze Mozart im Sommer 1791 während ihrer Kur Unterkunft genommen hatte.

Wien ist die Stadt Beethovens und Mozarts. Das merkt man auch an so manchen anekdotenhaften Traditionen, die hier noch über die großen Meister der Musik kursieren. Im Sommer 1791 gebrauchte der junge Leutnant von Malfatti im nahen Baden die Kur, um sich von den Wunden des letzten Türkenkrieges völlig auszuheilen; und da er lahmte, war er genötigt, den größten Teil des Tages in seinem Parterrezimmer zuzubringen. Da saß er denn am Fenster und las und schielte dabei oft genug über das Buch weg zu der schlanken, schwarzlockigen jungen Frau, die gegenüber parterre ebenfalls ein Fremdenlogis bewohnte. Eines Tages, es war gegen Abend, sieht er einen kleinen Mann an jenes Haus heranschleichen, sich behutsam nach allen Seiten umschauen und dann Miene machen, in das Fenster der Dame einzusteigen. Schnell humpelt der Herr Leutnant zum Schutz seines hübschen Visavis herbei und faßt den kleinen Mann an der Schulter: „Was will der Herr da? Da ist nicht die Tür!" – „Nun, ich werde doch zu meiner Frau hineinsteigen dürfen", lautete die Antwort. Es war – Mozart, der wohl unerwartet von Wien herübergekommen war, um sein „Stanzerl" zu besuchen und sie nun nach seiner Weise doppelt überraschen wollte, wenn er abends, wo sie vom Kurspaziergang nach Hause kam, schon in ihrem Zimmer saß, ohne daß jemand von ihm wußte. Mit welcher Vorsorge hatte er, dem doch damals sowohl das „Requiem" als die „Zauberflöte" im Kopf lagen, ein passendes Quartier für sein „Herzensweibchen" in Baden gesucht. „Liebster Stoll! Sei kein Schroll! – 2do bitte ich für meine Frau eine kleine Wohnung zu bestellen – das Notwendigste ist, daß es zu ebner Erde sei" etc. – hatte er seinem Freund, dem Chorregenten in Baden, geschrieben, dem er zum Dank für diese und manche andere gute Besorgung zuweilen seine Messen lieh und später sogar mit dem himmlischen „Ave verum" aushalf, das er für ihn in Baden komponierte ...

Das hatte der Herr Leutnant wohl nicht gedacht, daß es die Frau Mozarts war, mit der er kokettiert hatte. Auch sie war übrigens durchaus nicht unempfindlich gegen dergleichen Huldigungen, und der Sohn, den sie am 26. Juli dieses Jahres gebar, Wolfgang Amadeus der Zweite, hatte zeitlebens nach dieser Seite hin weder Vaters noch Mutters Natur zu verleugnen vermocht. Der Herr Leutnant hat aber diese kleine Begebenheit, die ihn mit Mozart von da ab wohl befreundete, später oft mit Lachen erzählt; ich habe sie von seinem Neffen, der sie auch von ihm selbst hörte.

GUSTAV PARTHEY

Mozart und Doris Stock

Die Malerin Doris Stock (1760–1832) war die Schwägerin des Oberkonsistorialrates Christian Gottfried Körner, des Vaters des Dichters Theodor Körner. (Sie fertigte bei Mozarts Besuch in Dresden am 16. oder 17. April 1789 die bekannte Silberstiftzeichnung an, das letzte authentische Bildnis Mozarts.) Gustav Parthey (1798–1872) erzählt die folgende Begebenheit in seinen „Jugenderinnerungen", 1871.

Nachdem Maria Stock den Kollegienrat Körner in Dresden geheiratet, zog ihre Schwester Doris mit ihr. Das Körnersche Haus wurde nun durch den Geist und die Anmut der Frauen sowie durch das musikalische Talent des Mannes ein anziehender Mittelpunkt für Einheimische und Fremde. Mein Vater, welcher vier Jahre in Dresden privatisierte, gehörte zu den treusten Hausfreunden. Er hat mir oft erzählt, daß er die Mozartschen Lieder, sowie

Mozart. Silberstiftzeichnung von Doris Stock, Dresden, 16. oder 17. April 1789 (Musikbibliothek der Stadt Leipzig)

Doris Stock: Selbstbildnis. Ölgemälde, um 1800, Ausschnitt (Körner-Museum, Dresden)

sie eben erschienen, zu Körners kräftiger Baßstimme am Klavier begleitet habe.

Mozart selbst, bei seinem kurzen Aufenthalte in Dresden, verkehrte fast täglich im Körnerschen Hause. Für die reizende und geistvolle Doris stand er in hellen Flammen und sagte ihr mit süddeutscher Lebhaftigkeit die naivsten Schmeicheleien. Gewöhnlich kam er kurz vor Tische und setzte sich, nachdem er sich in galanten Redensarten ergossen, an das Klavier, um zu fantasieren. Im Nebenzimmer wurde inzwischen der Tisch gedeckt, die Suppe aufgetragen, und der Bediente meldete, daß angerichtet sei. Aber wer mochte sich entfernen, wenn Mozart fantasierte! Man ließ die Suppe kalt werden und den Braten verbrennen, um nur immerfort den Zauberklängen zuzuhören, die der Meister, völlig in sich versunken und unempfindlich für die Außenwelt, dem Instrumente entlockte. Doch wird man auch des höchsten Genusses am Ende überdrüssig, wenn der Magen seine Forderungen geltend macht. Nachdem einige Male die Suppe über Mozarts Spiel kalt geworden war, machte man kurzen Prozeß mit ihm. „Mozart", sagte Doris, indem sie ihren schneeweißen Arm sanft auf seine Schulter legte, „Mozart, wir gehn zu Tische, wollen Sie mit uns essen?" – „Küß die Hand, meine Gnädige, werde gleich kommen!" Aber, wer nicht kam, war Mozart; er spielte ungestört fort. So hatten wir denn oft, schloß Doris ihre Erzählung, bei unserm Essen die ausgesuchteste Mozartsche Tafelmusik und fanden ihn nach Tische noch am Instrumente sitzen.

Mozart der Zweite

Die Geschichte erschien ohne Angabe eines Verfassers in der Wiener Musikzeitung „Lyra" vom 1. August 1890; die genannte Londoner Musikgesellschaft hatte die Mozartfeier aus Anlaß des 100. Jahrestages der Uraufführung von Mozarts „Don Giovanni" am 29.10.1787 veranstaltet.

„Ich singe, wie der Vogel singt, der in den Zweigen wohnet; das Lied, das aus der Kehle dringt, ist Lohn, der reichlich lohnet", meint Goethe, und in der Tat scheint wenigen Künstlern ein anderer Lohn zuteil zu werden als der in Kunst und Kunsttätigkeit selbst liegende. Wahre Kunst scheint eben nicht nach Brot gehen zu dürfen.

Schiller, schon Dichter der „Räuber", des „Fiesco", von „Kabale und Liebe", leidet bitterste Not; Mozart, um dieselbe Zeit Konzertmeister des Fürstbischofs von Salzburg, bezieht einen Jahresgehalt von 12 Gulden 30 Kreuzern, und da er nach München geht und demütig an den Pforten der alten Residenz steht, um den eben mit seinem Jagdgefolge heimkehrenden Kurfürsten um Unterkommen und Beschäftigung zu bitten, wird er abgewiesen; als dann einflußreiche Personen sich für ihn verwenden, meint der Kurfürst: „Es ist zu früh, erst gehe der junge Mann nach Italien und *mache sich berühmt!!!*" ...

Derselbe Mozart hatte aber damals bereits die Diplome von Bologna und Verona in der Tasche und außerdem schon zwei Opernpartituren aufzuweisen! Um wieviel besser hatte es demgegenüber „Mozart der Zweite"!

Eine Londoner Musikgesellschaft veranstaltete im November 1887 eine große Mozartfeier, bei der lebende Bilder vorgestellt wurden. Man brachte Szenen aus Mozartschen Opern, zum Schlusse erschien *Mozart selbst!* Für die Darstellung des letzteren hatte man einen halbverhungerten Kommis aufgetrieben, der dem großen Mozart sehr ähnlich war und für diese Leistung ein Pfund Sterling erhielt. Am Abend, bei Beleuchtung, in entsprechender Tracht trat diese Ähnlichkeit des ausgehungerten Ladendieners mit Mozart so verblüffend hervor, daß sich die Leute an Mozart II. gar nicht sattsehen konnten und geradezu an Wunder glauben wollten!

Mozart II. kam auf diese Weise förmlich in Mode; er wurde in allen Häusern empfangen, gleich einem Weltwunder angestaunt und erhielt für jeden Besuch in der Dauer von einer Viertelstunde 10 Pfund Sterling!!! ...

Selbst die Königin Victoria, eine der wärmsten Verehrerinnen Mozarts, empfing John Lartens und staunte in dem hohlwangigen Kommis den großen Schöpfer des „Don Juan" an. Mozart II. erwarb sich auf diese Weise *fast mühelos ein kleines Vermögen;* Mozart dem Ersten gelang dies nicht ...

Johanna von Bischoff

„Mir fallt halt nix ein"

Mozart wohnte bei seinen Aufenthalten in Prag zeitweise in der Villa Bertramka des ihm befreundeten Ehepaars Duschek (Dussek); so auch im August/September 1791, als er zur Uraufführung seiner Oper „La Clemenza di Tito" nach Prag gekommen war. Die Oper wurde zur Feier der Krönung Kaiser Leopolds II. zum böhmischen König gegeben. – Die nachfolgende Schilderung aus jenen Tagen ist die letzte persönlich vermittelte Erinnerung an Mozart. Sie ist überliefert in den „Jugenderinnerungen" (1891) Johanna von Bischoffs (1798–1891), geb. Kuh, die seit 1818 in Prag mit dem Arzt Ignaz Bischoff von Altenstern verheiratet war und 1825 mit diesem nach Wien zog. Johanna von Bischoff:

Wir bewohnten im Sommer 1825 einen Teil der Bertramka bei Prag; die andere Hälfte hatte der Hausbesitzer Herr Dussek, der Erbe von Mozarts Freundin Frau Dussek, inne, welche mit letzterem zugleich hier gewohnt hatte. Dussek zeigte Frau von Pichler in meinem Zimmer die Stelle, wo Mozarts Spinett gestanden, und erzählte ihr, wie vom Orchester aus Wien – als man in nächster Zeit zu Kaiser Leopolds Empfang den „Titus" aufführen sollte, zu welchem die Ouvertüre noch fehlte – Boten um Boten danach ausgesandt wurden. Mozart ging im Zimmer auf und ab; als aber seine Freundin, die stets ihn mahnende Dussek, unter den den Hügel herauf Keuchenden auch den ersten Violinisten des Orchesters erblickte und Mozart auf die erneuerte Mahnung ruhig antwortete: „Mir fällt halt nix ein", da schrie sie ihn an: „So fang ins Teufels Namen mit dem Reitermarsch an!" Er flog ans Spinett, und nach den ersten zwei Takten des Reitermarsches, mit welchem auch wirklich die Ouvertüre beginnt, rauschten die Melodien dahin, die Ouvertüre war vollendet, ward rasch instrumentiert, und mit den noch nassen Blättern enteilten die Boten.

Mozart-Anekdote

Ohne Angabe des Verfassers erschien die Anekdote am 15.4.1896 in der „Deutschen Kunst- und Musikzeitung", Wien, unter Berufung auf das Pariser „Journal de Musique".

Von Mozart erzählt das Pariser „Journal de Musique" eine hübsche Anekdote. Mozart, der seine Laufbahn selbst als Wunderkind begonnen hatte, legte trotzdem eine ausgesprochene Abneigung gegen diese interessante Klasse von Strebern an den Tag. Einmal geschah es, daß ein frühreifer Knabe sich vor ihm auf dem Piano produzierte. Der große Komponist hörte zu, nicht ohne von Zeit zu Zeit einige Ungeduld erkennen zu lassen, und sagte schließlich zu dem jungen Virtuosen: „Es fehlt Ihnen nicht an Talent, arbeiten Sie, und Sie werden es weit bringen."
„Ach, ich möchte aber so gerne komponieren", meinte nun der Knabe, „sagen Sie mir doch, Meister, wie man das anfangen muß."
„Zunächst müssen Sie noch sehr viel lernen, auch etwas älter werden, dann werden Sie Zeit haben, ans Komponieren zu denken."
„Aber Sie haben ja selbst schon mit 13 Jahren komponiert!" warf der Knabe ein. – „Allerdings", erwiderte Mozart lächelnd, „aber ich habe niemanden gefragt, wie ich das anfangen sollte."

Mozart aus der Ferne

Mozart-Phantasien moderner Dichter
Fiktionen der Mozart-Forscher

20. Jahrhundert

Rudolf Hans Bartsch

Die Schauer im Don Giovanni

Diese 1907 entstandene Erzählung des österreichischen Dichters R. H. Bartsch (1873–1952) fällt nicht nur deshalb auf, weil sie in ihrer Verbindung von expressionistischen Elementen mit solchen des Jugendstils eine neue Einstellung zu Mozart markiert; sie ist auch daher bemerkenswert, weil sie in einer wenn auch gewagten Interpretation eine unterirdische Querlinie zieht zwischen der Komturszene im „Don Giovanni" und der unmittelbar vor dem Ausbruch stehenden Französischen Revolution. Wir begegnen in dieser – hier gekürzt wiedergegebenen – Erzählung einem frei erfundenen Mozart.

Es war schon hoher Oktober, und er mußte nach Prag zu dem Volke, das fast besser zu singen und zu klingen verstand als die Wiener, um ihnen dort seinen „Don Giovanni" vorzustellen.

Wolfgang Amadé ging mit seinem Freunde, dem Geheimschreiber Gilowsky, der von Paris gekommen war, über die Rasenhügel der Türkenschanze; Wolfgang Amadé im schönsten Staatsfrack, der auf Kredit zu haben war, in Strümpfen und Schnallenschuhen, Gilowsky in der Werthertracht. Blauer Frack, gelbe Weste, Stiefel mit Stulpen. Ein wilder Junge, dem die Haare wie Flammen auseinanderstanden; und seine Augen flackerten wie Lichter im Winde.

In der Ferne brannten die roten Buchenwälder des Kahlenberges.

„Der eine kommt, der andere geht", lachte Mozart, dem es wohltat, Plattheiten zu reden, wenn in seiner Seele der Aufruhr der Klänge wühlte. „Was gibt's Neues in Paris, Bruderherz?"

„Es rührt sich eine andere Welt, um zu entstehen", sagte Gilowsky. „Die Franzosen werden ein anderes, eisernes Zeitalter schaffen."

„Die Franzosen? Ach Gott, nein. Das sind bloß Österreicher mit einer hübscher gefältelten Sprache. Ich glaube, die verklärten Seelen der Wiener kommen in Paris wieder auf die Welt."

„Nimm das nicht so leicht, Wolfgang. Was hast du von Paris gesehen? Die Pompadour, Straußenschweif und Reiherbusch, Brokat und Parkett."

„Und du?"

„Ich war anderswo. Bei den Winkelzeitungen, wo junge Bürgerliche, glühend wie unterirdisches Feuer, für hundert Franken im Monat um zehntausend Franken Genie verbrennen. Wo über den Freiheitskrieg in Nordamerika gewispert wird, daß sich ihn Frankreich auf den eigenen Schiffen, in den eigenen Regimentern importieren wird. Gib acht, Wolfgang Amadé, – ein Volk, in dem die ersten Siedebläschen steigen."

Mozart blieb stehen und schaute zu Boden. Die Musik in ihm schwieg. Nachhallend nur fielen ringsum von den goldenen Bäumen flüsternde Blätter. Wie verrieselnde Noten eines Scherzo, welches zu Ende ging.

Der junge, wilde Gilowsky in seiner Werthertracht aber zog ihn mit sich: „Hörst du, sie hassen dort das helle, frohe Genießen, und ich, Wolfgang Amadé, ich hasse es auch. Denn ich bin einer von der neuen Welt, das habe ich dort erfahren. Dort sind die Gassen eng, die Häuser hoch. Dort brütet in Staub und Brodem der Stank der Sonnenlosigkeit. Dort hockt die hohlwangige, skrofelfeuchte Wohnungsnot, das Elend der Masse, der maschinenstarke Druck der Industrie über jeder Brust. Hier in Wien gibt es das noch nicht, was sie in London Mob, in Paris Pöbel nennen. Hier hat der unterste Stand seinen Stolz und der Stolz seinen Grundbesitz. Dort aber hat ein böser Übermut den Menschen zur Schachtelware gemacht …

Bruder Wolfgang", mahnte Gilowsky, „hast du nicht einen Geheimverein gründen wollen, mit dem Namen ‚Die Grotte'? Einen Verein, in dem der Ernst des Lebens wie ein unterirdisches Wasser unter den Wiesenflächen der Sonne raunt und murmelt? Ich wüßte dir Mitglieder –"

„Da muß ich dir gestehen", sagte Mozart, „daß wohl im Grunde meines Wesens der Widersacher stets eine Unterstimme hat. Aber der Gedanke mit der ‚Grotte' entstand nur aus der Angst, die unsereins, vom Menschenvolk, hat, sich nicht bestätigt und bekräftigt zu fühlen. Siehst du, lieber Gilowsky, man wünscht sich Mitschuldige. Aber freilich, wenn man dann einen sieht und hört, dann erschrickt man vor ihm und vor sich selber." – Und er lächelte: „Ich werde allein bleiben in meiner ‚Grotte'."

„Das ist", rief Gilowsky unwillig, „weil du für nichts anderes ein Herz hast als für deine Noten!"

Und er sprach weiter von London und Paris und wiederholte, daß ihm die düsteren Gassen, die Unzufriedenheit als Seele aller Menschengröße tausendmal geliebter sei als alles Te Deum laudamus. Mozart aber, das Kind, in welchem das Ja sonst lebendiger war als das Nein, schwieg mit bangem Herzen. Denn zwei gleich starke Mächte standen vor ihm und schauten ihn aus großen Augen an.

„Ein Glas Wein, Bruder", rief er dann. „Lassen wir jedem das Seine, und vereinigen wir uns. Ich *will* vergessen, du *mußt* es. Ein Glas Wein, hier, vor diesem Häuschen? Wie schön winkt es uns zu!"

Gilowsky schüttelte den Kopf: „Du Leichtsinn!"

Sie blieben vor der kleinen Heurigenschenke stehen. Das letzte Häuschen von Währing. Eigentlich zwei aneinandergebaute; sie standen unter einem Dache. Links eine Wirtshaustür mit dem Föhrenzweigbüschel, des Herrgotts Zeigefinger, daß hier heuriger Wein zu haben sei. Zwei laubüberfallene Tische im Freien, eine vormittagstille Wirtsstube. Rechts eine Gärtnerei, und des Hauses ganze Hälfte überhangen mit Kränzen für Allerheiligen. Tiefblutviolette Blattkränze oder welschkorngelbe Reifchen, in denen mit schwarzen Samenkörnern eingefügt stand: Ruhe sanft. Die Astern, die Enterbten des Sommers, hatten hier ihren Beruf gefunden, und was sonst noch von der kinderfroh stehenden Schar der Blumen den Herbst überdauert hatte, alles war hier als Trödelkram des Totenfestes in Kränzen zusammengeschnürt.

Abermals standen vor ihnen die beiden gleich starken Mächte und schauten sie aus großen Augen an.

Wolfgang Amadé wehrte sich nicht mehr. Still und ergriffen trank er seinen Wein und sah die Allerseelenkränze an. Und Gilowsky saß neben ihm – Ossians Gesänge und die Leitartikel der Pariser Winkelzeitungen wildbunt in einem Herzen zusammengepreßt.

„Wird dein blaßwangiges Elend voll Druck und Haß jemals bis in diese Einsamkeit der Blumen und Reben heraufgreifen?" fragte Mozart.

„Die neue Zeit wird ihre Hand auch um diese Vergessenheiten schließen. Es wird eine Welt kommen, in welcher selbst die Armut Geist und Seele haben wird."

„Ich sehne mich", sagte Mozart, „mit zerspringendem Herzen nach jenen, welche sich in dieser neuen Zeit nach mir sehnen werden!"

Dann trank er rasch und viel von dem neuen Weine, der ihnen vorgesetzt worden war, und sprach den ganzen Tag kein vernünftiges Wort mehr.

Gilowsky trennte sich bald von ihm. 's ist ein Musikant, dachte er im Fortschreiten; die Harmonie ist ihm wichtig und die endliche Auflösung in Reinheit und Einheit notwendig. Niemals wird er den Sturm, die Zerstörung und den Haß erkennen, welche viel notwendiger sind.

Mozart fuhr nach Prag, um seinen „Don Giovanni" zu vollenden, Gilowsky aber suchte in Wien die Freunde, welche ihm helfen sollten, die neue Zeit mit dem Sturm, der Zerstörung und dem Haß auch im wiesenhaften Wien zu gestalten.

Er wurde zur Zeit der Revolution Jakobiner und begann mit einem Dutzend Menschen, welche unter Millionen von Österreichern allein dachten wie er, jene Verschwörung, welche mit Kräften, die kaum hingereicht hätten, den Bürgermeister einer Kleinstadt zu stürzen, den Thron der Habsburger untergraben wollte.

Der Verhaftung hat er sich dann durch einen Pistolenschuß ins eigene Herz entzogen. Er starb im Wertherstil, den er so sehr geliebt hatte.

Alles, was von diesem wilden Herzen übrigblieb, sollten die ahnungsvollen Schauer sein, die er an jenem Herbsttage in Mozarts Seele zum Tönen gebracht.

Wolfgang Amadé aber schien sie bereits vergessen zu haben. Denn vor Prag hatte Freund Duschek einen sonnenlustigen Weingarten. Dort wohnte Wolfgang Amadé, schob Kegel und hatte dabei Herz und Kopf voll Wohllaut.

Alles war zum „Don Giovanni" fertig. Die süßen Schmeicheleien Zerlinens und die Weltfreude seines Helden – sogar der Bauernbursch; und einzig noch fehlten der tote Komtur und die Ouvertüre. War es ihm denn unbequem?

Sie tranken dort, tollten und neckten sich in der Villa vor dem goldenen Prag; nur bänglich leise fragten manchmal die Freunde: „Was ist mit der Ouvertüre? Die Oper soll in wenigen Tagen gegeben werden!"

Er aber lachte und sagte: „Laßt mir mein bißchen Freude."

Und am Abend machte er nichts als Kindereien; es war ein prächtiges Festmahl gerichtet worden, an dem sechs oder sieben Bewunderer Mozarts, fast alles Herren vom Adel, teilnahmen. Leckereien, Champagner, der den ganzen Tisch überströmte, Blumen –.

Als das laute Mahl zu Ende gegangen war, fragte Duschek: „Was ist mit der Ouvertüre?"

„Ich mache sie jetzt", lachte Mozart.

„Du wärst am Ende auch das imstande", sagte der Freund halb ungläubig und bot ihm gute Nacht.

Im Saale stand ein Spinett, und der einsam Zurückgebliebene warf sich in den Sessel davor und legte die wunderschönen, blassen Hände auf die Tasten. Leise klirrten die Saiten wie die einer alten Harfe.

Duschek hatte den Dienern gesagt: Laßt den Saal in Ruhe. So strahlten noch sechzig Kerzen, und die großen, nachdenklichen venezianischen Spiegel reflektierten sie und wucherten mit dem Lichte.

Da sah sich Wolfgang Amadé im Saale um.

Hell schrien Lichter und Farben mitten in verlassener Mitternacht. Die Blumen prahlten, aber schon lag die Welkheit überstandener Blüte in ihrem Duft.

Es roch nach Blumen, nach Wachs – und die große, lange Tafel stand da wie ein Katafalk.

Es ist ein überirdisches Sein, wenn man allein stehen muß in einem Festsaal, und das Fest ist aus. –

Noch sind die Farben des Lebens alle da, und die Lichter rufen Hosianna.

Aber es riecht nach verschüttetem Schaumwein, und die hier jubelten, sind alle fortgegangen.

Die Wachskerzen leben allein noch. Aber sie sind doch schon tief heruntergebrannt. Und die Blumen neigen die müden, schönen Köpfe wie unglückliche, gekrönte Frauen. Entwurzelt und mit dem Glanze betrogen.

Die große, schwere Tür aber war weit nach außen geöffnet. Draußen im Korridor stand blindaugig die Nacht, und das weitaufgerissene schwarze Viereck starrte schaurig in den grellen Saal des ausgelärmten Lebens.

Da schauten ihn abermals die beiden großen Gewalten an, aber diesesmal war die zweite stärker als die erste.

In leisem Grauen setzte er sich an das Spinett. Zuckend breiteten sich die milden, schönheitspendenden Hände, und ein wohllautvoller Klageton flog im Saale empor.

Wolfgang Amadé sah nach dem schwarzen, starrenden Viereck der Türe, welche zur Nacht hinaus offen stand; leise rieselte ihm dieser Blick aus dem Jenseits über den Rücken, und gehorsam bebten die Hände nach dem Geheiß der großen Macht über die Tasten. Er war ein Kind, das auf Befehl folgte.

So entstand das „Weit – weit" des steinernen Gastes mit seinen Schauern.

In ihren Betten aber hörten die adeligen Gäste eine Musik aus dem Festsaal herüberbeben, welche damals unerhört war; – so schön und ergreifend wie die Liebe zum Leben, so mahnend und so schauerlich wie das Gericht.

Diese Töne sangen den Druck der engen Gassen von Paris. Sie sangen die Not und Angst des Kindes Wolfgang Amadé. Sie sangen den Wein von Währing und die Allerseelenkränze. Den begütigt blauen Himmel und die herbstloh brennenden Wälder.

Sie bebten wie die zitternden Kerzen in Brand und Helle, dufteten wie welkende Blumen und rochen wie verschütteter Schaumwein.

Sie lockten und zogen sehnsüchtige Reihen mit festlichen Geigen und waren Jubellieder übermütiger, graziöser Adelszeit – aber hinein schaute nachtäugig die viereckige, große schwarze Tür des Jenseits, die zu einem Morgen führte, den sie noch nicht kannten. Und sie schauerten und fröstelten in ihren Betten vor Entzücken und Angst.

Drunten aber stand Wolfgang Amadé vom Spinett auf, die sonst so trüben Augen fackellohend, aber das Antlitz leichenblaß und kalt.

Der verrieselnde Rausch fröstelte leise in ihm. Seine Ouvertüre war fertig. Er merkte sie sich gut. In der nächsten Nacht schrieb er sie wohl nieder? Aber seine gute Frau müßte ihn wach erhalten. – Denn so einsamkeitgeschüttelt wie heute? – Das war mehr Tod als Leben ...

Er ging fort, um zu ruhen. Hinter ihm flammte und strahlte ein leerer Prunksaal.

Es war der Schwanengesang des Rokoko entstanden.

ARTHUR SCHURIG

Eine Künstlerhochzeit

Als Mozart-Forscher ist Arthur Schurig (1870–1929) vor allem durch seine Biographie: „Wolfgang Amadeus Mozart. Sein Leben und sein Werk" (1913, 2. Aufl. 1923) bekannt sowie durch seine Edition „Konstanze Mozart. Briefe, Aufzeichnungen, Dokumente" (1922). Gegen den Vorwurf Alfred Einsteins, daß in Schurigs Mozart-Biographie kaum noch eine romantische Stelle geblieben sei, schrieb er die Sammlung „Sieben Geschichten vom göttlichen Mozart" (1923), die absichtlich romantisierende Übersteigerungen enthält. Dieser Sammlung ist die Geschichte „Eine Künstlerhochzeit" entnommen.

Am Sonntag, dem 4. August 1782, saßen im Hinterzimmer einer Wiener Weinstube unweit der Stephanskirche, wo gegen Mittag die Trauung stattgefunden hatte, um eine festlich geschmückte Tafel zwölf lebhaft plaudernde Menschen. Sie feierten die Hochzeit des sechsundzwanzigjährigen Musikers und Compositeurs Wolfgang Amadé Mozart.

Den Platz in der Mitte der einen Langseite hatte die neunzehnjährige Braut inne, ein blasses Persönchen mit kleinen schwarzen Augen. Ihr zur Linken saß der junge Ehemann, zur Rechten der k. k. Landrat Carl Cetto von Kronstorff, einer der beiden Trauzeugen, ein Vierziger, elegant, verbindlich, lebenslustig. Er arbeitete seit kurzem in der Kanzlei des Fürsten Franz von Orsini-Rosenberg, des Hoftheaterdirektors. Der Theaterrendant Johann Thorwart (er war der Vormund Constanzens und saß Mozarten gegenüber) hatte ihn zu seinem heutigen Ehrenamt gebeten.

104

Die Theaterwelt war ihm noch neu. Künstlervolk studieren zu können, machte ihm Spaß. Eifrig plauderte er mit seinen Tischnachbarinnen, bald mit Constanze, bald mit ihrer ein paar Jahre älteren Schwester Aloysia, der Gattin des Hofschauspielers Joseph Lange, der ihm gegenüber zwischen der Brautmutter und der Primadonna Catarina Cavallieri gesetzt war.

Mozarts Vater und Schwester waren nicht zugegen. Schmerzlich gedachte Amadé ihrer Abwesenheit. Er hatte den sein weiteres Leben entscheidenden Schritt ohne die väterliche Erlaubnis getan. Das lastete auf seinem weichen Gemüt, und jedesmal, wenn er daran dachte, war ihm zumute, als habe er sein Vaterhaus auf immerdar verloren.

Insgeheim voller Melancholie hörte er artig auf das echt Wiener Geschwätz der jungen Frau Stephanie, die neben ihm, quecksilbrig wie eine Bachstelze, ihre Suppe löffelte.

An der kurzen Seite der Tafel, linker Hand des Hochzeitspaares, spaßte und ulkte der darin unermüdliche Franz Gilowsky, ein Salzburger Altersgenosse Mozarts. Ihm gegenüber, an der anderen Schmalseite, thronte der Bühnendichter Gottlieb Stephanie zwischen den beiden Sängerinnen Aloysia Lange und der Cavallieri.

Das Festmahl verdankte Mozart der Frau Elise von Waldstätten, einer Bewunderin seiner Musik. Weder die Brautmutter noch der junge Ehemann wären in der Lage gewesen, einen so stattlichen Kreis von Gästen zu bewirten. Sie hatte ihren Sitz zwischen Thorwart, dem Ältesten der Anwesenden, und dem lustigen Gilowsky, der ihr eifrig den Hof machte. Sie lebte getrennt von ihrem Manne und stand nicht gerade im Rufe spröder Unnahbarkeit.

Man schmauste und trank, scherzte und plauderte. Die Tafelrede hielt Herr Thorwart, würdevoll und selbstbewußt. Und als der Fasan aufgetragen und der Champagner eingeschenkt war, da wandte sich, wie unter Theaterleuten nicht anders möglich, die allgemeine Unterhaltung der geliebten Kunst zu. Stephanie, ein angehender Vierziger, ein Mann, der viel erlebt hatte, beklagte die kurze Daseinsdauer der Opern.

„Keine lebt länger denn zehn Jahre", behauptete er.

Man widersprach ihm. Pergolesis „Serva Padrona" sei schon ein halbes Jahrhundert alt und Glucks „Orfeo" zwanzig Jahre auf den Brettern.

Die Cavallieri scherzte: „Und unsers lieben Mozarts ‚Verführung' wird man noch in hundert Jahren singen."

Amadé lachte.

„Das war keine Oper großen Stils", meinte er. „Ein guter Anfang. Traut ihr mir nicht viel mehr zu? Ich selber erwarte von mir, daß ich der Nachwelt zum mindesten *ein* Werk hinterlasse, das die im Geschmack so wandelbaren

Zeiten beharrlich überdauert." – Joseph Lange warf ein: „Also willst du ein musikalischer Shakespeare werden?"

Cetto fragte: „Wer verlangt heutzutage auf die Nachwelt rechnende Werke? In den k. k. Erbländern hat Oper und Komödie keinen andern Zweck, als die braven Untertanen brav zu erhalten; sie sollen sich amüsieren und jeder Kritik am Staatswesen entwöhnt bleiben."

Gilowsky: „Geht man ins Theater, um sich nicht zu belustigen?"

Joseph Lange: „Glückliches Österreich!"

Cetto: „Und wäre *der* Herrscher nicht ein Stümper seines Berufs, der es zuließe, daß durch die Kunst gefährliche Gedanken in sein Volk geraten? Ludwig XIV. war ein zielbewußter Förderer der Künste seines Jahrhunderts, nicht umsonst, denn sie blieb ihm die beste Stütze seines Thrones."

Joseph Lange: „Und heute dürfen in Paris Schriften gedruckt werden, die dem Staate das Mark wegfressen!"

Mozart: „Der Geist der Pariser Gesellschaft war schon anno 1778 abscheulich. Mag sie untergehen! Was verliert die Welt dabei?"

Thorwart: „Demokratie ist kunstfeindlich!"

Die Cavallieri: „Wir wollen leben!"

Stephanie: „Ich will ein Kind meiner Zeit sein, und ich schreibe, was sie von mir erwartet."

Frau Stephanie: „Schön ist, was mir gefällt!"

Mozart: „Das Genie gefällt allen Zeiten …"

Joseph Lange: „Gehörst du zu den zeitlosen Geistern?"

Mozart: „Bisher noch nicht. Das ist mein Schmerz! Um lebenslang lediglich diesen oberflächlichen Wienern zu gefallen, genügt es, die Drehorgel zu spielen."

Gilowsky: „Wolferl, Wolferl! Ich sehe dich schon verhungern am Lohn der Nachwelt! Geh in dich! Werde ein echter Wiener Musikant und pfeife auf deine Bewunderer von 1982!"

Amadé begann still für sich zu träumen.

Der Kaffee kam.

Stephanie setzte sich an das Klavier und spielte einen Wiener Walzer.

Gilowsky forderte die Gastgeberin zum Tanze auf. Andere folgten seinem Beispiel. Frau Constanze schwebte am Arme des Landrates.

Alsbald wirbelte es in der Enge des Gemaches um den Tisch, an dem keiner mehr saß, auch Mozart nicht.

Nirgends in der Welt ist es schwerer, seine eigenen Wege zu wandeln, als im lustigen Wien!

Er seufzte und engagierte sich die junonische Cavallieri.

HERMANN HESSE

Mozart wartet auf mich

In der Schlußszene von Hermann Hesses (1877–1962) Roman „Der Step-
penwolf" (1927) tritt in dem „Magischen Theater", einem Rätselspiel allego-
rischer Figuren und Parabeln innerhalb einer geträumten Welt, Mozart per-
sönlich auf, erscheint jedoch in dämonischer Verfremdung. Er ist in die Welt
des 20. Jahrhunderts versetzt. Die geheimnisvoll-bizarre Szene will von An-
fang an, trotz scheinbar realistischer Details, als Vision genommen werden:
Harry Haller (die Initialen seines Namens sind die Hermann Hesses) erlebt
das sein Leben beherrschende, ins Surreale übersetzte Mächtespiel: die
Hohlheit des gesellschaftlichen Betriebs, die in Zivilisationsekel mündet,
einerseits und andererseits „eine zweite, höhere, unvergängliche Welt", die
in der Metapher gipfelt: „Mozart, das bedeutet: Die Welt hat einen Sinn."

… Da sah ich Pablo sich dehnen, sah ihn die Augen öffnen und die Glieder
recken, sah ihn sich über die Tote beugen und lächeln. Nie wird dieser Kerl
ernsthaft werden, dachte ich, alles bringt ihn zum Lächeln. Behutsam
schlug Pablo eine Ecke des Teppichs um und deckte Hermine zu bis zur
Brust, daß die Wunde nicht mehr zu sehen war, und ging dann unhörbar aus
der Loge. Wo ging er hin? Ließen alle mich allein? Ich blieb, allein mit der
halb verhüllten Toten, die ich liebte und beneidete. Über ihre bleiche Stirn
hing die Knabenlocke herab, der Mund strahlte rot aus dem ganz erblaßten
Gesicht und war ein wenig geöffnet, ihr Haar duftete zart und ließ das kleine, reichgeformte Ohr halb durchschimmern.
Nun war ihr Wunsch erfüllt. Noch eh sie ganz mein geworden war, hatte
ich meine Geliebte getötet. Ich hatte das Unausdenkliche getan, und nun
kniete ich und starrte und wußte nicht, was diese Tat bedeute, wußte nicht
einmal, ob sie gut und richtig gewesen sei oder das Gegenteil. Was würde
der kluge Schachspieler, was würde Pablo zu ihr sagen? Ich wußte nichts,
ich konnte nicht denken. Immer röter glühte der gemalte Mund aus dem er-
löschenden Gesicht. So war mein ganzes Leben gewesen, so war mein bißchen Glück und Liebe gewesen wie dieser starre Mund: ein wenig Rot, auf
ein Totengesicht gemalt.
Und von dem toten Gesicht, den toten weißen Schultern, den toten weißen
Armen hauchte, langsam schleichend, ein Schauder aus, eine winterliche
Öde und Einsamkeit, eine langsam, langsam wachsende Kälte, in der mir
die Hände und Lippen zu erstarren begannen. Hatte ich die Sonne ausgelöscht? Hatte ich das Herz alles Lebens getötet? Brach die Todeskälte des

Weltraums herein? Schaudernd starrte ich auf die steingewordene Stirn, auf die starre Locke, auf den bleichkühlen Schimmer der Ohrmuschel. Die Kälte, die von ihnen ausströmte, war tödlich und war dennoch schön: sie klang, sie schwang wunderbar, sie war Musik!

Hatte ich nicht einst, in einer früheren Zeit, schon einmal diesen Schauder gefühlt, der zugleich etwas wie Glück war? Hatte ich nicht schon einmal diese Musik vernommen? Ja, bei Mozart, bei den Unsterblichen.

Verse kamen mir in den Sinn, die ich einst, in einer früheren Zeit, irgendwo gefunden hatte:

> Wir dagegen haben uns gefunden
> In des Äthers sterndurchglänztem Eis,
> Kennen keine Tage, keine Stunden,
> Sind nicht Mann noch Weib, nicht jung noch Greis ...
> Kühl und wandellos ist unser ewiges Sein,
> Kühl und sternhell unser ewiges Lachen ...

Da ging die Logentür auf, und herein kam, erst beim zweiten Blick von mir erkannt, Mozart, ohne Zopf, ohne Kniehosen und Schnallenschuhe, modern gekleidet. Dicht neben mir setzte er sich hin, beinah hätte ich ihn berührt und zurückgehalten, daß er sich nicht an dem Blut beschmutze, das aus Herminens Brust an den Boden geronnen war. Er setzte sich und beschäftigte sich eingehend mit einigen kleinen Apparaten und Instrumenten, welche da herumstanden, er hatte es damit sehr wichtig, rückte und schraubte an dem Zeug herum, und ich blickte mit Bewunderung auf seine geschickten, flinken Finger, die ich so gern einmal hätte Klavier spielen sehen. Gedankenvoll sah ich ihm zu, oder eigentlich nicht gedankenvoll, sondern träumerisch und in den Anblick seiner schönen, klugen Hände verloren, vom Gefühl der Nähe erwärmt und auch etwas beängstigt. Was er da eigentlich treibe, was er da zu schrauben und zu hantieren habe, darauf achtete ich gar nicht.

Es war aber ein Radioapparat, den er da aufgestellt hatte und in Gang brachte, und jetzt schaltete er den Lautsprecher ein und sagte: „Man hört München, das Concerto grosso F-dur von Händel."

In der Tat spuckte zu meinem unbeschreiblichen Erstaunen und Entsetzen der teuflische Blechtrichter nun alsbald jene Mischung von Bronchialschleim und zerkautem Gummi aus, welchen die Besitzer von Grammophonen und Abonnenten des Radios übereingekommen sind, Musik zu nennen – und hinter dem trüben Geschleime und Gekrächze war wahrhaftig, wie hinter dicker Schmutzkruste ein altes köstliches Bild, die edle Struktur dieser göttlichen Musik zu erkennen, der königliche Aufbau, der kühle weite Atem, der satte breite Streicherklang.

„Mein Gott", rief ich entsetzt, „was tun Sie, Mozart? Ist es Ihr Ernst, daß Sie sich und mir diese Schweinerei antun? Daß Sie diesen scheußlichen Apparat auf uns loslassen, den Triumph unsrer Zeit, ihre letzte siegreiche Waffe im Vernichtungskampf gegen die Kunst? Muß das sein, Mozart?"

Oh wie lachte da der unheimliche Mann, wie lachte er kalt und geisterhaft, lautlos und doch alles durch sein Lachen zertrümmernd! Mit innigem Vergnügen sah er meinen Qualen zu, drehte an den verfluchten Schrauben, rückte am Blechtrichter. Lachend ließ er die entstellte, entseelte und vergiftete Musik weiter in den Raum sickern, lachend gab er mir Antwort.

„Bitte kein Pathos, Herr Nachbar! Haben Sie übrigens das Ritardando da beachtet? Ein Einfall, hm? Ja, und nun lassen Sie einmal, Sie ungeduldiger Mensch, den Gedanken dieses Ritardando in sich hinein – hören Sie die Bässe? Sie schreiten wie Götter – und lassen Sie diesen Einfall des alten Händel Ihr unruhiges Herz durchdringen und beruhigen! Hören Sie einmal, Sie Männlein, ohne Pathos und ohne Spott, hinter dem in der Tat hoffnungslos idiotischen Schleier dieses lächerlichen Apparates die ferne Gestalt dieser Göttermusik vorüberwandeln! Merken Sie auf, es läßt sich etwas dabei lernen. Achten Sie darauf, wie diese irrsinnige Schallröhre scheinbar das Dümmste, Unnützeste und Verbotenste von der Welt tut und eine irgendwo gespielte Musik wahllos, dumm und roh, dazu jämmerlich entstellt, in einen fremden, nicht zu ihr gehörigen Raum hineinschmeißt – und wie sie dennoch den Urgeist dieser Musik nicht zerstören kann, sondern an ihr nur ihre eigene ratlose Technik und geistlose Betriebmacherei erweisen muß! Hören Sie gut zu, Männlein, es tut Ihnen not! Also, Ohren auf! So. Und nun hören Sie ja nicht bloß einen durch das Radio vergewaltigten Händel, der dennoch auch in dieser scheußlichen Erscheinungsform noch göttlich ist – Sie hören und sehen, Wertester, zugleich ein vortreffliches Gleichnis alles Lebens. Wenn Sie dem Radio zuhören, so hören und sehen Sie den Urkampf zwischen Idee und Erscheinung, zwischen Ewigkeit und Zeit, zwischen Göttlichem und Menschlichem. Gerade so, mein Lieber, wie das Radio die herrlichste Musik der Welt zehn Minuten lang wahllos in die unmöglichsten Räume wirft, in bürgerliche Salons und in Dachkammern, zwischen schwatzende, fressende, gähnende, schlafende Abonnenten hinein, so, wie es diese Musik ihrer sinnlichen Schönheit beraubt, sie verdirbt, verkratzt und verschleimt und dennoch ihren Geist nicht ganz umbringen kann – gerade so schmeißt das Leben, die sogenannte Wirklichkeit, mit dem herrlichen Bilderspiel der Welt um sich, läßt auf Händel einen Vortrag über die Technik der Bilanzverschleierung in mittleren industriellen Betrieben folgen, macht aus zauberhaften Orchesterklängen einen unappetitlichen Töneschleim, schiebt seine Technik, seine Betriebsamkeit, seine wüste Notdurft und Eitelkeit überall zwischen Idee und Wirklichkeit, zwischen Orchester und Ohr. Das ganze Leben ist so, mein Kleiner, und wir müssen es so sein lassen, und wenn wir keine Esel sind, lachen wir dazu. Leuten von Ihrer Art steht es durchaus nicht zu, am Radio oder am Leben Kritik zu üben. Lernen Sie lieber erst zuhören! Lernen Sie ernst nehmen, was des Ernstnehmens wert ist, und lachen über das andre! Oder haben Sie selber es denn etwa besser gemacht, edler, klüger, geschmackvoller? O nein, Monsieur Harry, das haben Sie nicht. Sie haben aus Ihrem Leben eine scheußliche Krankengeschichte gemacht, aus Ihrer Begabung ein Unglück. Und Sie haben, wie ich sehe, da ein so hübsches, ein so entzückendes junges Mädchen zu nichts andrem zu brauchen gewußt, als daß Sie ihm ein Messer in den Leib gestochen und es kaputt gemacht haben! Halten Sie denn das für richtig?"

„Richtig? O nein!" rief ich verzweifelt. „Mein Gott, alles ist ja so falsch, so höllisch dumm und schlecht! Ich bin ein Vieh, Mozart, ein dummes böses Vieh, krank und verdorben, da haben Sie tausendmal recht. – Aber was dieses Mädchen betrifft: sie hat es selbst so gewollt, ich habe nur ihren eigenen Wunsch erfüllt."

Mozart lachte lautlos, hatte nun aber doch die große Güte, das Radio abzustellen.

Meine Verteidigung klang mir selbst, der ich eben noch treuherzig an sie geglaubt hatte, unversehens recht töricht. Als einst Hermine – so erinnerte ich mich plötzlich – über Zeit und Ewigkeit gesprochen hatte, da war ich sofort bereit gewesen, ihre Gedanken für ein Spiegelbild meiner eigenen Gedanken anzusehen. Daß aber der Gedanke, sich von mir töten zu lassen, Herminens eigenster Einfall und Wunsch und von mir nicht im mindesten beeinflußt sei, hatte ich als selbstverständlich angenommen. Aber warum hatte ich damals diesen schrecklichen und so befremdlichen Gedanken nicht bloß angenommen und geglaubt, sondern sogar im voraus erraten? Vielleicht doch, weil es mein eigener war? Und warum hatte ich Hermine gerade in dem Augenblick umgebracht, wo ich sie nackt in den Armen eines andern fand? Allwissend und voll Spott klang Mozarts lautloses Lachen.

„Harry", sagte er, „Sie sind ein Spaßvogel. Sollte wirklich dieses schöne Mädchen von Ihnen nichts andres zu wünschen gehabt haben als einen Messerstich? Machen Sie das einem andern weis! Na, wenigstens haben Sie brav zugestochen, das arme Kind ist mausetot. Es wäre nun vielleicht an der Zeit, daß Sie sich die Folgen Ihrer Galanterie gegen diese Dame klarmachten. Oder sollten Sie sich um die Folgen drücken wollen?"

„Nein", schrie ich, „verstehen Sie denn gar nicht? Ich mich um die Folgen drücken! Ich begehre ja nichts anderes, als zu büßen, zu büßen, zu büßen, den Kopf unters Beil zu legen und mich strafen und vernichten zu lassen."
Unerträglich spöttisch sah Mozart mich an.
„Wie pathetisch Sie immer sind! Aber Sie werden schon noch Humor lernen, Harry. Humor ist immer Galgenhumor, und nötigenfalls lernen Sie ihn eben am Galgen. Sind Sie dazu bereit? Ja? Gut, dann gehen Sie zum Staatsanwalt, und lassen Sie den ganzen humorlosen Apparat der Gerichtsmenschen über sich ergehen, bis zum kühlen Kopfabhacken in früher Morgenstunde im Gefängnishof. Sie sind also bereit dazu?"
Eine Inschrift blitzte plötzlich vor mir auf:

Harrys Hinrichtung

und ich nickte dazu mein Einverständnis. Ein kahler Hof zwischen vier Mauern mit kleinen vergitterten Fenstern, ein sauber hergerichtetes Fallbeil, ein Dutzend Herren in Talaren und Gehröcken, und inmitten stand ich fröstelnd in einer grauen Frühmorgenluft, das Herz zusammengezogen von jammervoller Bangigkeit, aber bereit und einverstanden. Auf Befehl trat ich vor, auf Befehl kniete ich nieder. Der Staatsanwalt nahm seine Mütze ab und räusperte sich, auch alle andern Herren räusperten sich. Er hielt ein feierliches Papier vor sich entfaltet, daraus las er vor:
„Meine Herren, vor Ihnen steht Herr Haller, angeklagt und schuldig befunden des mutwilligen Mißbrauchs unsres magischen Theaters. Haller hat nicht nur die hohe Kunst beleidigt, indem er unsern schönen Bildersaal mit der sogenannten Wirklichkeit verwechselte und ein gespiegeltes Mädchen mit einem gespiegelten Messer totgestochen hat, er hat sich außerdem unsres Theaters humorloserweise als einer Selbstmordmechanik zu bedienen die Absicht gezeigt. Wir verurteilen infolgedessen den Haller zur Strafe des ewigen Lebens und zum zwölfstündigen Entzug der Eintrittsbewilligung in unser Theater. Auch kann dem Angeklagten die Strafe einmaligen Ausgelachtwerdens nicht erlassen werden. Meine Herren, stimmen Sie an: Eins – zwei – drei!"
Und auf drei stimmten sämtliche Anwesende mit tadellosem Einsatz ein Gelächter an, ein Gelächter im höheren Chor, ein furchtbares, für Menschen kaum erträgliches Gelächter des Jenseits.
Als ich wieder zu mir kam, saß Mozart neben mir wie zuvor, klopfte mir auf die Schulter und sagte: „Sie haben Ihr Urteil gehört. Sie werden sich also daran gewöhnen müssen, der Radiomusik des Lebens weiter zuzuhören. Es wird Ihnen guttun. Sie sind ungewöhnlich schwach begabt, lieber dummer Kerl, aber so allmählich werden Sie nun doch begriffen haben, was von Ihnen verlangt wird. Sie sollen lachen lernen, das wird von Ihnen verlangt. Sie

sollen den Humor des Lebens, den Galgenhumor dieses Lebens erfassen. Aber natürlich sind Sie zu allem in der Welt bereit, nur nicht zu dem, was von Ihnen verlangt wird! Sie sind bereit, Mädchen totzustechen, Sie sind bereit, sich feierlich hinrichten zu lassen. Sie wären gewiß auch bereit, hundert Jahre lang sich zu kasteien und zu geißeln. Oder nicht?"

„O ja, von Herzen bereit", rief ich in meinem Elend.

„Natürlich! Für jede dumme und humorlose Veranstaltung sind Sie zu haben, Sie großzügiger Herr, für alles, was pathetisch und witzlos ist! Nun, ich aber bin dafür nicht zu haben, ich gebe Ihnen für Ihre ganze romantische Buße keinen Groschen. Sie wollen hingerichtet werden, Sie wollen den Kopf abgehackt kriegen, Sie Berserker! Für dieses blöde Ideal würden Sie noch zehn Totschläge begehen. Zum Teufel, aber leben sollen Sie ja gerade! Es geschähe Ihnen recht, wenn Sie zur schwersten Strafe verurteilt würden."

„Oh, und was für eine Strafe wäre das?"

„Wir könnten zum Beispiel das Mädchen wieder lebendig machen und Sie mit ihr verheiraten."

„Nein, dazu wäre ich nicht bereit. Es gäbe ein Unglück."

„Als ob es nicht schon genug Unglück wäre, was Sie angerichtet haben! Aber mit Pathetik und den Totschlägen soll es jetzt ein Ende haben. Nehmen Sie endlich Vernunft an! Sie sollen leben, und Sie sollen das Lachen lernen. Sie sollen die verfluchte Radiomusik des Lebens anhören lernen, sollen den Geist hinter ihr verehren, sollen über den Klimbim in ihr lachen lernen. Fertig, mehr wird nicht von Ihnen verlangt."

Leise, hinter zusammengebissenen Zähnen hervor, fragte ich: „Und wenn ich mich weigere? Und wenn ich Ihnen, Herr Mozart, das Recht abspreche, über den Steppenwolf zu verfügen und in sein Schicksal einzugreifen?"

„Dann", sagte Mozart friedlich, „würde ich dir vorschlagen, noch eine von meinen hübschen Zigaretten zu rauchen." Und indes er es sagte und eine Zigarette aus der Westentasche zauberte, die er mir anbot, war er plötzlich nicht Mozart mehr, sondern blickte warm aus dunklen Exotenaugen, und war mein Freund Pablo, und glich auch wie ein Zwillingsbruder dem Mann, der mich das Schachspiel mit den Figürchen gelehrt hatte.

„Pablo!" rief ich aufzuckend. „Pablo, wo sind wir?"

Pablo gab mir die Zigarette und Feuer dazu.

„Wir sind", lächelte er, „in meinem magischen Theater, und falls du den Tango lernen oder General werden oder dich mit Alexander dem Großen unterhalten willst, so steht das alles nächstesmal zu deiner Verfügung. Aber ich muß sagen, Harry, du hast mich ein wenig enttäuscht. Du hast dich da arg vergessen, du hast den Humor meines kleinen Theaters durchbrochen und eine Schweinerei angerichtet, du hast mit Messern gestochen und unsre hübsche Bilderwelt mit Wirklichkeitsflecken besudelt. Das war nicht hübsch von dir. Hoffentlich hast du es wenigstens aus Eifersucht getan, als du Hermine und mich da liegen sahest. Mit dieser Figur hast du leider nicht umzugehen verstanden – ich glaubte, du habest das Spiel besser gelernt. Nun, es läßt sich korrigieren. "

Er nahm Hermine, die in seinen Fingern alsbald zum Spielfigürchen verzwergte, und steckte sie in ebenjene Westentasche, aus der er vorher die Zigarette genommen hatte.

Angenehm duftete der süße schwere Rauch, ich fühlte mich ausgehöhlt und bereit, ein Jahr lang zu schlafen.

Oh, ich begriff alles, begriff Pablo, begriff Mozart, hörte irgendwo hinter mir sein furchtbares Lachen, wußte alle hunderttausend Figuren des Lebensspiels in meiner Tasche, ahnte erschüttert den Sinn, war gewillt, das Spiel nochmals zu beginnen, seine Qualen nochmals zu kosten, vor seinem Unsinn nochmals zu schaudern, die Hölle meines Innern nochmals und noch oft zu durchwandern.

Einmal würde ich das Figurenspiel besser spielen. Einmal würde ich das Lachen lernen. Pablo wartete auf mich. Mozart wartete auf mich.

WILHELM MATTHIEßEN

Das Requiem
Ein Mozart-Märchen

Mehrfach hat der Autor phantastischer Romane und Märchendichter Matthießen (1891–1965) das Thema Mozart in einfallsreicher Weise zum Gegenstand poetischer Darstellung gemacht. In dem folgenden, 1931 erschienenen Mozart-Märchen, das trotz der Kühnheit der ihm zugrunde liegenden Idee von überzeugender Geschlossenheit ist, wird unmittelbar vor Mozarts Tod das „Requiem" – bereits als vollendet – von einer Geistersängerschar im nächtlichen Wiener Stephansdom aufgeführt, wobei Bach, Palestrina und andere alte Meister zugegen sind.

Wenn eines auf Erden stirbt, dann ist das so: an diesem Tage geht der Tod durch sein leuchtendes Haus und beschaut sich hier und dort die Lichter der Seelen. Und wenn er sieht, daß eines der Lichter beinahe niedergebrannt ist, dann ruft er seinen Engel und sagt zu ihm: „Geh und geleite sie her, die scheidende Seele!" So geschah es auch eines Tages, da sah der Tod wie Mozarts Licht zur Neige ging. Lange stand er vor dem flackernden Kerzchen in dunklen Gedanken, und er hielt die Hand um die knisternde Flamme, als wollte er sie schützen vor dem Wind, der durch den Saal der Seelen rauschte, um ihm noch einen Tag oder zweie zu retten. Doch immer tiefer fiel die sterbende Flamme in sich selber zusammen, immer kleiner wurde das Licht. Da rief der Tod seinen Engel herbei, den dunklen Geleiter der Seelen, und er sprach zu ihm: „Siehe, nun will Mozart sterben ... Geh, eile hinab und sage ihm, daß die Flamme seiner Seele erlöschen will!" Und der Engel neigte sich vor dem Gebieter und rauschte hinab in die Welt. Und er ging zu Mozart und sprach zu ihm: „Meister Mozart, schreibt mir ein Requiem." Mozart schaute ihn an, und da wußte er, daß der Fremde der Engel des Todes war. Und der Engel sah, wie der Meister so arm war, und gab ihm einen Beutel Geld für das Requiem. Dann aber flog der Engel zurück in das Haus seines Herrn. „Nun", fragte der Tod, der noch immer vor Mozarts Lichtchen stand und seine schönen Hände schützend darüber hielt, „nun, hast du ausgerichtet, was ich dir befahl?" – „Ja", sagte der Engel, „aber ich hatte nicht den Mut, vom Tode zu dem heiligen Meister zu sprechen ... Ich trug ihm nur auf, ein Requiem zu schreiben ... Und ich glaube, er hat mich verstanden." Der Tod nickte, als er das vernahm, und schweigend wandelte er weiter durch die lichtbrausenden Hallen der Seelen, zündete dort eine neue Kerze an, dort drückte er ein nur noch flackerndes Stümpfchen aus, um also dem Sterbenden seinen Hingang leichter zu machen. Auf Schritt und Tritt aber folgte ihm der Engel. Endlich sprach der Tod zu ihm: „Ich weiß, was du mir noch sagen willst: Geh also hinab und wache an Mozarts Bett!" Der Engel neigte sich vor seinem Gebieter und ging trauernd zu Mozart hinab. Keiner aber sah ihn, wie er dem Meister über die Schulter schaute. Nur einer hatte das Rauschen seines Flügels gespürt. Und da wußte er, daß es mit Mozart zu Ende ging. Er war aber ein Freund des Meisters. Und als er ihn des Abends verließ, da ging er zum Dom, um für seinen Freund zu beten. Doch am Tore des Domes stand schon der Mesner und sprach zu ihm: „Herr, was wollt Ihr so spät noch im Dome tun?" Und er rasselte mit den Schlüsseln. Da lächelte Mozarts Freund und sagte: „Mesner, Ihr kennt wohl den Abt Stadler nicht mehr? Laßt mich nur ein und schließt hinter mir ab. Ich habe viel zu beten in dieser Nacht!" – „Gut, Hochwürdigster", sagte der Mesner; „wie Ihr wollt! Ihr werdet mir ja den Dom nicht forttragen!" Sprach's und verschloß hinter dem Abte das Tor. Der Abt aber ging durch die zwielichtdunklen Hallen und kniete vor dem Altare nieder. Und Stunde um Stunde verging ihm wie im Flug, während er betete. So kam die Mitternacht heran. Und da hörte der einsame Beter auf einmal ein Rauschen unter den Gewölben, das klang wie gewaltiger Flügel Schlag. „Hab ich es doch schon immer

gehört", dachte er, „daß es um Mitternacht nicht geheuer sein sollte im Stephansdom ..." Und er stand auf und versteckte sich in einem dunklen
Beichtstuhl. Dort wollte er dem Spuk zuschauen. Und siehe, langsam wie
ein mächtiger Vogel flog eine Gestalt hinab von dem Gewölb, beugte ihr
Knie unter dem Ewigen Licht, und dann erhob sie sich wieder und strich mit
blau leuchtender Hand an den Kerzen des Altares vorbei. Sogleich brannten
sie auf in goldenem Licht. Und in der strahlenden Helle sah der Abt, daß die
Gestalt ein Engel war. Und schon winkte der Engel in die weiten Hallen
hinunter. Da schritten auf einmal viel dunkle Gestalten in schwarzen Män-
teln aus der dämmerigen Tiefe des Domes schweigend hinauf zum Altar.
„Ihr wisset, hohe Meister", sprach der Engel, „weshalb ich euch rief aus eu-
ren Gräbern. Denn das Licht eines der gewaltigsten unter euch geht zur
Neige. Und keinen hat er, der ihm ein Requiem feiert." Da wurden noch
ernster die totenbleichen Gesichter der Meister, und Palestrina sprach zu
dem Engel: „Gib uns die Noten, daß wir den Heiligen zur Ruhe singen!"
Und der Engel nahm eine Partitur von Mozarts eigenem Requiem aus den
Falten seines Gewandes. Und alle Noten leuchteten wie Sterne, daß jeder
Meister, so weit er auch abseits stand, sie lesen konnte. Und die Toten nah-
men ihre Instrumente und stimmten sie. Indessen aber schritt der Engel geraden Wegs auf den Beichtstuhl zu, schob den Vorhang zurück und sprach
zu dem Abt: „Ich wußte, daß du hier warest! Komm zum Altare, daß du für
deinen Freund die Totenmesse feierst!" Und der Abt ging mit dem Engel,
kleidete sich in die priesterlichen Gewänder, und als rauschend die Musik
der toten Meister anhub, da begann er die Messe. Der Engel aber diente
ihm. Und die Augen der Toten leuchteten auf, als sie erkannten, wie herrlich die Musik Mozarts war. Sie erhoben ihre Stimmen, und aller Himmel
Klang war darin. Und die Musik füllte den Dom bis in den letzten Winkel
wie mit rauschendem Gold. Der Abt aber merkte gar nicht, daß die Toten
weiter sangen, als Mozart geschrieben hatte. Schon längst war das „Tuba
mirum" erklungen, aber noch immer leuchteten die Noten geheimnisvoll
weiter, und wie von unsichtbarer Hand wurden die Blätter der Partitur eins
nach dem anderen umgewandt. Doch als nun das „Sanctus" ertönte, da rann
ein Schauer über die Herzen der Toten. Und alle sahen sich an. „Nie wird
ein sterblicher Mund singen können solchen Gesang!" dachte Palestrina bei
sich. Und das gleiche dachten sie alle, die gekommen waren, um dem Lieb-
ling des Himmels das Requiem zu singen: Schütz und Orlando Lasso und
Sebastian Bach und alle die übrigen. Und als sie das letzte „requiem" singen
sollten, da horchte der Priester am Altare auf. Eine Freude war in ihm ohne
Maß. Denn statt „requiem –", „‚ewige' Ruhe gib ihm, o Herr!" hatten die
Meister in jubelndem Chore gesungen: „Splendorem aeternum donasti ei,

domine!" … „Ewigen Glanz schenktest du ihm, o Herr!" Da war die Messe aus, und der Abt schritt die Stufen des Altares herab, und da war er allein im öden Dom, nur ein Nachhall von Mozarts Musik verwehte in den dunklen Hallen.

Als er aber am anderen Morgen zu dem Freunde kam, da sagte ihm der Meister: „In dieser Nacht hab ich im Traum mein ganzes Requiem gehört, und du, Freund, hast mir die Totenmesse gelesen!" – „Ich weiß es, Mozart!" sagte der Abt, und sein Gesicht war ernst und bleich. Mozart aber schaute ihn an: „Nun weiß ich", dachte er, „daß ich nicht geträumt habe! Doch das Sanctus muß ungeschrieben bleiben … Nur Engel können es singen …"

In diesen Tagen aber ging im Seelenberg immer wieder der Tod zu Mozarts Lichtchen zurück. Und trauernd sah er, wie das Flämmchen immer kleiner wurde, immer ärmer, und doch brannte es in einem Glanze ohnegleichen. Und je mehr es seinem Ende zuging, desto blühender wurde die Flamme. Endlich aber, in der letzten Nacht, da weckte den Tod ein wehend durch die jenseitigen Hallen hinwogendes Klagen. Eilend erhob er sich und schritt zu Mozarts Seelenlicht. Und da sah er, wie alle Engel vor dem sterbenden Lichtchen knieten und in die scheidende Flamme schauten. Und sie hatten ihre Hände zum Gebet erhoben und sangen in klagendem Chore Mozarts Requiem. „Requiem –" klang es brausend durch den Seelenberg … „Requiem aeternam …" Und mitten unter den Engeln kniete der Tod nieder und stimmte ein in den Gesang: „Et lux perpetua luceat ei …" Immer schmerzlicher flackerte das Kerzchen. Und immer brausender wurde der Gesang. Auf einmal aber stand eine hohe Gestalt neben dem Tode. Ihre Kleider waren weißer als der Schnee, und ihr Angesicht leuchtete wie die Sonne. Es war aber Gott. Und er sprach zu dem Tode: „Schon seit Tagen hörten wir droben ein Requiem, herrlich wie der Tag des Paradieses, und unser Licht leuchtete auf wie tausend Sonnen!" – „O Herr!" sprach der Tod, „siehe, in dieser Nacht will Mozart sterben!" Da schwieg Gott. Und er lauschte, wie die Engel sangen. Und als es nun dahinklang in gewaltigem Liede:

„Dies irae, dies illa …",

und als die Engel weiter sangen:

„Tuba mirum spargens sonum …",

da lächelte er. Und er erhob seine heilige Hand. In diesem Augenblicke aber erlosch Mozarts Licht und der Meister stand, flammend wie die Sonne vor Gott. „Er lebt!" schrie der Tod und riß die Augen auf wie Tore des Himmels.

„Mors stupebit et natura!"

sprach Gott der Herr. Und er nahm die flammende Partitur des Requiems, die ihm der Engel reichte, in seine heilige Hand. Und wie zwei Lichter rauschten Mozart und der Ewige hinauf zu den Sternen.

BERNHARD PAUMGARTNER

Aus Mozarts letzten Tagen

Ein Hörspiel

Der Mozart-Dirigent und Direktor des Mozarteums in Salzburg Bernhard Paumgartner (1887–1971), bekannt durch die Camerata academica, die er ins Leben gerufen hat, und vor allem auch durch seine große Mozart-Biographie, die in zahlreichen Auflagen verbreitet worden ist, hat ein Hörspiel über Mozart geschrieben. Es wurde am 140. Todestag Mozarts am 5. Dezember 1931 durch Radio Wien gesendet. Vermutlich ist hier erstmals das Thema Mozart in der Literaturgattung Hörspiel behandelt. In der Darstellung des „Möglichen" benutzt der Autor bis in die Einzelheiten die historische Überlieferung, läßt jedoch bei der Ausfüllung und Kombination von Details seiner Phantasie freien Lauf, wobei er deutlich Elemente des Wiener Volksstückes anklingen läßt. Von dem aus fünf Szenen bestehenden Hörspiel ist hier, mit Kürzungen, die erste wiedergegeben.

ERSTE SZENE

(Sanftes Glockenzeichen. Kleine Pause)

SPRECHER *(wie improvisierend):* 1791 – Irgendein warmer Julinachmittag. – Das alte Wien ist gerne still in so vollsommerlicher Zeit. Der Hof erfreut sich irgendwo draußen auf Jagden, und die wohlhabenden Bürger sind auf dem Lande. Man ruht hinter traulichen Gardinen. Kinder spielen unter runden Torbogen. Ihre hellen Rufe sind die lieben Stimmen der geruhsamen Einsamkeit. Viele Fenster träumen hinter rotblühenden Blumen. – Ein leichter Wagen poltert durch die schweigsame Rauhensteingasse – hält vor dem Kaiersteinschen Hause. Süßmayr, Mozarts Schüler, braver handfester Oberösterreicher, bringt dem Meister Nachricht von seiner Frau. Constanze läßt sich's in Baden draußen recht *gut* gehen. Mozarts Besorgnis hat sie zur Kur hinausgeschickt. Sie genießt das Wohltuende unbeschwerten Alleinseins. Sie weiß nicht, wie es in Wahrheit um ihn steht, daß er sich manchmal unbeschreiblich matt und krank fühlt, daß er dem Geld nachlaufen muß, daß es ihm an gutem Essen fehlt und an einer liebevoll sorgenden Hand. – Mozart ist so tief in seine Arbeit versunken, daß er gar nicht hört, wie Süßmayr eintritt.

117

SÜSSMAYR: Herr Hofkapellmeister! *(Pause. Man hört Mozarts Feder. Er summt ganz leise eine Melodie.)* Herr von Mozart!

MOZART *(ganz ruhig):* Ah, du bist's, Sauermayr, Lacci-Bacci. Setz dich her, iß, trink den Wein aus! Wie geht's der Stanzerl – Gibst brav auf sie acht? Sonst setzt's breite Schopfbeutler ab, mein Lieber! Na, gib schon ihren Brief her! *(Nimmt den Brief, öffnet ihn. Immer freundlich:)* Was schaust denn, was redst denn nix? –

SÜSSMAYR: Herr von Mozart ... *(zögernd-bewegt)* lieber Meister! Ich schreck mich ganz aufrichtig, *wie* schlecht Sie ausschaun! Ganz blaß ... so verfallen! Von dem Mittagessen haben S' auch nicht ein Bröserl angerührt, jetzt, wo Sie schon längst Ihren Jausenkaffee getrunken haben sollten. Kommen S' mit hinaus aufs Land zu Ihrer Frau. Die hätt Erholung wahrhaftigen Gotts net so notwendig wie Sie. Wie kann man denn alleweil nur komponieren, wo's *so* warm draußen ist?

MOZART: Was weißt denn du, Sauermayr? Siehst, da hab ich grad ein Stükkerl in der „Zauberflöten" fertiggemacht. Gestern hat mir der Schikaneder ein Schippel Text bracht. Die halbe Nacht haben wir die Szenen umgestellt. Ja, was glaubst denn? Ich kann doch den Schikaneder nicht sitzenlassen. Und mich selber nicht. Wo's *so* schön weitergeht! Da schau her – *(Spielt einige Takte aus dem ersten Quintett der „Zauberflöte", singt, leise markierend, dazu.)* No, was sagst?

SÜSSMAYR: Ja, des is freili schön!

MOZART *(die Stimmung abbrechend):* Und – wer soll denn der Stanzi und dem Buben helfen? Da lies, wie sie jammert! Mein Gott, Süßmayr, warum bist du kein Dukatenesel? Woher soll ich denn das Geld nehmen? Gerade jetzt, wo ich's *so* notwendig brauchen möcht. – *(Schnell:)* Sauermayr, versprichst mir in die Hand, daß du der Stanzerl nicht ein Sterbenswort sagen wirst – niemandem überhaupt! – Versprichst mir's?

SÜSSMAYR: Ich versprech's auf Ehr und G'wissen!

MOZART: *(fortfahrend):* ... vor ein paar Tagen war ich beim Kaufmann Puchberg. Ich hab's aber nicht herausgebracht, was ich eigentlich wollen hab. Hab ihm dann geschrieben ... *(stockend)* ... halt betteln müssen, daß er mir mit 500 Gulden aushilft. Wer soll denn der Stanzi ihre Kur bezahlen, wenn meine Einnahmen immer jammervoller werden. Denk dir, Sauermayr, gestern haben's mir die Subskriptionsliste für meine Akademien zurückgebracht. Weißt du, wieviel Namen draufstehen? – Ein einziger! – Ich hätt beinahe g'weint, wie ich den Bogen in die Hand genommen hab. Und heut schickt mir der Puchberg mühsame 50 Gulden statt der 500, einen Pluzer Bier und einen Sack voll gute Ratschläg. Weißt du, Lacci-Bacci, wie weh solche Ratschläge tun, wenn man's mit dem Geld zugleich aufschlecken muß? Und was fang ich jetzt mit dem Eichtel Geld an? Zuwenig zum Leben, zuviel zum Sterben, gerade recht zum Schuldenmachen! Ich schäm mich! Komm mir wie ein Landstreicher vor. Gib mir einen Schluck Wein herüber – mir flimmert's wieder vor den Augen.

SÜSSMAYR *(hilft Mozart):* Aber Herr Hofkapellmeister! Mein Gott, was Sie für ein gring's Mandel sind! So viel zart! Herr von Mozart, Sie müssen sich schonen. Gewiß wird alles gut – und recht bald auch noch.

MOZART: Meinst du? Wenn ich denke, wie lustig ich war und wie's plötzlich traurig um mich geworden ist, wie schwer mir manchmal die Arbeit wird. Wie's mich dann wieder dazu hetzt, wenn ich recht matt bin. Gehe ich dann ans Klavier und singe etwas aus der Oper, so muß ich gleich aufhören. Es macht mir zuviel Empfindung. *(Kleine Pause. Rafft sich auf.)* Basta! Schau nicht so dalkert, Sauermayr! Gestern war ein Paar Ochsen an einen Wagen gespannt. Wie die zum Ziehen ang'fangen haben, haben sie's akkurat so mit dem Kopf gemacht wie du jetzt. Pack dich z'samm! Es wird schon dunkel. Da sind 40 Gulden, die bringt der Stanzi mit dem Brief nach Baden hinaus. Und sag ihr, daß tausend Busserln für sie in der Luft herumfliegen. Aber daß dich nicht selber unterstehst! Tischnarr! Das Stückl aus der „Zauberflöten" schreibst mir bis zum Freitag ab. Da ist ein Gulden für ein gutes Nachtmahl. Sauf nicht zuviel! Gib mir auf mein Weiberl acht! Und jetzt hinein in dein Bauernfuhrwerk und Trab!

SÜSSMAYR: Empfehle mich zu Gnaden, Herr von Mozart. *(Man hört ihn abgehen und über die Stiege hinabpoltern.)*

MOZART *(hat sich in einen Stuhl am Arbeitsplatz gesetzt. Nach einer kleinen Pause):* Wie schön das ist, wenn es immer dunkler um einen wird! *(Ganz leise unirdische Musik, wie eine Inspiration.)* Da wird die Seele so frei – möchte der Sonne nachfliegen und glaubt gar nicht mehr an die Traurigkeit, die um einen ist. Und was man für gute Gedanken hat! – Da schau her! Da ist ja was für die Pamina! *(Zitiert leise:)* „Ach, ich fühl's!" *(Man hört ihn schreiben – aus der Musik klingt das G-moll-Thema der Pamina-Arie. Es klopft ... Pause ... Es klopft nochmals.)*

DER GRAUE *(steht in der Türe. Leise, überaus bescheidene, wie erstorbene Stimme):* Habe ich die Ehre, mit Herrn Kapellmeister Mozart zu sprechen?

MOZART *(erstaunt, etwas bedrückt, doch keineswegs erregt):* Was will Er von mir? – Wie ist Er überhaupt hereingekommen?

DER GRAUE: Es schien mir, daß die Wohnungstüre nicht verschlossen war. Ich hörte Takte einer so erlesenen Musik, daß ich nicht fehlzugehen meinte. Ich bitte submissest, von meiner überaus bescheidenen Person absehen zu wollen. Ich bin nur ein Bote, demütiger Beauftragter eines Höheren,

Werkzeug seines Willens, sozusagen. Ich bitte um die Gnade, mich meines Auftrages entledigen zu dürfen.

MOZART *(befangen, doch freundlicher):* Treten Sie näher, bitte! Ich höre.

DER GRAUE: Mein Herr, dessen Name ich zu meinem Bedauern verschweigen muß, ist ein besonderer Admirateur der Kompositionen Mozarts, mit den Schöpfungen der unvergleichlichen Feder des Herrn Kapellmeisters also durchaus vertraut. Solche Werke, meint er, sind nicht für die Alltäglichkeit geschrieben, gehören vielmehr der Nachwelt, ja der Ewigkeit. Mein Herr, der sich erlaubte, Ihren Werdegang seit ... oh, gewiß seit geraumer Zeit zu verfolgen, ist durch die Meisterschaft beglückt, durch den Höhenflug, mit Permission, den Ihre Gedanken gerade in den letzten Jahren genommen haben, womit leider die Mittelmäßigkeit des Publikums, die bekanntlich nur unterhalten sein will, nicht mehr Schritt halten konnte. Es drängt meinen Herrn, dem Herrn Kapellmeister Mozart gerade in diesem Augenblicke nicht allein seine aufrichtige und dankbare Bewunderung zu Füßen zu legen, sondern auch, ihm eine überaus bescheidene Hilfe anzubieten ... Oh, ich bitte, mein Herr ist sich vollkommen bewußt, daß er – falls der Herr Kapellmeister sein Anbot akzeptieren wollte – nicht der Schenkende, sondern durchaus der Beschenkte ist. Es handelt sich, kurz gesagt, um einen Kompositionsauftrag.

MOZART: Ich bin, soweit ich's vermag, selbstverständlich gerne bereit, für Seinen Herrn etwas zu schreiben. – Darf ich seinen speziellen Wunsch erfahren?

DER GRAUE: Es soll eine Totenmesse werden. *(Pause)*

MOZART: Ein Requiem? Ich habe noch nie ein Requiem geschrieben – ich war vielleicht zu jung dazu, zu sehr im Leben! Ein Requiem, gerade jetzt?

DER GRAUE: Vielleicht werden Sie gerade jetzt die tiefere Sammlung für eine Totenmesse finden. – Ich nehme Ihr Einverständnis als gegeben an. Mein Herr erlaubt sich, Ihnen hiemit eine Anzahlung von 50 Dukaten zu überreichen *(legt den Beutel auf den Tisch)*. Die andere Hälfte der Summe haben Sie nach Fertigstellung der Arbeit zu erwarten. Ich glaube, Sie werden mit der Höhe des Honorars zufrieden sein. Allerdings ist eine besondere Bedingung daran geknüpft: Forschen Sie niemals nach dem Namen des Bestellers! Es wäre vergebliche Mühe. Lassen Sie bei der Ausführung der Arbeit Ihren Geschmack frei walten. Gehen Sie sofort ans Werk! Die Zeit drängt! Ich werde mir erlauben, mich gelegentlich nach dem Fortgang der Komposition zu erkundigen. Mögen Ihnen alle guten Mächte helfen. *(Man hört die Tür ins Schloß fallen. Pause.)*

MOZART *(ganz leise):* Ein Bote aus einer anderen Welt ... *(Pause)* Ich soll

120

Mozart auf dem Sterbebett; Constanze (am Kopfende), Mozarts Söhne Carl Thomas (am Fußende) und Franz Xaver Wolfgang (in der Wiege), links Freunde und Schüler Mozarts, die die vollendeten Teile des „Requiem" aufführen. Federzeichnung, sign. „Frohberger". Aus: Mozart und seine Welt in zeitgenössischen Bildern. Hg. von M. Zenger und O. E. Deutsch. Kassel 1961. – „Selbst am Vorabende seines Todes ließ er sich die Partitur des ‚Requiem' noch zum Bette hinbringen und sang (es war zwei Uhr nachmittags) selbst noch die Altstimme; Schak, der Hausfreund, sang, wie er denn vorher immer pflegte, die Sopranpartie, Hofer, Mozarts Schwager, den Tenor, Gerl, später Bassist beim Mannheimer Theater, den Baß. Sie waren bei den ersten Takten des Lacrimosa, als Mozart heftig zu weinen anfing, die Partitur beiseite legte und eilf Stunden später, um ein Uhr nachts, verschied." (Aus einem Nachruf für Benedikt Schak, Allgemeine Musikalische Zeitung, Leipzig, 25.7.1827)

mein eigenes Totenlied schreiben ... *(Pause. Man hört die Treppe geräuschvoll heraufkommen und eintreten. Es ist der alte Deiner, das Faktotum aus der „Silbernen Schlange", der Licht und das Abendessen für Mozart bringt.)*
DEINER: Aber Herr von Mozart, wie kann man denn so lange im Dunkeln sitzen? Da hab ich Ihnen einen extrafeinen Tafelleuchter mit drei Kerzen aus der „Silbernen Schlangen" mitbracht und einen guten Hasen zum Nachtmahl.
MOZART: Deiner, ich bitt Sie, laufen S' dem grauen Mann nach – sagen S' ihm, daß ich die Meß nicht schreiben mag – laufen S', Deiner! Sie müssen mit ihm ja unterm Tor zusammeng'stoßen sein ...

DEINER: Ich hab Gaß'n auf, Gaß'n ab niemanden g'sehn. Sie müssen geträumt haben, Herr von Mozart.

MOZART: Vielleicht hab ich geträumt, Deiner ... Aber nein ..., da am Tisch liegt ja das Geld ... *(Pause)* Deiner, bleiben S'! Nehmen Sie sich ein paar Dukaten heraus! Ich bin Ihnen ja schon so viel schuldig. Na, genieren S' Ihnen nicht, nehmen S' nur! – Ein neuer Auftrag! – Es könnt ja alles wieder gut werden ...

DEINER: Sie müssen sich schonen, Herr von Mozart, sehr schonen! Ergebenst gute Nacht! *(Ab)*.

MOZART: Gute Nacht, alter Deiner! *(Pause)* Ich kann nicht mehr zurück. Ich hab das Geld nehmen *müssen*. Es wird mir wohl so aufgesetzt sein ... Hat nicht der Tod viel Beruhigendes und Tröstliches? Vielleicht gar nichts Schreckliches? ... Sagte er nicht: Die Zeit drängt! Ich muß sofort anfangen. *(Er setzt sich zum Schreibtisch, richtet Notenpapier und Feder. Leise, wie um sich eine Melodie zu suchen:)* Requiem eternam ... *(Zarte unirdische Musik klingt auf, die Anfangstakte des ,Requiem'. Von den Worten erschüttert, mit erhobener Stimme:)* Requiem eternam ... Requiem ... *(Die Musik klingt weiter, noch in die Worte des Sprechers hineintönend, während derer sie ganz verschwindet.)*

ANTOINE DE SAINT-EXUPÉRY

Mozart im Nachtzug

Saint-Exupéry (1900–1944) setzt ganz an den Schluß seines Romans „Wind, Sand und Sterne" (1939) eine Mozart-Vision, die gleichsam rückwirkend auf die ganze Schlußszene Einfluß nehmen soll.

Vor einigen Jahren befand ich mich auf einer langen Reise, und mir kam die Lust, die fahrende Heimat anzusehen, der ich mich auf drei Tage verschrieben hatte. Ich erhob mich also in dem Lärm, der dem Geräusch des rollenden Schuttes in der Meeresbrandung gleicht, und ging um ein Uhr nachts durch den ganzen Zug.

Die Schlafwagen waren leer, die Wagen erster Klasse gleichfalls, aber die Wagen der dritten beherbergten Hunderte polnischer Arbeiter, die aus Frankreich abgeschoben wurden und ihrer Heimat zufuhren. Ich mußte in den Gängen über schlafende Menschen hinwegschreiten. Ich blieb stehen, um sie zu betrachten. Unter der dürftigen Nachtbeleuchtung in dem großen, ungeteilten Wagen, der einem Massenlager glich, einem Kasernenraum oder einer Polizeiwache, sah ich ein ganzes Volk, geschüttelt von den Bewegungen des Schnellzuges, ein ganzes Volk, getaucht in böse Träume, auf dem Wege zu entsetzlicher Armut. Dicke, kurzgeschorene Köpfe rollten auf dem Holz der Bänke; Männer, Frauen und Kinder wälzten sich unruhig, als ob all der Lärm sie feindselig angriffe, als ob die Stöße sie aus ihrem Vergessen aufrüttelten. Sie hatten alle nicht die Gastlichkeit guten Schlafs gefunden.

Es schien mir, als hätten sie etwas von ihrem Menschentum eingebüßt, wie sie so von den Wirtschaftsschwankungen von einem Ende Europas zum anderen gefegt wurden. Man hatte ihnen das kleine Haus in Nordfrankreich mit seinem winzigen Garten und den drei Geraniumtöpfen entrissen, die ich früher so manches Mal an den Fenstern der polnischen Kumpel gesehen habe. In schlecht verschnürten, verbeulten, klaffenden Bündeln hatten sie nur eben ihr Küchenzeug, ihre Decken und Vorhänge verpackt. Alles andere, was während der vier oder fünf Jahre ihres Aufenthalts in Frankreich ihr Glück und Trost war, die Katze, der Hund, die Geranien, mußte zurückbleiben, und nur die Schüsselsätze der Küche gingen mit.

Eine Mutter stillte ihr Kind. Sie war so erschöpft, daß man meinen konnte, sie schliefe. Das Leben ging in diesem Wagen in Widersinn und Unordnung weiter. Ich sah auf den Vater: ein nackter, schwerer Schädel wie ein Stein, ein Körper, der sich im unbequemen Schlaf krümmte und in Arbeitskleidern steckte, die abgetragen und zerknüllt waren.

Wie ein Lehmkloß sah er aus.

Ich mußte bei mir denken: ‚Nicht die Armut, nicht der Schmutz und die Häßlichkeit sind hier die große Frage. Aber dieser Mann und diese Frau haben sich doch eines Tages kennengelernt. Damals hat er ihr doch sicher zugelächelt, er hat ihr nach der Arbeit Blumen gebracht. Vielleicht war er ein wenig schüchtern und linkisch und hatte Angst, sie könnte ihn verschmähen. Die Frau hat sich vielleicht in natürlicher Koketterie und Anmut den Spaß gemacht, ihn in Unruhe zu halten. Er aber, der jetzt nur noch ein Hammer und eine Bohrmaschine ist, fühlte damals in seinem Herzen eine beglückende Angst.‘ Das entsetzliche Geheimnis drückte mich, wie diese Menschen solche Lehmklöße werden konnten. In welche furchtbare Form sind sie gepreßt worden, aus der sie wie vom Treibhammer zerbeult herauskommen? Ein alterndes Tier behält doch Anmut. Warum ist dieser herrliche menschliche Ton von seinem Töpfer verdorben worden? Und weiter und weiter fuhr ich unter diesem Volk, dessen Schlaf die Unrast einer Nachtwirtschaft an sich trug. Ein dumpfer Lärm mischte sich aus rauhem Schnarchen, unterdrückten Klagen und dem Schlürfen der Schuhe auf der Bank, sooft einmal einer auf der anderen Seite zu liegen versuchte, wenn die eine lahm und zerschlagen war. Dazu klang als ständige Begleitung das Rasseln des Schnellzuges, das dem Geräusch des rollenden Schuttes in der Meeresbrandung gleicht.

Ich setzte mich einem Paar gegenüber. Zwischen Mann und Frau hatte sich das Kind ein Nestchen gebaut, so gut es ging, und schlief. Einmal wendete es sich doch im Schlaf, und sein Gesichtchen erschien mir im Licht der Nachtbeleuchtung. Welch liebliches Gesicht! Diesem Paar war eine goldene Frucht geboren; aus den schwerfälligen Lumpen war eine Vollendung von Anmut und Lieblichkeit entsprungen. Ich beugte mich über die glatte Stirn, die feingeschwungenen Lippen und sah: das ist ein Musikerkopf – das ist Mozart als Kind, eine herrliche Verheißung an das Leben! So sind nur die kleinen Prinzen im Märchen. Was könnte aus diesem Kind, wenn es behütet, umhegt, gefördert würde, alles werden! – Wenn in einem Garten durch Artwechsel eine neue Rose entsteht, faßt alle Gärtner größte Aufregung. Man verwahrt die Rose, man pflegt sie, man tut alles für sie. Aber für die Menschen gibt es keinen Gärtner. Das Kind Mozart wird wie alle anderen vom Hammer zerbeult. Vielleicht empfängt es einst seine höchsten Wonnen von einer entarteten Musik in der stickigen Luft eines Nachtcafés. Mozart ist zum Tode verurteilt.

Ich kehrte in mein Abteil zurück, und meine Gedanken gingen mit: ‚Diese Leute leiden gar nicht unter ihrem Los. Nicht Nächstenliebe bewegt mich hier. Ich will mich nicht über eine nie verheilende Wunde erbarmen; denn die Menschen, die sie am Leibe tragen, fühlen sie nicht. Aber das Menschliche ist hier beleidigt, nicht der einzelne Mensch. An Mitleid glaube ich nicht, aber ich sehe die Menschen an wie ein Gärtner. Darum quält mich nicht die tiefe Armut, in der man sich schließlich ebensogut zurechtfindet wie in der Faulheit. Generationen von Morgenländern leben im Schmutz und fühlen sich wohl dabei.‘ Mich quält etwas, was die Volksküchen nicht beseitigen können. Nicht Beulen und Falten und alle Häßlichkeit; mich bedrückt, daß in jedem dieser Menschen etwas von einem ermordeten Mozart steckt.

JEAN GIONO

Das strahlende Aufsteigen der Violinen

Als Dichter seiner Heimat, der Landschaft und des Landlebens der Provence, schuf Giono (1895–1970) Lebensbilder, die an Sprachgewalt und Meta-

phernreichtum bisweilen Homerische Dimensionen annehmen. Immer wieder aber münden seltsamerweise diese Darstellungen in die fast wie naturgesetzlich sich einstellende Vision Mozart, so als stiege dieser Name aus dem Grund des Lebens als Verheißung empor. Mozart tritt in unmittelbare Zeitnähe und wird Handlungsträger des Gegenwartsalltags. Die folgende Stelle entstammt dem 1942 erschienenen Roman „Triumph des Lebens".

Gesegnet seien die Zeiten, die Mozart in sich getragen haben! Selbst für die Menschen, die ihn nicht gekannt haben; sie müssen etwas anderes zum Atmen gehabt haben, als wir es heute atmen, da die Luft jenes Zeitalters fähig war, Mozart zu umfangen. Die irdische Bahn, die das Meteor der Musik durchmessen hat, muß von Essenzen umbreitet gewesen sein, von Wellen, wie sie der Finger des Windes auf dem Wasser erregt. Könnt ihr euch nur vorstellen, wieviele Seelen beglückt worden sind durch einen Duft, einen Schauer, ein fernes Flügelschlagen, das aus dem Kursaal irgendeiner Stadt mit unaussprechlichem Namen erscholl, die weltverloren inmitten von Wäldern, Bergen, Strömen, Erzbischöfen, Herzögen und Fürsten in der Weite eines Landes ohne Eisenbahn, ohne Autos, ohne Autobusse, ohne Luftballons, ohne Flugzeuge lag? Die Übertragung der Freude, wenn man sie einem natürlichen Boten anvertraut, geschieht wie durch einen Blitzstrahl, und alle Welt wird im gleichen Augenblick getroffen und singt Hosianna. In den kleinsten verlorenen Winkeln, in den Höfen, den Weilern, den Dörfern, den Städten, auf den Landstraßen, in den Waldstücken, auf den Hafendämmen der Seehäfen, in den Sennhütten auf den Almen: überall war es vernehmlich. Ich will damit nicht sagen, alle Menschen hätten Mozart gekannt (so dumm bin ich nicht), und auch nicht, alle hätten mehr oder weniger eine Melodie oder auch nur eine Note von Mozart im Kopf gehabt, und ebendarin habe ihre Freude bestanden. Sie wäre dann sehr gefährdet und zerbrechlich gewesen (ihr seht, was für eine gewaltige Sache die Freude ist; nicht einmal das Genie, und sei es noch so außerordentlich, vermag sie zu tragen). Von dem genauen Gegenteil will ich sprechen; nämlich, daß man die Ouvertüre zur „Zauberflöte", das „Perpetuo mobile e gracioso" aus „Don Giovanni", die „Jupitersinfonie", „Les Petits Riens", den himmlischen Umritt der Herzschläge, die Waldferne der Hörner, den drolligen Adelsstolz der Fagotte nicht in Lebensbedingungen schreiben kann, in denen sich kein Anlaß findet, so etwas zu schreiben; in Lebensbedingungen, in denen nicht in allen Geistern die Möglichkeit beschlossen liegt, in leidenschaftliche Wechselbeziehung mit solcherlei Gestaltungen zu treten. Möge er in London in der Dachkammer Johann Christian Bachs sein, oder möge er sich auf der Reise nach Prag befinden; möge er vor der englischen Gouvernante stehen, die ihm Gerstenzucker bringt, oder vor dem Kutscher, der gerade seine Karosse an einer Parkecke zuschanden gefahren hat: immer weiß Herr Mozart (ich will lieber sagen, er erkannte es durch seine Seele), daß die geistigen Verklärungen, denen er Ausdruck verleiht, gleichzeitig für die Zuhörerschaft, die ihn verwirft, und für die alte englische Frau und für den tschechischen Postillon gültig sind.

Diese Universalität des Genies: es genügt nicht, wenn man sagt, sie sei eben gerade seine besondere Eigenschaft; es ist auch nötig, daß die allgemeinen Lebensbedingungen sie zulassen. Nicht derjenige ist ein Genie, der weltweiten Dingen Ausdruck leiht, sondern vielmehr derjenige, der, indem er sich selbst ausdrückt, weltweit wird. Nun aber ist der Mensch aus dem Stoff seines Zeitalters gemacht und das Genie tausendmal mehr als der Mensch. Und da ich mich in dem Ledersessel des Cafés gerade recht behaglich fühle, kann ich mich meiner selbst bedienen, wie ich es verstehe; ich gehe in das Zeitalter Mozarts ein, und ich betrachte jenes Zeitalter nicht nur wie Fußgänger auf irgendeinem Weg, das heißt von der Höhe des Menschen aus; sondern indem ich mich der Elemente bediene, die mir das Werk eines Menschen in die Hand gibt, schwinge ich mich sehr hoch in die Lüfte hinauf. Ich nagele mich irgendwo am hohen Himmel an. Dort bleibe ich haften wie ein Ikarus, dem sein Vorhaben gelungen ist, und betrachte das Zeitalter aus der Vogelschau. Ich sehe die Weiträumigkeit Frankreichs, die Weiträumigkeit Deutschlands, die Weiträumigkeit Österreichs, die Weiträumigkeit Italiens und fern im Westen, über den Nebeln eines Meeres von Luftspiegelungen, den gebirgigen Palast Englands. Nun kann ich gut mit dem Genie abrechnen, nach unserer gängigen Art, die in den einfachsten Dingen statt der Einfachheit lieber das Walten des Heiligen Geistes erblickt, und ich muß leider sagen, daß die sechzehn Noten des Hornrufs in der „Sinfonie concertante", das strahlende Aufsteigen der Violinen, das dumpf marschierende Stampfen der Kontrabässe und der Bienenschwarm der Seraphim zur gleichen Zeit wie Mozart in jenen weiten Räumen waren. Er gab seiner Welt Ausdruck mittels der Welt, die wirklich vorhanden war.

Und ohne Hintergedanken denke ich in dem Maße, wie ich an Mozarts Arbeit denke, an die Arbeit all der Handwerker der kleinen Landstadt, und ich stelle zwischen diesen beiden Arten zu arbeiten eine herrliche Übereinstimmung fest. Ich habe keineswegs das Gefühl, eine Unehrerbietigkeit zu begehen, wenn ich in ihrem Wesen und ihrer Notwendigkeit den Kräfteaufwand des einen gegen den Kräfteaufwand des andern abwäge. Ich finde, daß beides denselben Ausgangspunkt und dasselbe Ziel hat, und ich sage auch, daß es dieselbe allgemeine Größe hat. Es ist im einen und im andern Fall die Nutzbarmachung des logischsten und des edelsten Lebens. Es ist individuell ohne Egoismus und gemeinnützig ohne Entwürdigung. Und in dem Entschluß, der den Handwerker und (ich möchte nicht sagen: den Künstler) den Dichter dazu treibt, seine Kraft in einer vorbestimmten Richtung sich auswirken zu lassen, liegt (und liegt einzig) Gehorsam gegen die Naturgesetze.

PAUL WIEGLER

In der Kutsche
November 1787

Der durch seine literaturwissenschaftlichen Arbeiten sowie durch eine Geschichte der deutschen Literatur bekannte Germanist Paul Wiegler (1878–1949) schuf auch belletristische Werke, unter anderem den Kurzgeschichtenband: „Tageslauf der Unsterblichen. Szenen aus dem Alltagsleben berühmter Männer" (1950) mit der Geschichte: „In der Kutsche".

Zum zweiten Male in diesem Jahr war Mozart mit Constanze in Prag. Im Januar zu „Le Nozze di Figaro", als Gast des Grafen Thun, vom Adel und von den Böhmen umjubelt, und jetzt, im Oktober, zu „Il Dissoluto punito ossia Il Don Giovanni". Auf dem Kohlmarkt, im Haus „Zu den drei goldenen Löwen", haben er und Constanze diesmal logiert. Aber an herbstlich schönen Nachmittagen und stillen Abenden saß er in der Bertramka nahe Smichow, dem Weingut der Freundin Josepha Duschek. Im Garten hat er Kegel gespielt und der rollenden Kugel nachgesehen, und wenn er nicht dran war, an einem Seitentisch sich mit seiner Partitur befaßt. Auch das Billard ist für ihn ein mit der Tätigkeit des Komponierens zu vereinbarender Zeitvertreib. Brummend hat er zwischen zwei Stößen sein Büchlein aus der Tasche gezogen, etwas hineingeschrieben, wieder gebrummt und wieder geschrieben. Am Abend vor der Premiere war die Ouvertüre des „Don Juan" noch nicht fertig, obwohl er drei Versionen schon zu Papier gebracht hatte. Um elf Uhr hat Constanze ihn an die Arbeit geschickt. Sie hat ihm Punsch bereitet und, weil er nicht in Stimmung war, ihm Märchen vorerzählt, die Geschichten von Aladins Wunderlampe und vom Aschenputtel, so spaßhaft, daß er Tränen lachte. Seine Phantasie war erregt, er hat ausgeharrt, bis ihn der Schlaf überkam. Nach zwei Stunden Schlummer hat Constanze ihn geweckt. Für sieben Uhr morgens waren die Kopisten bestellt, sie haben die Ouvertüre mitgenommen. Was folgte, ist ein beglückender Traum, mit den Wochen der Entspannung, des Bummellebens in der düster-großartigen

Stadt unter dem Hradschin. Nachts trat Mozart, unsicher schreitend, den Rückweg in die Bertramka an. Das Kaffeehaus Steinitzer war schon geschlossen. Aber der Meister klopfte an, streifte den Mantel ab, ließ sich nieder, in blauem Frack mit vergoldeten Knöpfen, Kniehosen von Nanking und Schnallenschuhen, und Steinitzer selbst brühte ihm den schwärzesten Kaffee. „Bella mia flamma" und „Resta o cara", die Arien für Madame Duschek, sang er draußen an der Moldau, die in silbernem Mondlicht flutete. Wieder hat er mit Constanze die gelbrote Reisekutsche bestiegen, die benutzen zu dürfen er dem verehrungsvollen Interesse der alten Generalin Volkstett dankt. Drei Postpferde sind angeschirrt. Drei Tage fährt man schon, über Wittingau und Budwitz, durchgerüttelt und durchgeschüttelt, mit Übernachtungen in mittleren Gasthöfen. Jetzt ist man schon in den Wäldern von Österreich unter der Enns. Mozart weiß, bald wird man in Tulln sein, und so wird er ausgelassen. Er ist unermüdlich im Verteilen von Necknamen, auch für die Abwesenden. Er selbst ist bei solchen Späßen Punkitititi, Constanze Schabla Pumfa, der Schwager Hofer, der Violinist, Rozka Pumpa, Stadler, der Klarinettist, Notschibikitschibi, der Diener Joseph Sagadarata, der Hund Guckerl Schomantzky, die Madame Quallenberg Runzifunzi und Gottfried von Jacquin, der Wiener Freund, der Botaniker, Hikkiti Horky. Er schwatzt über die Prager Opernkräfte, über die Zerline, die er in den Arm zwacken mußte, damit sie, von Don Juan ins Nebengemach verschleppt, gehörig aufschrie, über die Posaunenbläser, die in der Kirchhofszene, bei den Worten des Komturs, versagten, und über den feigen Entrepreneur, der die Solisten schonen wollte. In einer Seitentasche der Kutsche steckt Papier. Wenn ihm ein neues Motiv durch das Hirn zuckt, wirft er Noten darauf. Die Schatten werden länger. Tulln ist passiert. Man gewahrt schon die Türme des Schlosses von Klosterneuburg, wo die Baronin Waldstätten wohnt. Am Ufer der Donau traben die Pferde beim Flackern wippender Laternen nach Nußdorf und Wien.

JOHANNES URZIDIL

Die Zauberflöte

Der in Prag geborene Dichter Urzidil (1896–1970), Freund Kafkas, hat mit seiner Erzählung „Die Zauberflöte" (dem Schlußstück des 1960 erschienenen Werkes „Prager Tryptichon") eine schwierig zu interpretierende Mozart-Geschichte geschaffen. Weil das dichterische Gebilde nach allen Seiten hin offen bleibt, die geschilderte „Zauberflöten"-Aufführung (am Prager

Deutschen Theater) geträumt ist, fluten Gestalten aus verschiedenen Zeit-
ebenen ein und lösen die Gestalt der Oper auf; ältere und jüngste historische
Ereignisse und Katastrophen scheinen einzudringen und den Gang der Oper
zu stören. Die größte Entfernung zu Mozart zeigt sich an und zugleich auch
die Gefährdung seiner Existenz für uns. Das scheint der Kern der hier in ih-
rer Hauptszene wiedergegebenen symbolträchtigen Geschichte zu sein, die
mit den Sätzen endet: „... nicht der Traum wäre zu deuten. Er ist es, der deu-
tet ... Im Norden Indiens steht noch ein altes Heiligtum, über dessen Torbo-
gen sich ein verwehtes Wort des Herrn verfangen hat: Jesus, dessen der Frie-
de ist, sagte: Die Welt ist eine Brücke. Gehe du über sie, aber lasse dich nicht
darauf nieder."

... Ein großes Geklingel fegte all die Schattengestalten aus den Foyers davon; ich erreichte die Loge Null, als der Zuschauerraum bereits abgedunkelt
und der neue Akt angebrochen war. Das Fräulein [Schikaneder] war wieder
da. Sie saß auf der roten Plüschbank im Logengrund. Ich ergriff übergangs-
los ihre Hand und sagte:
„Schikaneder. Ja, es gab Sie wirklich an unserem Theater. Das ist weder geträumt noch poetische Erfindung. Ich sah Sie oft. Und immer sagte man
mir, Sie stammten wirklich aus der Familie des Librettisten. Aber damals sahen Sie ganz anders aus. Sie waren, verzeihen Sie, dazumal schon ziemlich
alt."
„Und ob", sagte sie wohlgelaunt, „aber ich hab mir ein wenig aufgeholfen.
Das geht hierüben ganz leicht. Drüben, da lebt man auf Zeit. Übrigens sind
Sie recht unhöflich und hindern mich außerdem noch am Zuhören."
„Ach was, Sie kennen doch gewiß jeden Takt auswendig."
„Sagen Sie besser: jede Zeile. Trotzdem hör ich's immer zum erstenmal.
Aber jedesmal muß ich mich immer von neuem ärgern."
„Ja warum denn ärgern. Sind es denn nicht himmlische Musiken?"
„Sie reden genau wie alle andern. Selbstverständlich sind's himmlische Mu-
siken. Aber keiner hört auf den Text hin. Ich wünsch manches Mal, der Text
tät ein bissel revoltieren."
„Der Text, der Text! Alle Hochachtung für Ihren Herrn Ururgroßvater.
Aber schließlich kommt es doch hier vor allem auf die Musik an."
„A, da legst di nieder! Und warum hat denn sogar der alte Goethe, von dem
Sie doch wahrscheinlich auch schon gehört haben, warum hat der den Text
fortsetzen wollen? Und hat er's zustand gebracht? Mein Ahndl aus Strau-
bing hat hauptgut gewußt, was er tut, auch wenn er die Zauberinsel ein bis-
sel vom Wieland hergenommen hat. Mein Ahndl hat Rebellion gemacht.
,Da marschiert die Aufklärung', hat er gesagt. ,Denen werden wir's zeigen',

hat er gesagt. Und wer die Königin der Nacht ist, das hat damals jeder gewußt in Wien. Aber dann sind hundertfünfzig Jahre gekommen, da hat man nur die Musik als Musik gehört, obzwar doch der Mozart genau gewußt hat, warum er mit dem Es-Dur an die Türen schlägt und Posaunen losläßt und Holzbläser und mit der Flöten akkordiert und das Glockenspiel schüttelt. Aber der Schikaneder, der durft im Verrücktenhaus sterben, und sein Text, so sagten sie, der ist blöd. Und merken gar nicht, daß sie den Mozart auch blöd machen damit. Nur sie, die Herren und Damen, die sind alle ungeheuer gescheit."

Sie war herrlich in ihrer großen Rede. Ich schloß ihr den Mund mit einem Kuß. Doch aus der Tiefe dieses Kusses rissen mich plötzlich höchst überraschende Dinge, die sich drunten auf der Bühne zuzutragen begannen.

Die beiden geharnischten Männer nämlich waren unversehens an die Rampe getreten und hatten einen völlig unerwarteten Wechselgesang angestimmt, aus dem mit zunehmender Kraft die Worte hervorbrachen: „Wir verlangen ... wir verlangen!" Was sie verlangten, konnte man nicht richtig verstehen. Aber es klang nicht mehr wie Mozart. Sie blieben auch nicht lange allein an der Rampe. Bald gesellten sich die Priester des Weisheitstempels zu ihnen und sangen in anschwellendem Chorus: „Wir verlangen ... wir verlangen!" Aus den Kulissen flitzte der lüsterne Mohr und kreischte, als wäre er tausend Mohren: „Wir verlangen ... wir verlangen!" Die drei Damen tänzelten, die drei Knaben hüpften im Sextett: „Wir verlangen ... wir verlangen!" Der Vogelfänger mit seinem Weibchen war auch zur Stelle; die dienstbaren Geister der edlen Hallen, der Hofstaat der mitternächtlichen Königin, kurz die gesamte Komparserie strömte auf die Bühne, auch die Theaterarbeiter, die Kulissenschieber, die Vorhangzieher, die Garderobieren, die Feuerwehrleute, die Billetteure, das Kassenfräulein, der Portier Podlesny nebst Familie, am Ende auch die Beleuchter, diese mit dem Rufe: „Vergebens wartet Kotulan!" – er war der Beleuchtungsinspektor –, und alle, alle verhundertfachten in fugischen Überquerungen jenes unaufhörliche „Wir verlangen ... wir verlangen!"

Drunten in der Orchesterversenkung versuchte der falkenköpfige Kapellmeister weiterhin Mozart zu dirigieren, es wurde aber immer dünner und dünner, da die Musiker einer nach dem andern – wie bei jener sich reduzierenden Haydn-Sinfonie – davongingen und sich droben auf der Bühne dem Chor der Verlangenden anschlossen. Über die Galerie und zum Teil auch über den Balkon wehte ein Schauder. Aber im Parterre und Parkett saß man weiter unberührt.

„Die merken noch immer nichts", sagte Fräulein Schikaneder.

Nein, sie schienen nichts zu merken, und deshalb mußte wohl jetzt geschehen, was ich eigentlich schon seit Jahren dunkel befürchtet hatte. Es begann mit einem tiefen, gleichsam aus einem geheimen Verlies dringenden Seufzer. Dann sah ich, wie der große Kronleuchter plötzlich ins Pendeln geriet, wie er Kreise zu beschreiben begann, wie er fast schon das Rund der obersten Ränge streifte. Dann aber, als hätte er sich jäh anders besonnen, kehrte der Kronleuchter, entgegen allen Gesetzen der Physik, plötzlich zur Mitte zurück, hing vertikal und regungslos und scheinbar bereit, noch eine Sekundenfrist zu gewähren; dann flammten seine tausend Lampen nochmals auf, schütteten einen Augenblick lang blendende Lichtkatarakte in den Raum, verloschen – und dann, tonlos und fürchterlich, sauste das Ungetüm in die Tiefe.

Noch war die Bühne voll erleuchtet, und wer sehen konnte, mochte die bunte ägyptische Szenerie erblicken, dieselbe übrigens, die auch bei „Aida" in Verwendung genommen wurde. Die gewaltige Versammlung dort oben,

„Der Tempelbezirk". Aus dem Zyklus „Die Zauberflöte", Ölbild von Wolfgang Hutter, 1974
(Privatbesitz, Wien. Mit freundlicher Genehmigung des Künstlers)

die eben noch machtvoll ihr „Wir verlangen ... wir verlangen" fugiert hatte, stand jetzt starr und schweigend, als wäre ihr vor sich selbst bange. Von unten aber quoll Stöhnen und Wehklagen, pfiff Geheule, krackte Zähneknirschen; von der Bühne flackte unsicheres Licht über eine unbändige Panik rasend gewordener Fräcke und Dekolletés. Aber mehr noch als die Raketenschreie des Entsetzens und die krähenden Bässe der Verzweiflung vernahm man die beleidigten Fistelstimmen persönlichster Entrüstung.

Der eiserne Vorhang begann sich nun langsam zu senken, vermochte sich aber nicht völlig zu schließen. Die Flammen der in Brand geratenen Dekorationen leckten immer wieder zu den verstaubten Gardinen der Prosceniumslogen hin. Die güldenen Amoretten lösten sich von ihren Umrahmungen, ließen ihre Spiegel fallen und parabelten in wilder Freiheit kreuz und quer durch den Raum. Der Souffleurkasten schmolz auseinander und floß in die Orchesterhöhle, wo die sich selbst überlassenen Instrumente in abenteuerlichen Picasso-Formen tobten und tönten.

Ein Mädchen mit entblößtem Busen glitt vom Geländer der Galerie, stürzte nicht, nein: schwebte schräg, sank wie eine Blüte und verging in der Tiefe. In der Nachbarloge gestikulierten zwei Männer. „Sie sind schuld!" – „Was, ich, ich wollte von Anfang an maskiertes Licht. Sie beharrten auf dem Lüster!"

„Die Herren Architekten Fellner und Helmer", stellte Fräulein Schikaneder vor. Die beiden Herren verneigten sich formal.

Durch die Lücke, die in der Eisenbarriere noch frei blieb, sah man den bemalten Vorhang schräg niedergleiten, als hätte er sich einseitig losgerissen. Die Flammen ergriffen ihn.

PETER SHAFFER

Der graue Bote

Dem seit Puschkin (1832) und schon vorher die Literatur beschäftigenden Gerücht, der Wiener Hofkapellmeister Antonio Salieri (1750–1825) habe Mozart aus Neid auf dessen Genie vergiftet, gibt der englische Bühnenautor Shaffer (geb. 1926) in seinem Theaterstück „Amadeus" (1977) die Auslegung: Salieri habe Mozart indirekt getötet, indem er ihm durch hinterhältige Intrigen alle Möglichkeiten nahm, eine gesicherte Position zu erlangen, und sei so schuld an seinem finanziellen Ruin und frühzeitigen Tod. Für Salieri stellt sich der Kampf gegen Mozart als ein Kampf gegen das Schicksal dar, das ihm die überdurchschnittliche Begabung versagt hat und an dem er Rache nehmen will, indem er das Gerücht verbreitet, er habe Mozart vergiftet, um wenigstens als Mörder an der Unsterblichkeit Mozarts teilzuhaben. Die hier wiedergegebene Szene aus „Amadeus": „Der graue Bote", ist, u. a. was die Anspielung auf die Komturszene im „Don Giovanni" sowie die Identifizierung des grauen Boten (der nach dem Requiem fragt) als Salieri anlangt, Shaffers Fiktion.

(Die Venticelli treten auf.)
VENTICELLO 1: Schikaneder zahlt ihm nichts.
VENTICELLO 2: Schikaneder haut ihn übers Ohr.
VENTICELLO 1: Gibt ihm gerade genug für Alkohol.
VENTICELLO 2: Und behält den Rest für sich.
SALIERI: Das hätte ich selber nicht besser arrangieren können.
(Mozart hüllt sich in eine Decke, setzt sich vorne an seinen Arbeitstisch und starrt, die Decke fast übers Gesicht gezogen, regungslos ins Publikum.)
Und dann – Schweigen. Ich hörte kein Wort mehr von ihm. Warum? ... Ich wartete jeden Tag. Nichts. Warum? ... *(Schroff zu den Venticelli:)* Was macht er denn? *(Mozart schreibt.)*
VENTICELLO 1: Er sitzt an seinem Fenster.
VENTICELLO 2: Den ganzen Tag und die ganze Nacht.
VENTICELLO 1: Und schreibt –
VENTICELLO 2: Wie ein Besessener.
(Mozart springt auf und erstarrt.)
VENTICELLO 1: Jeden Augenblick springt er auf –
VENTICELLO 2: Und starrt wie wild auf die Straße!
VENTICELLO 1: Als erwarte er irgendwas –
VENTICELLO 2: Irgend jemand –
VENTICELLO 1 U. VENTICELLO 2: Keiner kann sich erklären, was!
SALIERI: Ich konnte es mir erklären.
(Aufgeregt springt auch er auf und entläßt die Venticelli. Mozart und Salieri stehen nun beide da und starren nach vorn.)
Nach wem er Ausschau hielt? Nach einer maskierten, drohenden Gestalt in Grau, die kommen würde, ihn zu holen. Ich wußte, was er tat, allein in seinem Elendsquartier. Er schrieb an einem Requiem – seinem Requiem! ... Und jetzt beichte ich das Schlimmste, das ich ihm angetan habe.
(Sein Diener bringt ihm die Kleidungsstücke, die er beschreibt und anlegt. Um sich den Hut, an dem eine Maske befestigt ist, aufzusetzen, wendet er dem Publikum den Rücken zu.)
Meine Freunde – ein Mann, der sich zu einem solchen Kampf genötigt

sieht wie ich, schreckt auch vor keiner Blasphemie zurück! Ich besorgte mir einen grauen Mantel. Ja. Und eine graue Maske. Ja.
(Er wendet sich nach vorn: maskiert.)
Und ich erschien dem verrückten Geschöpf als Bote Gottes! ... Ich bekenne, daß ich – Antonio Salieri, damals wie heute Erster Hofkapellmeister Österreichs – im November 1791 sieben Nächte hintereinander im kalten Mondschein durch das leere Wien geschritten bin. Daß ich pünktlich, wenn es von den Kirchen ein Uhr schlug, vor Mozarts Fenster stehenblieb und selbst zu einer Uhr des Schreckens für ihn wurde.
(Es schlägt eins. Salieri hebt, ohne sich von der linken Bühnenseite fortzubewegen, die Arme. Seine Finger zeigen sieben Tage an. Mozart steht, fasziniert und entsetzt, ebenso starr auf der rechten Seite und sieht voller Grauen hinüber.)
Ich zeigte ihm jede Nacht, daß ein Tag weniger für ihn blieb – und schritt davon. Und jede Nacht war das Gesicht hinter der Scheibe mehr vom Irrsinn gezeichnet. Dann aber – als ihm kein Tag mehr blieb – Grauenvoll! ... Ich erschien wie üblich und blieb stehen. Aber statt der Finger streckte ich beschwörend die Arme nach ihm aus – wie die Gestalt in seinen Träumen!
„Komm! – Komm! – Komm! ...“
(Er winkt Mozart heimtückisch heran.)
Er stand schwankend, als taumelte er in den Tod. Doch plötzlich – unbegreiflich – nahm er all seine Kraft zusammen und rief mir mit klarer Stimme die Worte zu, mit denen Leporello in „Don Giovanni“ den Steinernen Gast zum Mahle bittet.
MOZART *(öffnet das „Fenster“):* O statua gentilissima, venete a cena! *(Er winkt nun seinerseits Salieri herbei.)*
SALIERI: Einen unendlichen Augenblick lang starrten sich zwei verängstigte Männer an. Und dann – unglaublich – bemerkte ich, wie ich nickte, genau wie in der Oper – wie ich über die Gasse schritt –
(Leise erklingt die Tonleiter-Passage aus der „Don Giovanni“-Ouvertüre, immer und immer wieder, in bedrohlicher Wiederholung. Zu dieser düsteren Musik schreitet Salieri langsam nach hinten.)
seinen Türknopf drehte – und mit steinernen Füßen die Treppe hinaufstieg. Da war kein Aufhalten. Ich war in seinem Traum!
(Mozart steht voll Entsetzen neben seinem Tisch. Salieri öffnet mit einem Ruck die Tür. Rascher Lichtwechsel.)

* * *

(Salieri steht still und starrt teilnahmslos nach vorn. Mozart wendet sich drängend und ehrfürchtig an ihn.)
MOZART: Ich bin noch nicht fertig! ... Nicht annähernd. Vergeben Sie mir.

Früher konnte ich in einer Woche eine Messe schreiben! ... Geben Sie mir noch einen Monat und es ist geschafft, das schwöre ich! ... Das wird er mir doch gewähren? Gott kann sie nicht unvollendet haben wollen! ... Sehen Sie – sehen Sie sich an, was ich gemacht habe.
(Er nimmt die Seiten vom Tisch und bringt sie eifrig der Gestalt.)
Hier ist das Kyrie – das ist fertig! Bringen Sie Ihm das – Er sieht dann, daß es nicht wertlos ist! ...
(Widerwillig geht Salieri durch den Raum – nimmt die Seiten, setzt sich auf Mozarts Stuhl hinter dem Tisch und starrt nach vorn.)
Gewähren Sie mir Zeit, ich bitte Sie! Dann schreibe ich, das schwör ich Ihnen, wirkliche Musik. Ich weiß, ich habe damit angegeben, ich hätte das schon hundertmal getan, doch das ist gar nicht wahr. Ich habe noch nichts wirklich Gutes geschrieben!
(Salieri sieht die Seiten an. Sofort hört man den düsteren Anfang des „Requiems". Mozart spricht weiter:)
Ach, mein Leben hatte so schön begonnen. Früher war die Welt so voll, so glücklich! ... All die Reisen – all die Kutschen – all die lächelnden Räume! Jeder hat mich früher angelächelt – der Kaiser in Schönbrunn; die Prinzessin in Versailles – sie haben mir den Weg zum Klavier mit Kerzen beleuchtet! Und mein Vater verneigte sich, verneigte sich, verneigte sich mit solcher Freude! ... „Chevalier Mozart, mein Wunder-Sohn!" ... Warum ist das alles weg? ... Warum? ... War ich so schlecht? So böse? ... Antworten Sie für Ihn, und sagen Sie es mir!
(Absichtlich reißt Salieri die Seiten entzwei. Die Musik verstummt sofort. Schweigen. Voller Angst:)
Warum? ... Ist es nicht gut?
SALIERI *(steif):* Es ist gut. Ja. Es ist gut.
(Er reißt eine Ecke des Notenpapiers ab, hebt sie wie eine Hostie bei der Kommunion, legt sie sich auf die Zunge und ißt sie. Gequält:)
Ich esse, was mir Gott gibt. Eine Dosis nach der anderen. Mein Leben lang. Sein Gift. Wir sind beide vergiftet worden, Amadeus. Ich von dir, du von mir.
(Entsetzt geht Mozart langsam hinter Salieri, legt seine Hand auf dessen Mund und zieht ihm dann langsam von hinten Hut und Maske ab. Salieri starrt ins Publikum.)
Eccomi. Antonio Salieri. Zehn Jahre meines Hasses haben dich umgebracht.
(Mozart fällt neben dem Tisch auf die Knie.)

WOLFGANG HILDESHEIMER

Warum weinte Mozart?

Neben Romanen, Erzählungen, Theaterstücken, Hörspielen und Essays hat Wolfgang Hildesheimer (geb. 1916) auf der Basis einer jahrzehntelangen Beschäftigung mit Mozart das Werk geschrieben: „Mozart" (1977), das zu den interessantesten und meistdiskutierten Beiträgen zur jüngsten Mozart-Interpretation zählt. – Weniger Interpretation, sondern erzählerisch, die historischen Fakten intuitiv auswertend, ist der Text: „Warum weinte Mozart"; er entstand als „Rede zur Eröffnung der Ausstellung": „Wolfgang Amadeus Mozart: Idomeneo 1781–1981" in der Bayerischen Staatsbibliothek München im Jahre 1981.

... Es gibt da eine seltsame und einmalige Episode in Mozarts Leben. Als er sich im Jahr 1783 mit seiner Frau Constanze zu einem Besuch in Salzburg aufhielt, sang man eines Tages, vermutlich in kleinem Kreis, das Es-Dur-Quartett aus dem dritten Akt „Idomeneo": „Andrò ramingo e solo". Mozart sang Tenor, Constanze Sopran. Wer die anderen Beteiligten waren, weiß man nicht. Es kamen viele musikalische Freunde ins Haus des Vaters, von denen sehr wohl zwei die anderen Partien hätten singen können. Möglicherweise aber waren die anderen beiden der Vater selbst und die Schwester, in welchem Falle wohl sinnigerweise der Vater die Partie des Idomeneo und Mozart die des Idamante übernommen hätten. Wie dem auch sei: während sie sangen, brach Mozart plötzlich in Tränen aus und stürzte aus dem Zimmer. Constanze eilte ihm nach, und es dauerte, wie sie berichtet, eine lange Zeit, bis sie ihn habe trösten können.

Diese Episode hat Constanze Mozart im Jahr 1829 dem englischen Ehepaar Vincent und Mary Novello erzählt. Damals also lag sie sechsundvierzig Jahre zurück. Constanze war siebenundsechzig. Im allgemeinen erinnert man sich nach einer solchen Zeitspanne und in diesem Alter kaum noch mit Genauigkeit an lange Vergangenes. Im Lauf der Dekaden setzt das Gerüst des Geschehens Schichten unfreiwilliger Verbrämung an. Die Legende ergreift Besitz, sie wird vom Nachleben des Betreffenden geprägt, sie macht den Guten besser, den Schlechten schlechter. Aber in diesem Fall, nämlich im Fall eines plötzlichen heftigen Ausbruches, der alles momentane Erleben der Augenzeugen notwendigerweise auf sich zieht, dürfen wir annehmen, daß die Erinnerung nicht getrogen hat. Überdies wäre sie als erfundene Geschichte zu konstruieren. Obgleich Constanze nachweislich oft von der Wahrheit abgewichen ist, haben wir keinen Grund, sie in diesem Fall anzuzweifeln.

Leider ist der Bericht unbefriedigend. Ein übergroßes Taktgefühl, das wir heute als deplaciert betrachten, hat die Novellos von tiefergehenden Fragen zurückgehalten und sie gehindert, bei unzureichenden Antworten nachzustoßen. Dies wird um so unverständlicher, als der Zweck ihrer Salzburger Reise zum Teil der war, Informationen über Mozart zu sammeln, denn Vincent Novello trug sich mit der Absicht, ein Buch über ihn zu schreiben, was er jedoch, gewiß nicht zu unserem Verlust, unterlassen hat.

Wir jedenfalls hätten beim Bericht dieser Episode nicht so schnell lockergelassen. Wir hätten gefragt, wie es zur Auswahl gerade dieses Quartettes gekommen sei, wer die Beteiligten waren, vor allem aber: worüber Constanze ihren Mann denn habe trösten müssen; wie sie diesen Ausbruch erkläre. Denn man dürfte doch annehmen, daß Constanze ihn gefragt habe, was geschehen sei. Statt dessen wird der Vorfall, wie übrigens das meiste psychologisch potentiell aufschlußreiche Material, von den Novellos zwar notiert, aber in seiner symptomatischen Bedeutung nicht zur Kenntnis genommen.

Die Episode ist deshalb so seltsam, weil sie als einzige ihrer Art in Mozarts Leben bekannt ist. Den weinenden Mozart finden wir sonst nur ein einziges Mal, und zwar 1778 in München, wo den Zweiundzwanzigjährigen ein heftiger und berechtigter Liebeskummer packt. Doch in den trostlosen und verzweifelten Situationen seiner letzten Lebensjahre finden wir keine Träne. Mozart hat, soweit wir feststellen können, seiner Mitwelt gegenüber immer die Selbstbeherrschung gewahrt, auch wenn sein seelischer Zustand manchmal das Gegenteil gerechtfertigt hätte, er hat Kränkungen mit Stolz quittiert und später mit Gleichmut bagatellisiert. Er war fähig, sich selbst bis zu einem hohen Grad zu objektivieren, das mag ihn davon abgehalten haben, seinen düsteren Stimmungen allzu tief nachzugeben. Er hätte sonst sein Leben wohl kaum ertragen können.

Vincent und Mary Novello muten uns zwar ein wenig biedermeierlich-spießbürgerlich an, ein wenig begrenzt auch in ihrer Aufnahmefähigkeit und ihrer emsigen Beflissenheit, sich ihr vorgeprägtes Mozartbild bestätigen zu lassen, aber sie waren grundehrlich und gewissenhaft. Das Kriterium der Wahrhaftigkeit ist hier also erfüllt. Die Qualität ihrer Vorstellungskraft jedoch war bescheiden; es war ihnen nicht gegeben, nach Dimensionen zu forschen, die ihnen nicht geläufig waren. Es mangelte ihnen an – sozusagen – rezeptiver Inspiration. Daher beschränkten sie ihre Fragen an die Gesprächspartner auf das Naheliegende, das mitunter freilich wissenswert ist. Welche seiner Kompositionen, so wollten sie wissen, habe Mozart am meisten geschätzt. Wohlgemerkt: sie fragten nicht, welche Opern! Constanze antwortete, er habe viel von „Don Giovanni" und von „Figaro" gehalten, doch habe er vielleicht den „Idomeneo" am meisten geliebt, da ihm diese

Oper Assoziationen mit einer unvergleichlichen Lebensperiode heraufbeschworen habe. Vincent Novello gebraucht hier in der Tat das Wort „associations". An anderer Stelle erzählt Constanze sogar ungefragt, daß Mozart in München sehr glücklich gewesen sei; vielleicht sei dies der Grund gewesen, daß er den „Idomeneo" so geschätzt habe. Wir dürfen annehmen, daß diese Aussagen auf Wahrheit beruhen: es liegt ihnen kein Zweckdenken zugrunde, Constanze hat sich mit ihnen keinen Vorteil verschafft. Im Gegenteil: man hätte sogar denken mögen, daß sie diese Periode verschweige, denn in ihr spielt sie noch keine Rolle, an Mozarts Glück hat sie nicht teil. Heirat und Partnerschaft lagen noch in einer unerahnten Zukunft. Es war durchaus nicht die Eigenschaft der Witwe Mozart, ihre Bedeutung für ihren Mann in den Schatten zu stellen. So gewinnt diese Information beinah den Charakter einer Konzession an die Wahrheit.

Demnach wissen wir also, daß „Idomeneo" im Leben Mozarts einen besonderen Platz einnimmt, und dies vielleicht noch nicht einmal aufgrund der absoluten Qualität, sondern aufgrund der Assoziationen mit seiner Entstehungszeit. Daß ihm daher jede Beschäftigung mit dem Werk Einzelheiten dieser Entstehung vor Augen führen mußte, ist selbstverständlich. Es liegt nahe, anzunehmen, daß der Tränenausbruch beim Singen zweieinhalb Jahre später durch schmerzliche Erinnerungen an jene glückliche Periode ausgelöst wurde, der das Werk entstammt. Mozart – ich habe es gesagt – war groß in seiner bewußten Selbstkontrolle anderen gegenüber, doch er war psychisch labil und neigte zu emotionaler Instabilität. Plötzliche Ausbrüche von Freude oder Schmerz, von Mut oder Unmut, waren ihm nicht fremd, denn in seinem Inneren vollzog sich ein permanenter Konflikt zwischen internem Auftrag und externer Verpflichtung. Hier also hätte er einer jähen Aufwallung frei und heftig nachgegeben. Vielleicht wäre er sich sogar nachträglich eines Mangels an Kontrolle bewußt geworden.

Nur eben wundern wir uns darüber, daß diese anscheinend überwältigende Erinnerung ihn zu einem Zeitpunkt anfiel, zu dem er, allem Anschein nach, keineswegs unglücklich war. Seit zwei Jahren in Wien etabliert, wo seine „Entführung aus dem Serail" mit großem Erfolg aufgeführt worden war, seit einem Jahr scheinbar glücklich verheiratet, das erste Kind geboren – daß es schon wieder gestorben war, wußte er nicht, aber es hätte ihn nicht tief berührt –: die äußeren Umstände scheinen diese jähe Erschütterung weniger zu rechtfertigen, als sie es auch nur drei Jahre später getan hätten. Der Glückliche erfährt keine plötzliche Reminiszenz an früher erlebtes Glück; er genießt die Rückschau auf Stadien, die dazu führten, und genießt ihre befriedigende Kontinuität. Eine solche aber war im Falle Mozart nicht gegeben. Zwar lagen, als er mit Constanze Salzburg besuchte, noch zwei glanzvolle Jahre vor ihm – was er nicht wissen konnte –, aber es lagen weitaus mehr glanzlose, wenn nicht gar kümmerliche Jahre vor ihm – was er zwar ebenfalls nicht wissen konnte, aber, da er 1783 bereits den schweren Weg des freien Künstlers beschritten hatte, wohl erahnen mußte.

Reines ungetrübtes Glück ist in jedem Leben selten. Kaum einer erfährt es bewußt; feststellbar bleibt es vor allem in der Retrospektion, als ein Moment des „damals". Im Leben des genial Überbegabten – und das können wir erfahrungsgeschichtlich belegen – kommt es nicht vor. Sein unbewußter, aber omnipräsenter Wille zur Selbstverwirklichung kollidiert mit dem Treiben seiner Mitwelt. Er paßt sich nicht an und ordnet sich höchstens scheinbar ein. Sofern er nicht arbeitet, arbeitet es in ihm. Er mag sich durch den artifiziellen Glücksrausch zeitweilig betäuben, aber dieser befriedigt nur seine vegetative Seite; das Ziel seines Geistes, nämlich künstlerische Erfüllung und damit Erlösung aus allem Streben, läßt sich nur in kurzen Momenten aus seinem Bewußtsein verdrängen. Es liegt im Wesen des kreativen Genies, daß es subjektiv diese Erfüllung niemals erreicht. Darin war Mozart keine Ausnahme.

Musik als die einzige der Künste, die primär kein Objekt hat, die also jeder nach seiner eigenen seelischen Veranlagung empfinden und deuten kann, ist daher diejenige Kunst, die den wunderbaren Rausch, den seligen Schauer am unmittelbarsten herbeiführen kann. Im Idealfall, also bei Mozart, ist sie von einer Suggestionskraft, die uns jene sublime Erfüllung vortäuscht, wie sie sich uns im Leben entzieht. Sie löst eine Katharsis aus, aus der geläutert und erneuert hervorzugehen wir uns wünschen, während wir bereits wissen, daß wir nach dem Ende der Musik – wenn nicht gar nach dem Verstreichen der sogenannten „schönen Stelle" – wieder die Alten sein werden. Dieses Erleben löst, wie man weiß, bei manchem Hörer Tränen aus. Denn niemals kann die sinnliche Hör-Erfahrung als die Erfahrung reinen Glückes auf uns kommen: unser Verstand bleibt eingeschaltet und löst jenes Interpretationsgeschehen aus, das nicht nur dem Objekt – also der Musik – gilt, sondern auch dem Subjekt – also uns selbst und unserem eigenen Erleben dieser scheinbaren Metamorphose, die uns jedoch wieder der Wirklichkeit zuführt und uns mit der Empfindung eines schmerzlichen Verlustes zurückläßt.

Brach nun also Mozart in Tränen aus, weil er, von seinem eigenen Werk erschüttert, sich in thematischem Anklang unwillentlich mit einem eigenen Verlust konfrontieren mußte? Gewiß ist diese wunderbare Komposition dazu angetan, die Seele aufzurühren, und um so mehr die Seele dessen, der sie schuf; der überdies die Gunst der Umstände nacherlebt, unter denen der kreative Akt stattfand. Aber hier fragt es sich, ob diese von uns konstruierte

Assoziation sein Bewußtsein wirklich erreichte. Es ist die Meinung geäußert worden, und zwar von zwei hervorragenden Mozartkennern, daß diese Episode gleichsam ein autobiographisches Zeugnis darstelle; das Quartett enthalte Parallelen zu Mozarts eigenem Leben, sowohl zu der Vater-Sohn-Beziehung als auch zu seiner ehemaligen Liebesbeziehung zu Aloysia Weber. Es stelle selbsterlebten „Kummer der Trennung, der Entfremdung und der Lieblosigkeit" dar. Der Weinkrampf Mozarts sei so zu verstehen, daß er hier „die ganze Wirklichkeit seines Schicksals in seiner eigenen Musik noch einmal erleben" müsse. Ich halte diese Deutung für unwahrscheinlich. Denn wenn wir die Relation zwischen Fiktion und Wirklichkeit hier ganz analysieren, so ergeben sich in diesem Musikstück und seinem Thema völlig andere Konstellationen als in Mozarts vergangenem Schicksal. Die Opera seria zeichnet sich ja in ihrer inhaltlichen Modellstruktur eben dadurch von anderen dramatischen Gattungen ab, daß sie Ideales darstellt und daher in ihrer teils papiernen, teils steinernen Stilisierung keinen Anklang an persönlich erlebbare Wirklichkeit zuläßt. Und textlich ist auch Idomeneo zutiefst Opera seria, wenn auch natürlich Mozart weit darüber hinauskomponiert hat. Allerdings wurde die Opera seria damals nicht als ein solches Artefakt empfunden, und aus vielen Briefen der Zeit, auch aus denen Mozarts, geht hervor, daß ihr Stil mitunter modellbildend für schriftliche Gefühlsäußerungen wirken konnte, und damit vielleicht auch für die ausgedrückten Gefühle selbst. Dennoch schließe ich die erwähnte autobiographisch orientierte Deutung aus, freilich immer eingedenk meiner Prämisse: stiege Mozart herab und sagte: du hast unrecht, die anderen hatten recht, so wäre ich der Verlierer, und es bliebe mir nur, Mozart zu überzeugen, daß der Schein und damit die Wahrscheinlichkeit mir recht geben.
Und diese Überzeugung möchte ich hier mit Nachdruck verteidigen. Warum weinte Mozart? Nicht weil das Singen des Quartetts eine Assoziationskette in Bewegung gesetzt hätte, die ihm das Gefühl entschwundenen Glükkes als Element der Reminiszenz vor Augen führte, sondern weil irgendeine musikalische Figur – ja, vielleicht war es auch nur ein bestimmtes Intervall – einen Mechanismus des *Unbewußten* ausgelöst hat, der zu dieser heftigen psychischen Reaktion führte; zu einem Vorgang der Erinnerung also, der sich in einer anderen, tieferen Schicht vollzieht als jene Automatik unwillkürlicher Gedankenverbindungen, die wir rekonstruieren können. Hier, in diesem Fall, waren die Gedanken nicht involviert, sondern nur die Seele. Wir finden solche Reaktion ja auch bei Minderen als Mozart, bei denen es sinnlos wäre zu fragen: Warum weinst du? Sie wissen es nicht, denn ihr Weinen hat kathartischen Charakter: Katharsis aber, so bewußt auch das auslösende Moment vom Komponisten oder vom Dichter konstruiert sein

mag, bedeutet ein *unbewußtes* Abreagieren der Affekte. Und so hätte auch Mozart wohl kaum sagen können, was ihn überkommen hatte. Wir dürfen annehmen, daß Constanze ihn gefragt hat. Wir dürfen auch annehmen, daß der Grund seines Weinens tatsächlich jenes entschwundene Glück *war;* aber es war ihm in diesem Augenblick der Erschütterung nicht *bewußt.*
Ich sagte „entschwundenes Glück". Ich glaube nämlich, daß Mozarts vier Münchener Monate die relativ glücklichste Zeit seines Lebens waren, zeitweise genährt von der Hoffnung, hier immer bleiben zu dürfen. Zum ersten Mal in seinem Leben war er sein eigener Herr, unbeaufsichtigt und auch in seinem außermusikalischen Stundenplan niemandem Rechenschaft schuldig. Er arbeitete an seinem ersten Opernauftrag nach einer Pause von fünf Jahren. All sein Denken und Handeln war dem Augenblick verhaftet, die Zukunft war verdrängt, und mit ihr der – objektiv gesehen, über Gebühr verhaßte – Dienst beim Erzbischof, in den er freilich nicht wieder zurückkehren sollte, aber das wußte er nicht. Alles spricht dafür, daß er in einer euphorischen – damit ist nicht gesagt: manischen – Verfassung war, beflügelt offensichtlich vom Gelingen der Oper, das ihm von allen Seiten, auch vom Kurfürsten selbst, bestätigt wurde. Er schwelgte im Vollgefühl seiner schöpferischen Macht, von der die Oper denn auch zeugt, die nach Einstein „ewig das Entzücken aller echten Musiker bleiben wird", und wir ergänzen: nicht nur der Musiker. Sie ist die Krone aller Opere serie, vor allem weil sie so viel mehr ist als das. Aber große Werke hat Mozart auch zu Zeiten geschrieben, in denen es ihm nachweislich sehr schlecht ging. Bezeichnend also für seine Hochstimmung ist vielmehr seine Selbstdokumentation in den Briefen an den Vater. In ihnen erscheint er gereift in seinem analytischen Denken und legt eine wägende Vernunft an den Tag wie niemals zuvor und auch später nicht mehr. Tatsächlich erscheint es uns, als hätten die technischen Widrigkeiten der Inszenierung eine innere Kraft und eine souveräne Selbstsicherheit in ihm erweckt, wie sie in seinem Leben einmalig sind. Die männlichen Sänger waren, jeder auf seine Weise, unbefriedigend; es bedurfte eines gehörigen Maßes einsichtiger Geduld, ihnen die Rollen nahezubringen, das Optimale aus ihnen herauszuholen und gleichzeitig ihre Eitelkeit zu befriedigen. Der Text des Salzburger Hofkaplans Abbate Varesco war ein rhetorisch aufgebauschtes Machwerk, dessen endloses Beiseitesprechen und monologische Suada Mozart nicht in Kauf zu nehmen gewillt war, und so forderte er von dem Abbate wiederholt Beschränkung auf handlungsfördernde Elemente, er wollte Striche und Kürzungen, wobei er auch noch auf dessen Dichter-Allüren Rücksicht nehmen mußte. All dies tat er mit einer inspirierten Sachlichkeit, einer Konzentration auf das Wesentliche, ja, einer pragmatischen Weisheit, die uns manchmal phänomenal erscheint. Ein Bei-

spiel sei herausgegriffen: Für die Stimme des Orakels hatte Varesco eine wahre Verkündigungsrhapsodie verfaßt, mit evokativen Einschüben. Mozart verlangte Kürzung. Varesco kürzte um die Hälfte, und diese Hälfte kürzte Mozart nochmals um die Hälfte ... an den Vater ... schreibt er: „Sagen Sie mir, finden Sie nicht, daß die Rede von der unterirdischen Stimme zu lang ist? Überlegen Sie es recht. – Stellen Sie sich das Theater vor, die Stimme muß schreckbar sein – sie muß eindringen – man muß glauben, es sei wirklich so – wie kann sie das bewirken, wenn die Rede zu lang ist, durch welche Länge die Zuhörer immer mehr von dessen Nichtigkeit überzeugt werden? – Wäre im Hamlet die Rede des Geistes nicht zu lang, sie würde noch von besserer Wirkung sein ... "

Hier haben wir also, in einem „A-propos-Satz", eine scharfsinnige und eminent zutreffende Kritik an Shakespeare, die um so mehr wiegt, als sie von einem Ebenbürtigen kommt. Solche alerten Seitenblitze haben wir im späteren Mozart nicht mehr. Von der Münchener Zeit an beginnt – und zwar sofort – ein Leben der Bindungen und der daraus sich ergebenden Verstrikkungen, zunächst nur latent, aber allzubald bis zum Gehetztsein akut. Sie haben ihn veranlaßt, eine Art Doppelleben zu führen, geteilt in alltägliche Mühsal und Freiwerden bei der Arbeit, die allmählich Fluchtcharakter annahm. Bei ihr erholte er sich zwar von seiner materiellen Misere, doch niemals mehr so völlig, daß es ihm gestattet wäre, sich einen geistigen Horizont zu erarbeiten, vor dem er sich selbst und seine Arbeit reflektieren könne. Gewiß, als er 1783 mit Constanze und zwei anderen das Quartett sang, wußte er das noch nicht. Doch einen endgültigen Verlust hatte er erahnt, als er München verließ. Die wehmütige Einsicht des „nevermore", also die Bewußtmachung des Unwiederbringlichen, ist ein machtvolles Agens der Seele, das sich alsbald festsetzt und sie kontrapunktisch zu beherrschen beginnt. Auch Mozart hat es gespürt und verdrängt, bis er es, in letzten Briefen, formuliert hat. Wahrscheinlich hat Mozart ein wirkliches Glück nicht gekannt, doch ebenso wahrscheinlich hat er darüber niemals nachgedacht. Das Mißliche, Nichtsversprechende schob er meist von sich, auch das wissen wir aus seinen Briefen. Aber es hat Momente gegeben, in denen es als eine jähe Eruption aus seinem Unbewußten hervorbrach, und das Quartettsingen damals in Salzburg war ein solcher Moment. Wenn Musik die Kunst ist, das Unsagbare zu sagen, so war Mozart, als ihre Verkörperung, der Mann, dieses Unsagbare unmittelbar zu erleben, ohne sich darüber im klaren zu sein. Schließlich war es ihm an seinem Ende noch nicht einmal vergönnt, sich letzte Klarheit darüber zu verschaffen, wer er in Wirklichkeit gewesen war.

ANHANG

ZEITTAFEL

Die Zeittafel enthält die wichtigeren Daten zu Leben und Werk Mozarts, in Abstimmung auf die Mozart-Geschichten des Bandes. Sie stellt die Fakten der Texte, die nach der Folge ihrer Entstehung angeordnet sind, in die chronologische Abfolge und gibt einen knappen, die Texte ergänzenden Überblick über Mozarts Biographie.

1756, *27. Januar, 20 Uhr:* Wolfgang Amadeus Mozart in Salzburg, Getreidegasse 9, geboren, als letztes von sieben Kindern (von denen fünf früh starben). Eltern: Leopold Mozart (1719 Augsburg – 1787 Salzburg) und Anna Maria Walburga (1720 St. Gilgen am Wolfgangsee – 1778 Paris). Schwester: Anna Maria Walburga Ignatia (Nannerl) (1751–1829).

1759 Leopold Mozart legt für seine Tochter Nannerl ein Notenbuch „Pour le Clavecin" (mit Stücken von Georg Christoph Wagenseil u. a.) an; es dient auch für Mozarts ersten Unterricht am Klavier.

1761, *Januar/Februar:* Erste Kompositionen Mozarts: Andante für Klavier KV 1a und Allegro für Klavier KV 1b.

1762, *12. Januar (bis Anfang Februar):* 1. Reise nach München, mit Vater und Schwester; die Kinder spielen dem Kurfürsten Maximilian III. Joseph vor.

18. September (bis 5. Januar 1763): 1. Reise nach Wien, mit Eltern und Schwester.

13. Oktober: Mozart und seine Schwester werden von Kaiserin Maria Theresia und Kaiser Franz I. in Schönbrunn empfangen und spielen vor.

1763, *28. Februar:* Leopold Mozart wird zum fürsterzbischöflichen Vizekapellmeister ernannt.

9. Juni (bis 29. November 1766): Reise nach Paris und London mit Eltern und Schwester.

1764, *10. März:* Erstes Konzert der Mozart-Kinder in Paris im Theatersaal des Mr. Félix, rue St. Honoré.

10. April: Abreise aus Paris nach London (Ankunft 23. April).

27. April: Die Mozart-Kinder konzertieren vor König George III. und seiner Gemahlin Sophie Charlotte im Buckingham-House in London.

10. Mai: Erkrankung Mozarts (zehn Tage).

19. Mai: Abermals Empfang und Konzert am englischen Hof; Mozart begleitet die Königin zu einer Arie. Begegnung mit Johann Christian Bach.

Anfang Juli: Schwere, vier Wochen dauernde Erkrankung Leopolds.

1765, *24. Juli:* Abreise der Familie Mozart aus London. Weitere Stationen der Konzertreise sind Lille, Gent, Den Haag (Ankunft 10. September).

November/Dezember: Schwere Erkrankung Mozarts an Bauchtyphus, nachdem vorher Nannerl erkrankt war.

143

1766, 22. *Januar:* Öffentliches Konzert der Mozart-Kinder in Den Haag.
11. *März:* Konzert der Mozart-Kinder bei Hof.
Ende März: Abreise aus Den Haag. Weitere Stationen: Amsterdam, Haarlem, Utrecht, Brüssel, Paris (Mai), Lyon, Genf, Lausanne, Zürich (Anfang Oktober, Gast bei dem Dichter Salomon Geßner), Ulm, Augsburg, Biberach, München (Ankunft 8. November).
9. *November:* Die Mozart-Kinder konzertieren vor dem bayerischen Kurfürsten Maximilian III. Joseph.
29. *November:* Ankunft in Salzburg.
1767, 12. *März:* Uraufführung des von Mozart komponierten 1. Teils des Oratoriums „Die Schuldigkeit des ersten Gebots" (KV 35) im Rittersaal der Salzburger Residenz.
13. *Mai:* Uraufführung der ersten Oper Mozarts, des musikalischen lateinischen Intermediums „Apollo und Hyacinth" (KV 38) auf der Bühne neben der Aula academica in Salzburg.
11. *September (bis 5. Januar 1769):* 2. Reise der Familie Mozart nach Wien.
23. *Oktober:* Flucht nach Brünn und Olmütz vor den Blattern, an denen die Mozart-Kinder aber schließlich doch erkranken. Rückkunft in Wien 10. Januar.
1768, 19. *Januar:* Audienz bei Kaiserin Maria Theresia und Kaiser Joseph II.
September oder Oktober: Aufführung von Mozarts Singspiel „Bastien und Bastienne" (KV 50/46b) in Wien, angeblich im Hause des Arztes Dr. Franz Anton Mesmer. Text von Friedrich Willhelm Weiskern u. a.
7. *Dezember:* Uraufführung der „Waisenhaus-Messe" (KV 139/47a) in der Kirche „Mariae Geburt" des Waisenhauses am Rennweg in Gegenwart der Kaiserin Maria Theresia; Mozart dirigiert.
1769, 5. *Januar:* Ankunft in Salzburg.
1. *(?) Mai:* Uraufführung des Dramma giocoso „La finta semplice" (KV 51/46a), Text von Carlo Goldoni, in der Salzburger Residenz, nachdem die Aufführung des April–Juli 1768 in Wien komponierten Werkes dort durch fortlaufende Intrigen (Juni bis September) verhindert worden war.
15. *Oktober:* Uraufführung der „Dominicus-Messe" (KV 66) in St. Peter in Salzburg.
14. *November:* Mozart wird zum unbesoldeten 3. Konzertmeister der Salzburger Hofkapelle ernannt.
13. *Dezember (bis 28. März 1771):* 1. Italienreise Mozarts, mit dem Vater.
1770, 5. *Januar:* Mozart konzertiert in der Accademia Filarmonica in Verona.
23. *Januar:* Ankunft in Mailand, Weiterreise 15. März über Lodi, wo Mozart sein erstes Streichquartett (KV 80/73f) komponiert.
24. *März:* Ankunft in Bologna, in den nächsten Tagen Begegnungen mit dem Musikhistoriker und Komponisten Padre Giovanni Battista Martini.
11. *April:* Ankunft in Rom; Mozart schreibt aus dem Gedächtnis das in der Capella Sistina gehörte „Miserere" von Gregorio Allegri, das nicht kopiert werden durfte, auf.
14. *Mai:* Ankunft in Neapel (26. Juni Rückkehr nach Rom).
5. *Juli:* Papst Clemens XIV. verleiht Mozart den Orden vom Goldenen Sporn im Palazzo Quirinale in Rom.
20. *Juli – 13. Oktober:* Aufenthalt in und bei Bologna. Zeitweise täglich bei Padre Giovanni Battista Martini.
9. *Oktober:* Aufnahmeprüfung Mozarts in die Accademia Filarmonica in Bologna, in Gegenwart aller Mitglieder.
16. *Oktober – 4. Februar 1771:* Aufenthalt in Mailand und Turin.

26. Dezember: Uraufführung der Oper „Mitridate, Rè di Ponto" (KV 87/74a) im Teatro Regio Ducal in Mailand, Mozart dirigiert.

1771, *4. Februar:* Antritt der Heimreise von Mailand über Verona, Venedig, Padua, Innsbruck.

13. März: Padua; Mozart erhält den Auftrag zur Komposition eines Oratoriums („La Betulia liberata", KV 118/74c) (Uraufführung unbekannt).

28. März: Rückkehr nach Salzburg.

13. August (bis 15. Dezember): 2. Italienreise, mit dem Vater.

17. Oktober: Uraufführung des Festspiels „Ascanio in Alba" (KV 111) im Teatro Regio Ducal in Mailand.

1772, *14. März:* Hieronymus Graf Colloredo wird zum Fürsterzbischof von Salzburg erwählt; als solcher Vorgesetzter und Dienstherr Mozarts.

Anfang Mai: Uraufführung der Serenata dramatica „Il Sogno di Scipione" (KV 126) in der Salzburger Residenz.

21. August: Mozart wird besoldeter Konzertmeister mit 150 fl. jährlich (bisher nur dem Titel nach).

24. Oktober (bis 13. März 1773): 3. Italienreise, mit dem Vater.

26. Dezember: Uraufführung der Oper „Lucio Silla" (KV 135) im Teatro Regio Ducal in Mailand.

1773, *17. Januar:* Uraufführung der Motette „Exultate, jubilate" (KV 165/158a) in der Theatinerkirche in Mailand.

Januar: Vergebliche Bemühung des Vaters um Anstellung Mozarts beim Großherzog Leopold von Toscana.

4.(?) März: Abreise von Mailand, Heimreise über Brixen nach Salzburg, Ankunft 13. März.

14. Juli (bis 26. September): 3. Reise nach Wien, mit dem Vater.

5. August: Audienz bei Kaiserin Maria Theresia in der Hofburg.

Spätherbst: Die Familie Mozart übersiedelt von der Getreidegasse in das Tanzmeisterhaus am Hannibalplatz (jetzt Makartplatz 8).

Dezember: Mozart vollendet sein erstes Klavierkonzert (D-dur KV 175).

1774, *4. April:* Eröffnung der „teutschen Schaubühne" in Wien mit Tobias von Geblers Schauspiel „Thamos, König von Ägypten", Chöre und Zwischenaktmusik (KV 345/336a) von Mozart.

6. Dezember (bis 7. März 1775): 2. Reise nach München, mit dem Vater.

1775, *13. Januar:* Uraufführung der Opera buffa „La finta giardiniera" (KV 196) im Salvatortheater in München in Anwesenheit des Kurfürsten Maximilian III. Joseph.

Anfang März: Klavierwettspiel zwischen Mozart und Ignaz von Beecke im Gasthof „Zum Schwarzen Adler" in München.

23. April: Uraufführung der Oper „Il Rè Pastore" (KV 208), Text von Pietro Metastasio, in Salzburg anläßlich der Anwesenheit des Erzherzogs Maximilian Franz.

1776, *18. Juni:* Uraufführung der sog. 1. Lodronschen Nachtmusik (Divertimento F-dur KV 247) zum Namenstag der Gräfin Maria Antonia Lodron.

21. Juli: Uraufführung der Haffner-Serenade (KV 250/248b) anläßlich der Vermählung der Tochter des Salzburger Bürgermeisters Sigmund Haffner d. Ä. Komposition der Missa brevis in D-dur KV 259 (Orgelsolo-Messe).

1777, *28. August:* Fürsterzbischof Colloredo bewilligt Mozarts Gesuch um Entlassung aus dem Hofdienst.

23. September (bis Mitte Januar 1779): Reise nach Paris in Begleitung der Mutter.

24. September: Ankunft in München zu zweiwöchigem Aufenthalt. Währenddessen ergebnislose Audienz Mozarts bei dem Theaterprinzipal Graf Joseph Anton Seeau und dem Kurfürsten Maximilian III. Joseph wegen Anstellung in München.

11. Oktober: Abfahrt nach Augsburg, hier zweiwöchiger Aufenthalt. Freundschaft mit der Cousine Maria Anna Thekla (dem „Bäsle").

26. Oktober: Weiterreise nach Mannheim. Hier Besuche bei dem befreundeten Komponisten Christian Cannabich und Ende Dezember Begegnung mit Christoph Martin Wieland.

1778, *Januar – Februar:* Bekanntschaft mit der Familie des Fridolin Weber, Zuneigung zu dessen 16jähriger Tochter Aloysia.

12. März: Akademie bei Christian Cannabich mit Werken von Mozart, u. a. Konzert für drei Klaviere (KV 242) unter Mitwirkung von Rosa Cannabich, Therese Pierron und Aloysia Weber, die zwei von Mozart für sie komponierte Arien singt (KV 294).

14. März: Abschied von Mannheim.

23. März: Ankunft in Paris. In der Folge Kontaktaufnahme mit Johann Baptist Wendling, Baron Friedrich Melchior Grimm u. a.

11. Juni: Uraufführung von Jean Georges Noverres Ballett „Les petits riens" mit Mozarts Musik (KV 299b/Anh. 10) in der Grand Opéra in Paris.

18. Juni: Aufführung der Pariser Sinfonie (KV 297/300a) im Schweizer Saal der Tuilerien in Paris (Uraufführung 12. Juni).

3. Juli: Tod der Mutter. Am 4. Juli Einsegnung in der Kathedrale von St. Eustache und Beisetzung vermutlich in dem dortigen Cimetière St. Jean-Porte-Latine.

Mitte August: Begegnung mit Johann Christian Bach.

September: Differenzen mit Baron Grimm, der Mozart zur Abreise aus Paris rät, wo dieser vergeblich versucht hat Fuß zu fassen.

26. September: Abreise aus Paris; weitere Stationen Nancy, Straßburg.

6. November: Ankunft in Mannheim, Aufenthalt bis 9. Dezember.

25. Dezember: Ankunft in München. Unterkunft bei der inzwischen hierher übersiedelten Familie Weber. Aloysia Weber, die er für sich zu gewinnen sucht, weist ihn zurück.

1779, *8. Januar:* Das „Bäsle" in München.

Mitte Januar: Rückreise nach Salzburg, möglicherweise mit dem „Bäsle".

17. Januar: Dekret über die Anstellung Mozarts als Hoforganist in Salzburg mit Jahresgehalt von 450 fl.

23. März: Mozart vollendet die Krönungs-Messe (KV 317).

September: Mozart beginnt die Arbeit an dem deutschen Singspiel „Zaide" (KV 344/336b) (Uraufführung 21.1.1866).

Ende September: Die Familie Weber übersiedelt von München nach Wien; Aloysia an der Wiener Hofoper engagiert.

1780, *Ende September:* Erste Fühlungnahme Mozarts mit dem in Salzburg mit seiner Truppe gastierenden Emanuel Schikaneder beim Kegelschieben.

31. Oktober: Aloysia Weber heiratet in Wien den Hofschauspieler Joseph Lange.

5. November (bis 12. März 1778): Reise nach München zur Einstudierung des „Idomeneo".

1781, *26. Januar:* Leopold und Nannerl treffen in München ein.

29. Januar: Uraufführung der Oper „Idomeneo, Rè di Creta" (KV 366) in der Münchener Residenz (Cuvilliés-Theater). Text von Giambattista Varesco.

12. März: Mozart reist auf Befehl des Erzbischofs von München nach Wien.

Mai – Anfang Juni: Bruch mit dem Erzbischof. Mozart nimmt Logis in der Weberschen Wohnung Am Peter „Zum Auge Gottes", 2. Stock (jetzt Nr. 11).

8. Juni: Mozart tritt aus dem salzburgischen Hofdienst aus mit der Absicht, sich in Wien zu etablieren.

Ende August: Mozart mietet ein Zimmer Am Graben (jetzt Nr. 17).

24. Dezember: Wettspiel auf dem Klavier mit Muzio Clementi vor Kaiser Joseph II. in der Hofburg.

1782, *April:* Mozart um diese Zeit jeden Sonntag im Hause Gottfried van Swietens: Beschäftigung mit Händel und Bach.

16. Juli: Uraufführung des Singspiels „Die Entführung aus dem Serail" (KV 384) im Burgtheater; Text von Gottlieb Stephanie d. J.

23. Juli: Mozart übersiedelt vom Graben zum „Roten Säbel" an der Hohen Brücke (jetzt Wipplingerstr. 19).

29. Juli: Vollendung der Haffner-Sinfonie (KV 385).

4. August: Hochzeit Mozarts mit Constanze Weber (1762–1842) im Wiener Stephansdom. Anwesend Constanzes Mutter und Schwester Sophie, Johann Thorwart, Johann Carl Cetto von Kronstorff und Dr. Franz Wenzel von Gilowsky. Anschließend Feier bei der Baronin Martha Elisabeth von Waldstätten.

Dezember: Übersiedelung bei der Hohen Brücke in das Haus (heute) Wipplingerstr. 14, 3. Stock, zu Baron Wetzlar von Plankenstern (bis Februar 1783, dann vorübergehend Wohnung am Kohlmarkt, Stadt Nr. 1179).

Subskription von Klavierkonzerten und vielseitige Konzerttätigkeit.

1783, *Anfang Januar:* Erstes Zusammentreffen Mozarts mit dem Librettisten Lorenze Da Ponte im Haus von Plankensterns.

24. April: Umzug vom Kohlmarkt nach dem Judenplatz, Stadt Nr. 244, 1. Stock (jetzt Nr. 3).

17. Juni: Geburt von Mozarts 1. Kind Raimund Leopold († 19.8.1783).

Ende Juli – Ende November: Mozart mit Constanze in Salzburg.

26. Oktober: Uraufführung der c-moll-Messe (KV 427/417a) in St. Peter in Salzburg. Constanze übernimmt die Solosopran-Partien.

4. November: Uraufführung der Linzer Sinfonie (KV 425) im Linzer Theater bei Mozarts Aufenthalt während der Rückreise nach Wien.

Anfang Dezember: Mozart schreibt an der Oper „L'oca del Cairo" (KV 422).

1784, *Januar:* Die Mozarts übersiedeln vom Judenplatz in den Trattner-Hof, Am Graben, Stadt Nr. 591–596, 2. Stiege, 3. Stock.

9. Februar: Mozart beginnt sein „Verzeichnüß aller meiner Werke" mit dem Klavierkonzert Es-dur (KV 449).

21. September: Übersiedelung vom Graben in die Schulerstraße, Stadt Nr. 846, 1. Stock (jetzt Nr. 8).

14. Dezember: Aufnahme Mozarts in die Freimaurerloge „Zur Wohltätigkeit".

1785, *11. Februar – 25. April:* Aufenthalt Vater Leopolds bei den Mozarts in Wien (Schulerstr.).

11. Februar: Erstes Subskriptionskonzert Mozarts im städtischen Casino „Zur Mehlgrube" mit Uraufführung des Klavierkonzerts d-moll KV 466 (weitere Konzerte am 18. u. 25.2. u. am 4., 11. u. 18.3).

12. Februar: Aufführung von drei Streichquartetten KV 458, 464 und 465 (Dissonanzenquartett) in Mozarts Wohnung in Anwesenheit Joseph Haydns.

10. März: Bei Mozarts Akademie im Burgtheater Uraufführung des Klavierkonzerts C-dur KV 467 (Einnahme 559 fl.).

13. und 15. März: Akademie im Burgtheater unter Leitung Mozarts, u. a. Aufführung der Kantate „Davidde penitente" (KV 469).

8. Juni: Lied „Das Veilchen" (KV 476), Text von Goethe.

17. November: Aufführung von Mozarts „Maurerischer Trauermusik" (KV 477/479a) in der Freimaurer-Loge „Zur gekrönten Hoffnung".

1786, *7. Februar:* Uraufführung von Gottlieb Stephanies d. J. Komödie „Der Schauspieldirektor", Musik von Mozart (KV 486), im Schloß Schönbrunn.

7. April: Mozarts letzte Akademie im Burgtheater; dabei Uraufführung des Klavierkonzerts c-moll KV 491.

1. Mai: Uraufführung der Oper „Le Nozze di Figaro" (KV 492) im Burgtheater; Text von Lorenzo Da Ponte.

18. Oktober: Mozarts 3. Kind Johann Thomas Leopold geboren († 15.11.1786).

4. Dezember: Vollendung des Klavierkonzerts C-dur KV 503.

1787, *8. Januar (bis Mitte Februar):* 1. Reise nach Prag, mit Constanze.

22. Januar: Aufführung des „Figaro" in Prag, Mozart dirigiert.

7.–20. April: Der 16jährige Beethoven in Wien, um Mozarts Schüler zu werden; Abreise wegen Erkrankung der Mutter.

24. April: Übersiedelung der Mozarts von der Schulerstraße in die Vorstadt Landstraße 224 (jetzt Nr. 75 u. 77).

28. Mai: Tod Leopold Mozarts in Salzburg.

10. August: Mozart vollendet sein Werk: „Eine kleine Nachtmusik" (KV 525).

3. September: Tod von Mozarts Freund und Arzt Dr. Sigmund Barisani.

1. Oktober (bis Mitte November): 2. Reise nach Prag, mit Constanze; die Mozarts wohnen zeitweise in der Villa Bertramka des Ehepaars Duschek.

8.–15.(?) Oktober: Lorenzo Da Ponte, Mozarts Librettist, in Prag.

14. Oktober: Aufführung des „Figaro" in Prag unter Leitung Mozarts.

29. Oktober: Uraufführung der Oper „Don Giovanni" (KV 527), Text von Da Ponte, im Ständetheater in Prag (Mozarts Honorar 100 Dukaten). Giacomo Casanova wahrscheinlich anwesend.

12. November: Abreise von Prag nach Wien.

Anfang Dezember: Übersiedelung der Mozarts von der Vorstadt Landstraße in die Innere Stadt Nr. 281 „Unter den Tuchlauben" (jetzt Nr. 27).

7. Dezember: Mozart von Kaiser Joseph II. als Nachfolger Glucks zum k. k. Kammer-Compositeur ernannt (Jahresgehalt 800 fl.).

27. Dezember: Geburt von Mozarts 4. Kind Theresia († 29.6.1788).

1788, *24. Februar:* Vollendung des Klavierkonzerts D-dur KV 537 (Krönungskonzert).

7. Mai: Erste Wiener Aufführung der Oper „Don Giovanni" im Burgtheater.

Juni: Mozart erhält von Michael Puchberg ein Darlehen von 100 fl., am 17. Juni erneut 200 fl. In der Folge bittet Mozart Puchberg um weitere Darlehen.

17. Juni: Umzug der Mozarts von der Tuchlauben in die Vorstadt Alsergrund Nr. 135, Währingerstraße (jetzt Nr. 16).

26. Juni: Fertigstellung der Sinfonie Es-dur KV 543.

25. Juli: Fertigstellung der Sinfonie g-moll KV 550

10. August: Fertigstellung der Sinfonie C-dur KV 551 (Jupiter-Sinfonie).

1789, *Anfang:* Mozart übersiedelt von der Währingerstraße in die Innere Stadt Nr. 245, Judenplatz (jetzt Nr. 4).

6. März: Erste Aufführung von Händels „Messias" in der Instrumentierung Mozarts.

8. April (bis 4. Juni): Reise nach Berlin, bis Leipzig in Begleitung seines Schülers Fürst Karl Lichnowsky, über Prag, Dresden, Leipzig.

14. April: Mozart konzertiert in Dresden am Hof vor dem Kurfürsten Friedrich August III. von Sachsen.

148

16. od. 17. April: Mozart zu Gast im Haus Christian Gottfried Körners (des Vaters des Dichters Theodor Körner). Körners Schwägerin Doris Stock porträtiert Mozart (Silberstiftzeichnung).

22. April: Mozart improvisiert an der Orgel in der Thomaskirche in Leipzig, anwesend der Thomaskantor Friedrich Doles.

12. Mai: Konzert Mozarts im Leipziger Gewandhaus. Mozart spielt u. a. die Klavierkonzerte B-dur KV 456 und C-dur KV 503; Josepha Duschek singt Szene mit Rondo KV 505.

19. Mai: Ankunft in Berlin; am Abend besucht Mozart eine Aufführung der „Entführung aus dem Serail" im Königlichen Nationaltheater am Gendarmenmarkt, dabei Begegnung mit Ludwig Tieck.

26. Mai: Mozart konzertiert am preußischen Hof in Berlin; dabei Auftrag von König Friedrich Wilhelm II. für sechs Quartette, von denen drei komponiert wurden (KV 575, 589, 590).

4. Juni: Mozart wieder in Wien.

Anfang August: Constanze erkrankt, begibt sich zur Kur nach Baden bei Wien.

16. November: Geburt von Mozarts 5. Kind Anna Maria († 16. Nov. 1789).

22. und 23. Dezember: Konzert der Tonkünstler-Societät im Burgtheater; u. a. Uraufführung des für den Klarinettisten Anton Stadler komponierten Klarinetten-Quintetts KV 581.

29. Dezember: Erneutes Ansuchen Mozarts bei Puchberg um Darlehen (500 fl. Puchberg schickt 300 fl. In der Folge weitere Ansuchen).

1790, *26. Januar:* Uraufführung der Oper „Così fan tutte" (KV 588), Text von Da Ponte, im Burgtheater.

20. Februar: Tod Kaiser Josephs II., sein Nachfolger wird Leopold II.

Anfang Juni: Mozart für einige Wochen in Baden bei Wien, wo Constanze auf Kur ist.

Juli: Instrumentierung von Händels „Alexanderfest" (KV 591) und „Ode auf den St. Cäcilientag" (KV 592).

23. September (bis Anfang November): Reise nach Frankfurt am Main mit Schwager Franz de Paula Hofer und seinem Diener Joseph zur Krönung Leopolds II. zum Deutschen Kaiser.

28. September: Ankunft in Frankfurt.

30. September: In Wien übersiedelt Constanze mit Sohn Karl vom Judenplatz in die Rauhensteingasse, Stadt Nr. 970 (heute Nr. 8), 1. Stock.

9. Oktober: Kaiserkrönung Leopolds II. in Frankfurt, zu der dieser mit einem Gefolge von 1493 Reitern, 1336 Mann zu Fuß sowie 104 Kutschen und Wagen gekommen ist; Salieri offiziell im Gefolge des Kaisers, während Mozart in eigener Regie fuhr.

15. Oktober: Akademie Mozarts im großen Stadtschauspielhaus in Frankfurt; Mozart spielt die Klavierkonzerte F-dur KV 459 und D-dur 537.

16. Oktober: Rückreise von Frankfurt über Mainz, Mannheim, Augsburg, München nach Wien.

14. Dezember: Mozart bei einem Abschiedsessen Joseph Haydns, der sich nach England begibt.

1791, *4. März:* Letzter Auftritt Mozarts in einem Konzert: er spielt sein Klavierkonzert B-dur KV 595 im Saal des Restaurateurs Ignaz Jahn in Wien, Himmelpfortgasse (heute Nr. 6)

9. Mai: Mozart wird vom Wiener Magistrat zum (vorerst unbesoldeten) Adjunkten des Domkapellmeisters von St. Stephan Johann Leopold Hofmann ernannt.

4. Juni: Constanze zur Kur nach Baden mit Sohn Karl (bis Mitte Juli).

15. *(?) Juni:* Mozart besucht Constanze in Baden bei Wien (bis 23. Juni).

18. *Juni:* Vollendung des „Ave verum corpus" (KV 618).

26. *Juli:* Geburt von Mozarts 6. Kind Franz Xaver Wolfgang († 29.7.1844).

Juli: Der Bote des Grafen Franz Walsegg-Stuppach übermittelt Mozart den Auftrag, ein Requiem zu schreiben.

25. *(?) August (bis Mitte September):* Mozarts 3. Reise nach Prag, in Begleitung von Constanze und seinem Schüler Franz Xaver Süßmayr, zur Krönung Kaiser Leopolds II. zum König von Böhmen. Die Mozarts logieren zeitweise in der Villa Bertramka des Ehepaars Duschek.

2. *September:* Aufführung des „Don Giovanni" als Festvorstellung.

6. *September:* Mozart dirigiert die Uraufführung seiner Oper „La Clemenza di Tito" (KV 621), Text von Pietro Metastasio, im Prager Nationaltheater aus Anlaß der Königskrönung. Kaiser Leopold anwesend.

30. *September:* Mozart dirigiert die Uraufführung der Oper „Die Zauberflöte" (KV 620), Text von Emanuel Schikaneder, im Freihaustheater auf der Wieden in Wien. Die Pamina singt die 17jährige Anna Gottlieb.

Anfang Oktober: Constanze fährt, mit Sohn Wolfgang und Schwester Sophie, wieder zur Kur nach Baden bei Wien.

7. *Oktober:* Fertigstellung des Anton Stadler gewidmeten Klarinetten-Konzerts (KV 622).

16./17. *Oktober:* Mozart holt Constanze aus Baden nach Wien zurück.

18. *November:* Uraufführung der „Kleinen Freimaurer-Kantate (KV 623) zur Einweihung des neuen Tempels der Loge „Zur neugekrönten Hoffnung". Mozarts letztes Erscheinen in der Öffentlichkeit.

20. *November:* Mozart bettlägrig; in den folgenden Tagen verschlimmert sich sein Zustand; Behandlung durch die Ärzte Dr. Thomas Franz Closset und Dr. Matthias von Sallaba. Mozart gibt seinem Schüler Franz Xaver Süßmayr Anweisungen für die Fertigstellung des unvollendet gebliebenen Requiems (KV 626).

4. *Dezember:* Vom Krankenbett aus leitet Mozart eine Probe der fertigen Teile des Requiems, wobei er die Altstimme singt.

5. *Dezember, 0.55 Uhr:* Tod Mozarts. Die Todesursache (für die das Sterberegister von St. Stephan „hitziges Friesel Fieber" angibt), ist noch nicht mit letzter Schlüssigkeit erwiesen, wobei die unterschiedlichen Spekulationen der Musikwissenschaftler und Mediziner von „einer langen Nierenkrankheit im urämischen Coma", Rheuma, Herzversagen, allgemeiner Erschöpfung durch Überarbeitung bis zu Vergiftung durch Quecksilber und noch anderen Möglichkeiten reichen.

6. *Dezember:* Einsegnung vor der Kruzifix-Kapelle des Stephansdomes und Beisetzung im St. Marxer Friedhof.

KOMMENTAR

Die folgenden Anmerkungen, bezogen auf die Seitenzahlen des vorangehenden Textes, geben Kommentare nur dort, wo ohne sie der optimale Effekt der Handlung beeinträchtigt wäre. Jedoch zeigen sie in der Regel nicht auf, inwieweit die Autoren – im Gebrauch der dichterischen Freiheit – von der dokumentarischen Überlieferung abweichen, es sei denn, daß sinnstörende Irrtümer vorliegen. Überschriften (Titel), die vom Herausgeber stammen, sind zur Kenntlichmachung im „Nachweis der Texte" kursiv gesetzt; sie sind meist wörtliche Wiedergaben von Stellen aus den betreffenden Geschichten. Die von den Autoren stammenden originalen Überschriften sind gerade gesetzt.

Die im Buch genannten Währungen sind nur annähernd in ihrer heutigen Kaufkraft zu bestimmen. C. Bär hat (in: „Er war ... – kein guter Wirth", Acta Mozartiana I/1978, S. 30 ff.) den Versuch einer Umrechnung der damals gültigen Wiener Währung unternommen; demnach ist zu setzen: 1 Gulden (fl.) = 30 DM; 1 Kreuzer (kr.) = 0,50 DM (1 Dukaten = 4,5 Gulden; 1 Gulden = 60 Kreuzer; 1 Thaler = 2 Gulden).

Mozarts Werke sind zitiert nach Ludwig Ritter von Köchels „Chronologisch-thematisches Verzeichnis sämtlicher Tonwerke Wolfgang Amadeus Mozarts", 6. Auflage, Wiesbaden 1964 (KV = Köchel-Verzeichnis). – Bei Doppelnummer bezeichnet die *vor* dem Schrägstrich stehende Nummer die von Köchel (1. Auflage 1862) festgelegte, eingebürgerte. Die *nach* dem Schrägstrich stehende, mit einem Buchstaben versehene Nummer berücksichtigt das später von der Forschung neu ermittelte richtige Entstehungsdatum der Komposition Mozarts.

Die Texte sind, mit einer Ausnahme (Sophie Haibels Brief), in Orthographie und Zeichensetzung modernisiert, um eine mühelose Lesbarkeit zu gewährleisten, der originale Lautstand bleibt jedoch gewahrt.

Kürzungen sind nur dort (durch drei Punkte) angegeben, wo es für das Verständnis des Lesers wichtig ist zu wissen, daß der Text aus einem größeren Zusammenhang genommen ist oder daß innerhalb eines wiedergegebenen Textes der Zusammenhang unterbrochen ist.

---

12 Herr Wentzl: so der Spitzname Wenzel Hebelts, von 1757 bis 1770 Violinist an der Salzburger Hofkapelle, zeitweise Vertreter Leopold Mozarts als Violinlehrer.

14 *einer, der noch nie jemanden gelobt hatte als sich selbst:* Gemeint ist Leopold Anton Kozeluch (1747–1818), Komponist, Nachfolger Mozarts im Amt des K. K. Kammercompositeurs 1792.

15 Doles: (1715–1797), Schüler J. S. Bachs, lernte Mozart im April 1789 in Leipzig kennen.

15 *... über einen Mann, der ... als Kirchencompositeur angestellt ist:* vermutlich der Kirchen- und Opernkomponist Johann Gottlieb Naumann (1741–1801) in Dresden.

16 (Fußnote) *ganze Briefe mit einem Echo:* Echo aus ähnlich lautenden Wörtern, z. B.: „... ob Sie noch dann und wann an mich denken? – ob Sie nicht bisweilen Lust haben sich aufzuhenken? – ob Sie etwa gar bös waren? auf mich armen Narrn ..." im Brief an das Bäsle vom 28.2.1778.

17 *Te Deum zur Einweihung ... eines großen Krankenhauses:* wohl die „Waisenhaus-Messe", aufgeführt am 7.12.1768 in Wien; vgl. Zeittafel.

18 *daß dieses Hotel mit dem Theater verbunden ist:* So war es beim Theater in Bamberg der Fall, das sich im „Gasthaus zur Rose" befand: Hoffmann dachte bei der Schilderung an eine Bamberger Aufführung des „Don Giovanni".

29 *Aqua Toffana:* ein damals bekannter Gifttrank.

29 *wollte ihn noch zu Tod ärgern:* Dieses Gerücht ist durch die Forschung nicht belegt; der Bericht ist auch sonst voller Erfindungen.

30 *das Mozartische Thema:* KV 528a: Fantasie für Orgel.

30 *beehrte anno 1787 im Monate Juni die Stadt Prag:* richtig: im Oktober/November 1787.

31 *Mordanten:* zur Familie der Triller gehörende Verzierungen, die durch ein- oder mehrfachen Wechsel zwischen Hauptnote und diatonischer oder chromatischer Nebennote ausgeführt werden.

31 *Schnurrwerke:* Zungenregister.

31 *aus dem Brixischen Requiem:* Franz Xaver Brixi (1732–1771), Kapellmeister am Prager Dom.

32 *Diakovár:* Sophie Haibel war seit 1807 mit dem Chordirektor Jakob Haibel in Diakovár in Slavonia verheiratet. 1791, also zur Zeit ihres Berichtes, lebte sie bei ihrer Mutter in Wien in der Vorstadt Wieden (Hauptstraße, heute Nr. 23); Mozarts Sterbehaus war in der Rauhensteingasse (heute Nr. 8). 1826, nach dem Tod ihres Mannes, zog sie zu ihrer Schwester Constanze nach Salzburg.

33 *an einem Sonnabend:* den 3. Dezember 1791.

34 *Ältesten Tochter der Seligen Hofer:* Josepha Hofer (1759–1819), Schwester Constanze Mozarts, sang die erste Königin der Nacht in der „Zauberflöte", seit 1788 verheiratet mit dem Kirchenmusiker Franz Hofer.

34 *Sissmaier:* Franz Xaver Süßmayr (1766–1803), Schüler und Freund Mozarts, vollendete nach Mozarts Tod dessen „Requiem".

34 *Albregtsberger:* Johann Georg Albrechtsberger (1736–1809), Kirchenkomponist, rückte nach Mozarts Tod auf dessen Wunsch zum ersten Hoforganisten auf, in jene Stelle, die vom Wiener Magistrat am 9. Mai 1791 Mozart zugeteilt worden war. Ab 1793 Domkapellmeister.

34 *Glosett:* Dr. Thomas Franz Closset, Mozarts Arzt.

34 *Pieße:* Pièce.

34 *Muller:* Joseph Graf Deym, gen. Müller (1750–1804), nahm Mozarts Totenmaske ab; Deym war Besitzer eines Kunst-Kabinettes.

36 *Thomas Linley:* (1756–1778), englischer Geiger, mit Mozart während dessen Aufenthalt in Florenz 1770 eng befreundet.

36 *Righini:* Vincenzo R. (1756–1812), italienischer Opernkomponist, um diese Zeit in Wien als Leiter des italienischen Operntheaters tätig.

36 *„Die Grotte des Trophonius":* Die Aufführung von Salieris Oper „La Grotta di Trofonio" war bereits 1785.

40 *beim Abschiede von Mannheim:* Vgl. Zeittafel 1778, Januar und Dezember.

43 *Madame Lange:* Mozarts Schwägerin Aloysia Weber (vgl. Zeittafel 1778, Januar und Dezember) heiratete 1780 Joseph Lange, Schauspieler am Wiener Burgtheater; von diesem stammt das hier besprochene, unvollendete Porträt Mozarts in Öl (1782/83).

43 *in ihrer Biographie:* im Werk von Constanzes zweitem Gatten Georg Nikolaus Nissen: „Biographie W. A. Mozart's", erschienen 1828.

44 *Haslinger:* Tobias H. (1787–1842), Musikverleger in Wien.

44 *Abbé Stadler:* Maximilian St. (1748–1833), Theologe, Freund Mozarts und Berater Constanzes bei der Sichtung des musikalischen Nachlasses.

44 *Salieris Feindschaft:* Antonio Salieri (1750–1825), Hofkapellmeister, erfolgreicher

Opernkomponist, war Mozarts Rivale in Wien. Daß Mozart den Verdacht geäußert habe, vergiftet worden zu sein, ist richtig, jedoch ist nicht direkt belegt, daß er dabei Salieri meinte.

44 *Aqua Toffana:* ein damals bekannter Gifttrank.

45 *Süßmayr:* Franz Xaver S. (1766–1803), seit 1788 in Wien, Kirchenmusiker, Schüler und Freund Mozarts, vollendete nach dessen Tod das Mozartsche „Requiem".

45 *Tante Sonnenburg:* Mozarts Schwester Maria Anna Walburga (Nannerl) (1751–1829), seit 1784 mit Johann Baptist Reichsfreiherr zu Sonnenburg in St. Gilgen verheiratet, 1801 verwitwet; zog später nach Salzburg.

46 *Gall:* Franz Joseph G. (1758–1828), deutscher Arzt, Begründer der Phrenologie.

49 *Martini:* Vicente Martin y Soler (1754–1806), Komponist in Wien, u. a. die Oper „Una cosa rara".

49 *Baron von Wetzlar:* Raimund Baron Wetzlar von Plankenstern (1752–1810), Mäzen; die Mozarts wohnten ab Dezember 1782 eine Zeitlang in dessen Haus (heute Wipplingerstraße 14).

49 *„Burbero di buon core":* Oper von Martin y Soler, am 4. Januar 1786 aufgeführt.

50 *Mozart ... bis jetzt nur eine Oper geschrieben:* die erste für Joseph II. geschriebene Oper: „Die Entführung aus dem Serail", uraufgeführt am 16.7.1782 am Burgtheater.

51 *Graf Rosenberg:* Oberstkämmerer Franz Xaver Wolf Rosenberg-Orsini, „General-Spektakel-Direktor" in Wien.

51 *Casti:* Giovanni Battista C., Librettist der Wiener Hofoper.

51 *„Teodoro":* „Il Rè Teodoro in Venezia", Oper von Giovanni Paisiello (1740–1816), Text von Giovanni Battista Casti nach Voltaires „Candide", am 23.8.1784 in Wien aufgeführt.

53 *Righini:* Vgl. Anm. zu Seite 36.

53 *Piticchio:* Francesco P., Lebensdaten unbekannt; italienischer Opernkomponist, wirkte um 1787 als Leiter des italienischen Operntheaters in Wien.

53 *„Tarar":* „Tarare", Oper von Salieri (Text von Beaumarchais), 1788 umgearbeitet und betitelt: „Axur, Rè d'Ormus".

53 *„Baum der Diana":* „L'arbore di Diana".

58 *Piccini:* Nicola P. (1728–1800), italienischer Komponist, in Paris Gegenspieler Glucks, mit Mozart bei dessen Paris-Aufenthalt 1778 bekannt geworden.

58 *Iphigeniens:* Es könnte sowohl Glucks „Iphigénie en Tauride" (1779) als auch Piccinis „Iphigénie" (1781) gemeint sein.

58 *„voi sapete quel che fa":* Registerarie aus dem 1. Akt des „Don Giovanni".

62 *in meiner „Hochzeit Figaros":* La folle journée ou le mariage de Figaro" (1785), Komödie von Pierre Augustin Caron de Beaumarchais (1732–1799).

62 *„Tarare":* Vgl. Anm. zu Seite 53.

63 *ein Mörder, der den Vatikan erbaut:* Salieri spielt auf die Legende an, der Bildhauer, Maler und Baumeister Michelangelo Buonarroti (1475–1564), u. a. der Vollender der Peterskirche im Vatikan, habe, um Christus am Kreuz realistisch darstellen zu können, einen jungen Mann gekreuzigt und getötet.

64 *Habite:* damals übliche Totenkleidung.

70 *a Seitl:* ein Seidel = 0,3 Liter.

76 *Haydn (auch einem Salzburger):* Fichte verwechselt Joseph Haydn mit dessen Bruder Michael, der in Salzburg wirkte.

78 *durch ein zweites Klavier verstärkt, welches ihm als Pedal diente:* Mozart hatte sich ein „großes Fortepiano Pedal" machen lassen, ein Zusatzinstrument mit Pedalklaviatur (es ist noch in Mozarts Nachlaß-Liste aufgeführt, aber nicht erhalten).

79 *Reichardt:* Johann Friedrich R. (1752–1814), Komponist und Musikschriftsteller.

79 *Dittersdorf:* Karl Ditters von Dittersdorf (1739–1799), Wiener Opernkomponist.

79 *blöden Auges:* damals üblicher Ausdruck für: kurzsichtig.

82 *vom Abbate:* Lorenzo da Ponte, Verfasser des Librettos von Mozarts Oper „Don Giovanni".

83 *„Dein Lachen endet vor der Morgenröte!":* Seccorezitativ des Komturs im „Don Giovanni", 2. Akt, 12. Auftritt.

86 *mancher falsche Prophet:* Richard Wagner und Franz Liszt, für deren Musik Mörike nicht viel übrig hatte.

87 *Wittingau:* Ortschaft im Südosten Böhmens.

89 *Bierhaus „Zur silbernen Schlange":* heute Kärntnerstraße Nr. 12; das seinerzeitige Haus trug 1791 das Schild „Zur goldenen Schlange".

91 *Anna Gottlieb:* (1774–1856), Wiener Sängerin und Schauspielerin, sang außer der ersten Pamina auch in Mozarts „Figaro" die erste Barbarina als Zwölfjährige.

91 *Süßmayr:* S. die Anm. zu Seite 45.

92 *bei seiner Einsegnung fing es an zu stürmen und zu wettern. Regen und Schnee ...:* Andere Quellen (Tagebuch des Grafen Zinzendorf, Auskünfte der Meteorologischen Station auf der Sternwarte Wien) sagen aus, daß am 5. und 6. Dezember 1791 mildes Wetter herrschte.

93 *das Duett, als sich Papageno und Papagena zum ersten Male erblicken:* Das Duett wird erst bei der zweiten Begegnung gesungen.

94 *Anton Stoll:* (1747–1805), Lehrer und Chorregent in Baden bei Wien.

96 *Jahresgehalt von 12 Gulden ...:* dokumentarisch: Mozart wurde am 14.11.1769 unbesoldeter 3. Konzertmeister, am 21.8.1772 besoldeter Konzertmeister mit 150 fl. Jahresgehalt.

98 *Frau von Pichler:* die Wiener Schriftstellerin Karoline Pichler; vgl. Vorspanntext S. 64.

98 *vom Orchester aus Wien:* Nicht das Wiener, sondern das Prager Orchester spielte bei der Uraufführung des „Titus".

99 *Gilowsky:* Mitglied der weitverzweigten Salzburger Familie Gilowsky von Urazowa, mit der die Mozarts befreundet waren, vermutlich gemeint Johann Joseph Anton Ernst Gilowsky (1739–1789, Selbstmord), Truchseß.

103 *Katafalk:* schwarz verhängtes Gerüst für den Sarg bei Leichenfeiern.

114 *Abt Stadler:* Vgl. Anmerkung zu S. 44.

132 *Fellner und Helmer:* Die Architekten des 1886 fertiggestellten Deutschen Theaters in Prag.

132 *Der graue Bote:* Im Gegensatz zu Shaffer, der den „grauen Boten" mit Salieri gleichsetzt, sieht die offizielle Forschung in dem „Boten" den Abgesandten (Franz Anton Leitgeb oder Dr. Johann Nepomuk Sortschan) des Grafen Franz Walsegg-Stuppach, der das „Requiem" bei Mozart bestellen ließ.

133 *Venticelli:* „Lüftchen", Zuträger von Informationen, Klatsch, Gerüchtemacher.

134 *O statua gentilissima, venete a cena:* „O ehrenwerte Statue, kommt zum Mahl!" Diese Worte sagt Leporello bzw. Don Giovanni zum Standbild des Komtur („Don Giovanni", 2. Aufzug, 12. Szene, „Friedhofszene").

136 *Vincent und Mary Novello:* Vgl. S. 41.

141 *Einstein:* Alfred E. (1880–1952), Musikologe, u. a. Mozart-Forscher, Verfasser der Monographie „Mozart. Sein Charakter, sein Werk". New York 1945 (engl.), Stockholm 1947 (deutsch).

142 *im Hamlet die Rede des Geistes:* in Shakespeares Drama „Hamlet", 1. Aufzug, 5. Szene, wo der Geist von Hamlets ermordetem Vater spricht.

LITERATURHINWEISE

Erdmann Werner Böhme: Mozart in der schönen Literatur (Drama, Roman, Novelle, Lyrik). Greifswald 1932. Teildruck aus dem Bericht über die Musikwissenschaftliche Tagung der Internationalen Stiftung Mozarteum Salzburg 1931, Leipzig 1932, S. 179–279 (Teil I). Teil II: Fortsetzung und Ergänzung in: Mozart-Jahrbuch 1959, S. 165–187

Erich Valentin: Das magische Zeichen. Mozart in der modernen Dichtung. Mozart-Jahrbuch 1956, S. 7–13

Erich Valentin: Mozart. Weg und Welt, München 1985 (Behandelt ausführlich die Spiegelung Mozarts in der Dichtung.)

Hans E. Valentin: Mozart-Aspekte in der modernen Literatur. Mitteilungen der Internationalen Stiftung Mozarteum Salzburg 18 (1970), H. 1, S. 26–30

Gernot Gruber: Mozart und die Nachwelt. Salzburg 1985 (Berücksichtigt durchgehend die Wirkung Mozarts auf die Literatur.)

Hans Joachim Kreutzer: Der Mozart der Dichter. Über Wechselwirkungen von Literatur und Musik im 19. Jahrhundert. Mozart-Jahrbuch 1980/83, S. 208 ff.

Dazu sind einzusehen jeweils unter Sachwort, Sachgruppe und Register die Mozart-Bibliographien von Otto Keller (Berlin 1927), Otto Schneider und Anton Algatzy (Mozart-Handbuch, Wien 1962) sowie von Rudolph Angermüller und Otto Schneider (Kassel 1976 samt den Fortsetzungsbänden)

Für die Zeittafel:

Otto Schneider und Anton Algatzy: Mozart-Handbuch. Chronik – Werk – Bibliographie. Wien 1962

Joseph Heinz Eibl: Wolfgang Amadeus Mozart. Chronik eines Lebens. München/Kassel 1977

NACHWEIS DER TEXTE

Johann Andreas Schachtner: *Ein Konzert fürs Klavier. – Die zweite Violine.* Aus: Mozart. Briefe und Aufzeichnungen. Hrsg. von der Internationalen Stiftung Mozarteum Salzburg. Gesammelt und erläutert von Wilhelm A. Bauer und Otto Erich Deutsch. Kassel 1962/63

Franz Xaver Niemetschek: *Bei einem Konzert Haydns.* Aus: Leben des K. K. Kapellmeisters Wolfgang Gottlieb Mozart, nach Originalquellen beschrieben vom Franz Niemetschek. Prag 1798

Friedrich Rochlitz: *Das Ideale und die dunklen Ideen.* Aus: Allgemeine Musikalische Zeitung, Leipzig, 15. April 1801

E. T. A. Hoffmann: Don Juan. Aus: E. T. A. H.s Sämtliche Werke. Hist.-krit. Ausgabe. Hrsg. von Carl Georg von Maassen. München und Leipzig 1908–1928

Sulpiz Boisserée: *Sechs kleine polnische Pferdchen und andere Legenden.* Aus: S. B.: Selbstbiographie, Tagebücher und Briefe. Hrsg. von Mathilde Boisserée. Stuttgart 1862

Norbert Lehmann: *Mozart an der Orgel der Mariä-Himmelfahrt-Kirche in Prag.* Aus: Die Musik. Jg. 10, Heft 2. Berlin 1911

Sophie Haibel: *„Liebe Sophie, Sie müssen mich sterben sehen."* Aus: Mozart. Briefe und Aufzeichnungen. Hrsg. von der Internationalen Stiftung Mozarteum Salzburg. Gesammelt und erläutert von Wilhelm A. Bauer und Otto Erich Deutsch. Kassel 1962/63

Franz de Paula Roser von Reiter: *Eine Antwort Mozarts.* Aus den handschriftlichen Biographien des Johann Georg Roser von Reiter und seines Sohnes Franz de Paula. Wiedergegeben in: Mozart. Die Dokumente seines Lebens. Hrsg. von Otto Erich Deutsch. Kassel 1961

Michael O'Kelly: *Ich stand dicht neben Mozart.* Aus: Reminiscences of Michael Kelly. London 1826. Übersetzung vom Herausgeber

Georg Nikolaus Nissen: *Wie die Ouvertüre zum „Don Giovanni" entstand.* Aus: G. N. N.: Biographie W. A. Mozarts. Nach Originalbriefen, Sammlungen alles über ihn Geschriebenen, mit vielen Beylagen ... Nach des Verfassers Tode hrsg. von Constanze, Wittwe von Nissen, früher Wittwe Mozart. Leipzig 1828 – *Anekdoten.* Aus: Aus Nissens Kollektaneen. Von Rudolf Lewicki. In: Mozarteums Mitteilungen. 2. Jg., Nov. 1918, H. 1

Vincent und Mary Novello: *Besuch bei Constanze. Salzburg 1829.* Aus: Eine Wallfahrt zu Mozart. Die Reisetagebücher von Vincent und Mary Novello aus dem Jahre 1829. Deutsche Übertragung von Ernst Roth. Bonn 1959. © 1955 Novello & Comp. Ltd., 1959 by Boosey & Hawkes GmbH Bonn. – Mit freundlicher Genehmigung des Musikverlages Boosey & Hawkes GmbH Bonn

Lorenzo Da Ponte: *Rund um „Figaro" und „Don Giovanni".* Aus: Denkwürdigkeiten des Venezianers Lorenzo da Ponte. Hrsg. von Gustav Gugitz. Dresden 1924 (Gugitz legt seinerseits seinem Text die erste deutsche Übersetzung [anonym] der „Denkwürdigkeiten", Stuttgart 1847, zugrunde)

Alexander Puschkin: Mozart und Salieri. Aus: Alexander Puschkins poetische Werke, aus dem Russischen übersetzt von Friedrich Bodenstedt. Berlin 1855

Ludwig Gall: *An der Bahre Mozarts.* In: Autographe Aufzeichnungen und Skizzen Joseph Hüttenbrenners im Besitze von dessen Großneffen, Herrn Professor Felix Hüttenbrenner. Mitgeteilt von Karl Pfannhauser in: Epilegomena Mozartiana, Mozart-Jahrbuch 1971/72, S. 284 f.

Haderlein: *Ich war Mozarts Friseur.* In: Ebda.

Karoline Pichler: *Purzelbäume und Miauen.* „Als ich ... schlagen." Aus: Anton Langer: Ein Abend bei Karoline Pichler. In: Allgemeine Theaterzeitung, Wien, 15. Juli 1843. – Das folgende aus: K. P.: Denkwürdigkeiten aus meinem Leben. Wien 1844. Neuausgabe von E. K. Blümml, München, 1914, I., S. 293 f., II. 401 f.

Søren Kierkegaard: *Ich bin wie ein junges Mädchen in Mozart verliebt.* Aus: Entweder – Oder. Ein Lebensfragment. Aus dem Dänischen von O. Gleiß. 2. Aufl. Dresden (1904) S. 44–45

Johann Peter Lyser: Die Entführung aus dem „Auge Gottes". Aus: Mozart-Album. Festgabe zu Mozarts hundertjährigem Geburts-Tage am 27. Januar 1856. Hrsg. von Joh. Friedr. Kayser, Hamburg 1856

Immanuel Hermann Fichte: Mozarts Reliquien in Salzburg. Aus: „Morgenblatt für gebildete Stände", Stuttgart 1849, Nr. 243–263

Joseph Frank: *Klavierunterricht bei Mozart.* Aus: Aus den ungedruckten Denkwürdigkeiten der Aerzte Peter und Joseph Frank. Mitgeteilt von G. E. Guhrauer, in: Deutsches Museum, hrsg. von Robert Prutz und Wilhelm Wolfsohn. Leipzig, 2. Jg., Januar 1852, 1, S. 27 f.

Rudolf Köpke: *Ludwig Tiecks Begegnung mit dem unerkannten Mozart.* Aus: R. K.: Ludwig Tieck, Erinnerungen aus dem Leben des Dichters nach dessen mündlichen und schriftlichen Mittheilungen. Bd. I, S. 86 f. Leipzig 1855

Eduard Mörike: Mozart auf der Reise nach Prag. Aus: Mörikes Werke. Hrsg. von Harry Maync. Neue kritisch durchgesehene und erläuterte Ausgabe. Leipzig 1914

Joseph Deiner: *Im Bierhaus „Zur silbernen Schlange".* Aus: Morgen-Post, Wien, 28. Januar 1856

Ignaz Franz Castelli: *„Gebt her eure Kaszetteln!"* Aus: I. F. C.: Memoiren meines Lebens. Bd. I, S. 232 f. Wien 1861

Ludwig Nohl: Mozart in Baden: Aus: Beilage zur Augsburger Allgemeinen Zeitung 1866, Nr. 2. Wiedergegeben in: Mozarteums Mitteilungen. 2. Jg., August 1920, Heft 4

Gustav Parthey: *Mozart und Doris Stock.* Aus: Jugenderinnerungen von G. P. II. Bd., S. 51. Berlin 1971

Mozart der Zweite: In: Lyra, Wien, 1. August 1890

Johanna von Bischoff: *„Mir fallt halt nix ein."* Aus: J. v. B.: Jugenderinnerungen. Wien 1891

Rudolf Hans Bartsch: Die Schauer im Don Giovanni. Aus: R. H. B.: Vom sterbenden Rokoko. Leipzig 1916. – Mit freundlicher Genehmigung des L. Staackmann Verlags, Dietramszell-Linden

Arthur Schurig: Eine Künstlerhochzeit. Aus: A. Sch.: Sieben Geschichten vom göttlichen Mozart. Nürnberg 1923. – Mit freundlicher Genehmigung der Buch- und Kunsthandlung Hch. Schrag, Nürnberg

Hermann Hesse: *Mozart wartet auf mich.* Aus: H. H.: Der Steppenwolf. Frankfurt 1963. – Mit freundlicher Genehmigung des Suhrkamp Verlages, Frankfurt a. M.

Wilhelm Matthießen: Das Requiem. Aus: Zeitschrift für Musik, Regensburg, 98. Jg., August 1931. – Mit freundlicher Genehmigung von Herrn Paul Matthießen

Bernhard Paumgartner: Aus Mozarts letzten Tagen. Ein Hörspiel. Aus: Salzburger Volksblatt. 62. Jg., Nr. 17–20, 22.–26. Jänner 1932. – Mit freundlicher Genehmigung von Frau Luise Paumgartner, Salzburg, und Frau Rosanna Paumgartner-Schneider, Bagno a Ripoli

Antoine de Saint-Exupéry: *Mozart im Nachtzug.* Aus: A. d. St.-E.: Wind, Sand und Sterne. Deutsch von Henrik Becker. Gesammelte Schriften. Düsseldorf 1959. – Mit freundlicher Genehmigung des Karl Rauch Verlags Düsseldorf

Jean Giono: *Das strahlende Aufsteigen der Violinen.* Aus: J. G.: Triumph des Lebens. Roman eines Films. Übersetzt von Hety Benninghoff und Ernst Sander. Söcking 1949. – Mit freundlicher Genehmigung von Frau Dr. Irma Sander

Paul Wiegler: In der Kutsche. Aus: Tageslauf der Unsterblichen. Szenen aus dem Alltagsleben berühmter Männer. München 1950. – Mit freundlicher Genehmigung des Heimeran Verlags München

Johannes Urzidil: Die Zauberflöte. Aus: J. U.: Prager Tryptichon. München 1963. – Mit freundlicher Genehmigung des Verlages Albert Langen/Georg Müller

Peter Shaffer: *Der graue Bote*. Aus: Amadeus. Deutsch von Nina Adler. Frankfurt 1982. – Mit freundlicher Genehmigung des Fischer Taschenbuch Verlags Frankfurt a. M.

Wolfgang Hildesheimer: Warum weinte Mozart? Aus: Wolfgang Amadeus Mozart: Idomeneo 1781–1981. Essays, Forschungsgeschichte, Katalog mit einer Rede zur Eröffnung der Ausstellung von Wolfgang Hildesheimer. München 1981. – Mit freundlicher Genehmigung von Herrn Wolfgang Hildesheimer, Poschiavo, und des Verlages R. Piper & Co., München

In der BIBLIOTHEK ZEITGENÖSSISCHER LITERATUR liegen ferner u. a. vor:

Oskar Leibach:
Rückblick auf eine Ehe
Roman
120 Seiten. DM 16,80;
S 117,60; sfr 16,80
ISBN 3-923364-82-2

Ein Mann hat sich von seiner Frau getrennt. Er liebt sie noch immer, doch er flieht zu einer anderen Frau, die eine Dirne ist. Diese läßt ihn in ihrer Villa, die zu seinem Gefängnis wird, warten. Das lila Zimmer mit dem darunterliegenden Verlies verwandelt sich in einen Ort der Grenzsituationen. Der Versuch, seine Verlustschmerzen und bedrohlichen Aggressionen in einem Sadomasospiel zu lindern, gelingt nicht. Mit der perfekt durchgeführten Methode, im *Rückblick* Handlungsphasen in der Verlangsamung wiederzugeben, ja zum Stillstand zu bringen, öffnet sich ein Vorhang, und die Wahrheit einer Ehe tritt klar zutage.

Franz Xaver Niemetschek

Ich kannte

Mozart

Die einzige Mozart-Biographie von einem Augenzeugen

BZL

Herausgegeben und kommentiert von Jost Perfahl

Franz Xaver Niemetscheck: **Ich kannte Mozart.** Leben des k.k. Kapellmeisters Wolfgang Gottlieb Mozart, nach Originalquellen beschrieben. Herausgegeben und kommentiert von Jost Perfahl. 128 Seiten. Mit Illustrationen. DM 19,80; S 132,−; sfr 19,80 ISBN 3-923364-76-8

„Der Prager Gymnasialprofessor und Musikkritiker Niemetschek (1766−1849) veröffentlichte 1798 mit Widmung an Joseph Haydn die erste Mozartbiographie in Buchform und ließ ihr 1808 eine überarbeitete 2. Auflage folgen. Die zahlreichen Mozartfreunde werden es begrüßen, daß Niemetscheks ‚Leben des k. k. Kapellmeisters Wolfgang Gottlieb Mozart‘ jetzt in einem Reprint der 1. Auflage mit allen Abweichungen und Ergänzungen der 2. Auflage und einem knappen, sorgfältig gearbeiteten Kommentar von Jost Perfahl allgemein zugänglich geworden ist. Niemetschek kannte Mozart persönlich aus dessen Prager Aufenthalten. Am wertvollsten und aufschlußreichsten ist seine authentische Schilderung der Erscheinung und des Persönlichkeitsbildes Mozarts … Seine Darstellung ist von bleibendem Wert.“
(Robert Münster, „Die Neue Bücherei“. Zeitschrift für die öffentlichen Büchereien in Bayern)

„Mozart ist ‚in‘ − allenthalben; im Kino, im Opernhaus, in der Literatur −. Die Zeit war reif, dieses Werk in einem unveränderten Nachdruck herauszubringen. N. hat Mozart − als einziger seiner zahllosen Biographen − persönlich gekannt, war sein Freund … Was der Prager Musiker und Musikkritiker über das Genie unserer europäischen Musikkultur aufzeichnete, ist ebenso aufschlußreich wie anregend … Ein Fund für den Mozart-Fan.“
(Hans Gärtner, „Christ und Bildung“)